경기도의 6·25

6·25전쟁 70주년

www.ggcf.kr

경기그레이트북스 24

경기도의 6·25

경기문화재단

이 책은 경기문화재단이

경기도의 고유성과 역사성을 밝히기 위한 목적으로 발간하였습니다.

경기학연구센터가 기획하였고 관련전문가가 집필하였습니다.

전쟁의 땅에서 평화의 땅으로

2020년 올해는 6·25전쟁이 발발한지 70년이 되는 해이다. 일제로부터 해방된 지 불과 5년 만에 한반도는 국제 냉전이 심화되는 가운데 국지적 열전의 폭풍 속으로 들어갔다. 1950년 6월 25일 북한의 기습남침으로 시작된 6·25전쟁은 유엔군과 공산군이 1953년 7월 27일 정전협정 체결에 합의하기까지 3년 1개월 2일간 진행되었다. 이 전쟁은 한반도의 분단을 더욱 고착화시켰으며 '종전終戰이 아닌 정전停戰 또는 휴전休戰'으로 전투행위만이 중지된 상태로 마감되었다.

6·25전쟁은 전쟁이 발발한 후 1년간 전선이 가장 격동하였으며, 나머지 약 2년 간은 전선의 변화가 거의 없었던 교착시기였다. 흔히들 6·25전쟁을 '톱질전쟁'이라 하듯이 전쟁 발발 후 1년 사이에 공산군과 유엔군은 네 차례나 38선을 넘나들며 밀고 밀리는 치열한 공방전을 전개했다. 그리고 그 후 2년간은 개성과 판문점에서 지루한 휴전협상을 진행하는 가운데 협상과 작전에 유리한 상황을 만들고자 고지쟁탈전을 지속했다. 경기도는 이 모든 전장의 중심에 있었다. 전쟁 발발 후 1년간은 경기도 전역이, 그리고 이후 2년간은 경기북부지역이 그러했다.

3년간 치러진 전쟁으로 인적·물적 피해는 그 유례를 찾아볼 수 없을 만큼 참혹했다. 특히 경기도는 전쟁 과정에서 다른 지역보다 훨씬 많은 피해를 입었다. 네 번에 걸쳐 공산군과 유엔군이 번갈아 지역에 진주하는 상황을 겪고, 유엔군의 인천상륙작전과 공산군의 춘계공세 등 주요 공방전이 경기도를 중심으로 전개되었던 것이 그 이유였다. 전쟁기간에는 총탄과 포격·폭격이 난무하는 전투만이 있었던 것이 아니다. 삶과 죽음의 경계에서 살아가야 했던 평범한 사람들이 있었다. 그들은 전쟁의 직접적인 피해자로서, 또 전쟁의 상처를 극복해 나가야 할 당사자로서 전쟁의 시대를 살았다. 그들의 삶이 어떠했는가를 되돌아보고자 한 것이 이 책을 집필하게 된 배경이기도 하다.

이 책은 경기문화재단에서 기획하고 6·25전쟁 연구자인 김선호, 박동찬, 양영조 박사가 집필에 참여했다. 내용은 크게 3부로 구성되어 있다. 제1부는 경기도 지역에서 전개된 6·25전쟁의 양상을 개전초기, 인천상륙작전과 반격작전기, 1·4후퇴와 재반격작전기, 고지쟁탈전기 등 4개의 시기로 구분하여 정리했다. 특히 6·25전쟁이 주로 길을 따라 전개되었다는 점을 감안하여 경기도의 남북도로인 1번과 3번 국도, 동서도로인 6번 국도를 중심으로 전쟁의 전개과정을 서술했다. 제2부에서는 전쟁 속에서 경기도민의 삶과 사회변동을 다루었다. 피난민과 구호활동, 인적·물적 동원, 북한군 점령시기의 상황, 민간인 희생과 납북사건 등을 비롯하여 정치·행정·경제·교육·의료 등 전시 하 사회 전반의 모습을 그려보고자 했다. 제3부에서는 정전협정이 체결된 이후 이른바 '정전체제' 하에서의 경기도 사회변화와 그 미래에 대해 조명해 보았다.

6·25전쟁은 1953년 7월 27일 정전협정이 체결됨에 따라 휴전상태로 전환되었다. 정전협정에는 군사적 충돌과 전면전을 방지하기 위해 비무장지대를 설정하

고, 군사정전위원회와 중립국감시위원회를 통해 이를 관리하고 감독하도록 규정되었다. 그러나 군사정전위원회는 시간이 갈수록 유명무실해졌으며, 중립국감시위원회는 냉전체제가 해체되면서 소멸되었다. 그 결과 정전협정은 실질적으로 관리·감독체계가 없는 협정이 되었고, 정전체제는 한반도의 평화체제로 전환되지 못했다.

전쟁은 이미 1953년에 끝났지만, 서해에서는 최근까지 지속적으로 국지전이 발생했다. 서해에서 무력 충돌이 끊임없이 발생한 근본적인 이유는 정전협정에 영해와 해상군사분계선이 명확히 규정되지 않았기 때문이다. 이로 인해 경기도가 접해있는 서해와 섬들은 언제라도 군사적 충돌이 발생할 수 있는 한반도의 화약고이다. 휴전회담 당시 유엔군 측과 공산군 측이 명확히 해결하지 못한 문제가 한반도의 평화와 경기도의 발전을 지연시키고 있는 것이다.

그렇지만 한반도의 평화체제는 이미 2000년대부터 무르익었다. 김대중 대통령과 김정일 국방위원장은 2000년에 최초로 남북정상회담을 개최해서 평화체제의 기반을 닦았다. 그리고 2007년에 다시 한 번 남북정상회담이 개최됨으로써 한반도의 평화와 남북의 화해·협력 분위기가 더욱 공고해졌다. 한반도의 평화체제는 2018년에 두 차례에 걸쳐 판문점에서 진행된 남북정상회담을 통해 새로운 단계로 도약하였다. 이처럼 2000년대에 무르익은 평화체제는 한반도에서 지속된 냉전체제와 정전체제를 근본적으로 바꿀 수 있는 시대적 전환점이다.

한편 남북정상회담은 대립과 충돌로 점철되어온 북미관계를 전환시킬 수 있는 토대를 제공했다. 그 결과 미국과 북한은 2018년과 2019년에 두 차례에 걸쳐 북미정상회담을 개최했다. 북미정상회담은 6·25전쟁 이후에 적대적 관계를 형성해온 미국과 북한의 정상이 처음으로 만난 역사적인 사건이었다. 남북정상회담과 북미정상회담의 주요 논의사항은 한반도의 비핵화, 정전협정의 종식, 평화협정의 체결 등이었다. 이 약속이 지켜진다면, 한반도는 앞으로 대결과 갈등의 시대를 종식하고 평화와 협력의 시대로 전환될 것이다.

경기도는 정전협정 이후 70여 년 동안 분단과 냉전의 최전선이었다. 경기도의 바다와 육지에서는 지속적으로 군사적 충돌이 발생했고, 경기도의 발전은 남북관계의 방향에 따라 영향을 받았다. 이에 따라 경기도의 남부와 북부는 불균등하게 발전할 수밖에 없었다. 한반도의 평화체제는 경기도의 미래를 제약해왔던 전쟁과 분단의 유산을 종식시킬 수 있는 중요한 계기다. 따라서 경기도는 정전체제의 종식과 평화체제의 구축을 통해 새로운 미래를 향해 도약할 수 있을 것이며, 남북협력과 남북통일의 중심지로 재정립될 것이다. 이 책이 그 밑거름이 될 수 있길 바란다.

2020년 06월
김선호·박동찬·양영조 씀

1부

경기도의
6 · 25전쟁

경기그레이트북스 24

01
전쟁의 배경과 원인

1. 전쟁 개요

6·25전쟁은 북한이 1950년 6월 25일 한반도 공산화를 위해 기습적으로 불법 남침한 전쟁이며, 유엔군과 공산군이 1953년 7월 27일 정전협정 체결에 합의하기까지 3년 1개월 2일간 전개되었던 전쟁이다. 이 전쟁은 한반도의 분단을 더욱 고착화시켰으며 '종전終戰'이 아닌 정전停戰 또는 휴전休戰으로 전투행위가 중지된 상태로 마감되었다.

  6·25전쟁은 전쟁이 발발한 후 최초 1년 전선의 변화가 가장 심한 격동기이었고, 나머지 기간은 전선의 변화가 거의 없었던 교착시기였다. 격동기 1년간에는 공산군이 세 차례나 38선을 넘나들었다. 그 첫 번째는 북한군이 낙동강까지, 두 번째는 중공군이 평택-삼척선까지, 세 번째는 중공군이 서울 북방 구파발-강릉 선까지 진출하였으나 매번 국군과 유엔군에게 격퇴되었다. 최초 북한군 남침 시에는 국군과 유엔군이 97일 만에 이들을 38선 이북으로 구축하고 청천강 이북까지 진출하였으며, 두 번째 북한군과 중공군 남침 시에는 약 90일 만에 이들을 격퇴시키고 38선을 회복했다. 그리고 세 번째 북한군과 중공군 남침 시에도 약 39일 만에 다시 이들을 38선 이북으로 축출하여 전투개시 이전의 상태를 회복했다. 6·25전쟁 기간 공산군이 38선 이남에서 머문 기간은 총 226일이었고, 유엔군이 38선 이북에서 머문 기간은 총 76일이었다.

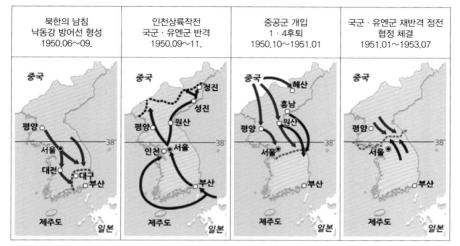

6·25전쟁(1950. 6. 25~1953. 7. 27) 경과.

북한의 남침 낙동강 방어선 형성 1950.06~09.	인천상륙작전 국군·유엔군 반격 1950.09~11.	중공군 개입 1·4후퇴 1950.10~1951.01	국군·유엔군 재반격 정전 협정 체결 1951.01~1953.07

ⓒdoopedia.co.kr

 6·25전쟁은 북한이 동족에게 피해를 입힌 침략행위인 동시에 제2차 세계
대전이 종전된 이후 5년도 되기 전에 발생한 대규모의 무력 충돌로써 한반도는
물론 세계사의 흐름에도 크게 영향을 미친 사건이었다. 6·25전쟁은 우선 남북
한에 커다란 소용돌이를 몰고 왔다. 3년 1개월 동안 계속된 전쟁기간에 국군과
유엔군의 인원손실은 77만 6천여 명이나 되었고, 북한 및 중공군의 인원피해도
2백만여 명에 달했다. 뿐만 아니라 전투원이 아닌 민간인의 피해도 남한 100만
여 명, 북한 150만여 명 등 250만여 명이나 발생했다. 이 숫자는 그 당시 남북한
전체 인구를 합한 2,500만여 명의 10%에 해당하는 엄청난 규모였다. 여기에다
개인의 가옥과 재산은 물론, 미미한 수준에 있었던 국가 기간산업시설과 공공
시설마저도 송두리째 파괴되었으며, 이로 인한 재산 손실만도 320억 달러에 이

르렀다. 또한 320만 명의 피난민과 30만 명의 전쟁미망인, 10만 명의 전쟁고아 등 사회적 기반을 뿌리 채 뒤흔드는 민족에게 온갖 고초와 고난을 안겨준 전쟁이었다. 그 결과 남북한 간의 사회·문화적 이질화는 심화되었고 체제경쟁 속에 통일의 가능성은 더욱 희박해졌다.

또한 이 전쟁은 세계사적으로도 중대한 의미를 갖는다. 동북아지역의 한반도에서 시작된 전쟁이 급기야 세계 6대주의 25개국이 직간접적으로 참여하는 국제전으로 확대되었고 특히 동·서 양대 진영의 중심축을 구성한 초강대국들이 이 전쟁에 모두 참여했기 때문이다. 따라서 6·25전쟁은 1950년대 동·서 냉전의 열전으로서 특히 한국은 막대한 인적·물적·심적 피해를 입었고, 미·소를 중심으로 하는 냉전체제 하에서 남북한 간에는 군비경쟁의 단초를 제공했다. 이와 더불어 핵의 위협 속에 치른 제한적, 국지전적 성격 때문에 양 진영이 핵 및 재래식 무기의 개발에 박차를 가하는 계기가 되었다.

이상의 내용을 종합해 볼 때 6·25전쟁은 제2차 세계대전 이후 미·소가 첨예하게 대립하는 상황에서 세계 공산화 책략의 일환으로 스탈린(J. Stalin)의 승인과 마오쩌둥毛澤東의 동의를 받아 '김일성이 일으킨 전쟁으로 국지전이면서 국제전'이었다. 동시에 6·25전쟁은 북한의 불법 기습남침으로 발발된 전쟁이었지만 대한민국이 당시 전 세계 93개의 독립국가 중 68%에 해당하는 총 63개국의 지원 및 지지를 받아 북한의 무력남침을 저지함으로써 공산주의 국가들의 침략으로부터 자유민주주의와 시장경제질서를 수호한 전쟁이었다.

2. 미·소군의 한반도 진주와 경기지역 상황

1) 해방 직후 미·소군의 진주와 경기지역 상황

1945년 8월 15일 정오 소련군의 남하, 38선의 획정, 조국강토에의 상륙명령을 기다리던 광복군, 조선총독부 고위층의 초조한 교섭 등이 벌어지고 있는 가운데, 일본천황의 전국 방송망을 통하여 항복 성명이 발표되었다. 미 합동참모본부는 한반도 북쪽 지역이 소련과 중국에 접해 있고 미국 정부의 정책이 한반도에서 연합군 점령과 군정을 상정하고 있다는 점을 고려하여 한반도의 남부를 미국의 초기 점령지역으로 설정하고 있었다.

남한점령을 담당한 미군 주력부대는 소련군이 상륙한지 22일 만인 9월 4일 선발대를 투입한 제24군단 휘하의 전투부대인 제7보병사단, 제40보병사단, 제6보병사단과 군수지원부대인 제24기지창 등이었다. 이외에도 제24군단 휘하에는 의무. 공병. 통신. 수송 등 각종 지원 병력이 전술군의 남한점령을 지원했으며, 10월 말부터는 민사행정을 담당하기 위해 전문 교육을 받은 대규모 군정부대가 진주했다. 이러한 병력을 모두 포함해 제24군단의 규모는 1945년 10월 31일 현재 7만 7,643명에 달했다.

미군의 남한 상륙은 1945년 9월 8일 제7사단의 인천상륙을 시작으로 10월 말까지 계속되었다. 미군의 첫 번째 목표는 한국의 정치·전략적 중심지인 서울과 경기지역에 대한 점령이었다. 9월 8일 인천에 상륙한 제7사단은 9일 제32연대와 제184연대를 서울로 이동시켜 서울을 점령한 후 계속해서 경기도 지역으로 점령지역을 확대해 나갔다. 소련의 남하를 우려한 미국은 서울에 이어 최우선적으로 서울 북방 38선까지의 지역을 점령하여 38선 이남지역을 확보하고

자 했다. 그 결과 제7사단은 9월 23일까지 개성, 연안, 수원, 춘천 등 서울에서 50마일 내에 위치한 도시들과 38선 접경지역에 대한 점령을 마쳤다. 1945년 10월 말 현재 남한지역에 주둔한 미군부대와 관할지역을 살펴보면, 제7사단이 서울·경기·강원·황해·충북, 제40사단이 경남·경북, 제6사단이 전남·전북·충남, 제24기지창이 인천항과 그 주변지역 등이었다.

남한을 점령한 미군 3개 사단(제6·제7·제40사단)의 점령 관할지역에 따라 군정 관할지역도 3개 권역으로 구분되었다. 즉 제7사단이 경기·강원·충청도, 제40사단이 경상도, 제6사단이 전라도의 군정을 각각 담당했으며, 각 사단장은 지방군정의 최고 책임자가 되었다. 사단장 예하의 각 연대장은 여러 개의 군을 하나로 묶은 관할지역 내에서 군정의 지역대표로 권력을 행사하였으며, 개별 군 수준에서의 군정기능은 대대 또는 중대 등 파견부대의 지휘관에 의해 수행되었다. 이런 점에서 초기 군정은 군정의 두 형태인 작전군정과 지역군정 중 작전군정의 형태를 띠고 있었다.

미 제7사단 점령지역의 군정부대 배치상황

도	군정부대	장교	사병	준둔지	임무, 관할지역
경기	97군정대	1	28	서울	도군정
	47군정대	9	35	서울	도군정
	40군정중대	10	49	서울	시군정
	68군정중대	10	38	서울	군군정
	39군정중대	11	53	인천	시군정
	60군정중대	10	40	수원	군군정
	54군정중대	10	39	개성	군군정
	115군정중대			서울	시군정, 도군정

도	군정부대	장교	사병	준둔지	임무, 관할지역
강원	100군정대	11	18	춘천	도군정
	46군정중대	9	44	춘천	춘천, 홍천
	52군정중대	9	38	원주	영월, 평창, 원주, 횡성
	66군정중대	10	39	삼척	삼척, 울진
	38군정중대	9	50	강릉	강릉, 전선
충북	35군정중대	12	46	청주	도군정, 청주
	49군정중대	9	40	영동	영동, 옥천, 보은
	67군정중대	10	36	충주	충주, 단양, 제천, 음성, 괴산, 진천
충남	102군정대	1	18	대전	도군정
	27군정중대	11	52	대전	대전
	65군정중대	10	39	공주	공주, 연기, 청양, 부여, 대덕, 논산, 서천
	41군정중대	12	51	홍성	홍성, 보령, 서산, 당진, 예산, 안산, 천안

비고 : 1945년 당시 서울지역은 행정구역상 경기도에 포함되어 있었음.

2) 미 · 소군 진주 후 경기도의 38선 접경지역 상황

38선 획정과 미 · 소군의 남북한 진주는 한반도의 산과 평야, 농촌과 도시, 통신과 수송망들을 일시에 분할시켜 놓았을 뿐만 아니라 보다 공업화된 북한지역과 농업이 압도적인 남한지역을 분리시켰다. 당시 남북한의 경제가 발전하기 위해서는 이 두 지역이 상호 보완적으로 작용하는 것이 필요했다. 그러나 38선 분할점령은 남북한 경제를 피폐하게 만들었을 뿐 아니라 38선이 점점 분단선으로 변질되어 고정화되어 갔다.

　북한지역에 진주한 소련군은 본대가 평양에 도착하기 전에 북위 38선 일대에 본격적으로 부대를 파견하여 남한으로 이주하거나 국외에서 귀환하는 동포들을 검문하고 모든 남행열차의 운행을 중지하거나 38선 근처에서 정지시켰다. 이것은 한반도에서 남북한 간의 교통이 단절되는 발단이었다. 또한 소련군은 은행과 우편국을 산발적으로 폐쇄하였으며, 1945년 8월 22일 금교역에 선발대로 도착한 1개 소대 병력은 23일 38선을 넘어 개성에 침입하여 은행에서 현금 900만원을 강탈하고, 2,000만원 상당의 개성인삼을 비롯하여 기타 물자를 강제 징발하는 등 이 지역에 미군이 진주할 때까지 온갖 횡포를 자행했다. 8월 25일까지 경기도의 38선 접경지역에는 소련군 2개 소대가 금교에 증파되고, 신막에 2개 중대, 해주에 1개 소대가 배치되었다. 이 무렵 강원도지역에는 소련군 1개 소대 병력이 38선 이남인 춘천까지 침입하기도 했다. 심지어 소련군사령부는 미군사령부가 석탄과 교환할 목적으로 북한에 식량열차를 보냈을 때 이를 억류하기까지 했으며, 서울 이북지역에 대한 송전을 일방적으로 중단하기도 했다. 소련의 이러한 행동이 38선을 단순한 분할선에서 점차 정치·군사적 장벽으로 변화시켰다.

38선 지역은 미·소군이 진주하였을 때부터 양군이 협조하지 않으면 곧바로 분쟁으로 이어질 가능성을 갖고 있었다. 그 최초의 사례가 옹진지역이었다. 옹진반도는 일부 지역이 미군 관할 하에 있었는데, 서울에서 이 지역으로 이르는 육로가 38선에 의해 차단되었다. 처음 미군은 옹진에 이르는 육로 수송을 보장받고 있었으나 점차 소련군으로부터 방해를 받기 시작했다. 주한미군사령관 하지(John R. Hodge) 중장은 미·소군이 한반도에 진주한 직후 38선의 경계를 도계나 군계 등 행정구역을 고려하지 않고 단순히 지도 위의 38선에 설정함으로써 옹진에서와 같은 문제가 다수 발생할 여지가 있다고 판단했다. 따라서 그는 행정구역을 고려하여 38선 접경지를 재조정하자고 제의하였으나 소련군이 받아들이지 않았다.

최초 미·소군은 38선 접경지에 중립지대를 설정하고 남북으로 이어지는 주요 도로상에 통제초소를 설치하여 각각 책임지역을 통제하도록 했다. 그러나 1945년 말부터 소련군은 38선 남쪽으로 넘어오기도 하였는데, 청단지역에서는 아예 38선 이남지역에 초소를 설치하기까지 했다. 따라서 38선 부근 지역은 미·소군이 도로를 차단하는 초소를 설치한 후 항상 미·소군 간의 충돌 가능성을 안고 있었다.

3. 해방과 분단 직후 경기도의 정치·사회·문화

해방 이후 경기지역에서는 다른 지역과 마찬가지로 전국의 정치·정세 변화에 따라 다양한 정치활동이 전개되었다. 서울과 지리적으로 가까웠던 만큼 경기지역의 정치관심도는 상당히 높았으며, 그만큼 국가건설운동에 참여하는 열기도 뜨거웠다. 그 중심에는 건국준비위원회 경기도지부와 경기도 인민위원회가 있었으며, 외곽단체인 청년단체와 농민·노동조합도 활발한 활동을 전개했다. 이들은 1946년부터 미군정 및 우익 세력과 대립·충돌하였으며, 반탁문제를 둘러싸고 미군정으로부터 탄압을 받기 시작했다.

1947년 미소공동위원회가 최종 결렬된 이후 단독정부 수립이 가시화되자 경기지역 곳곳에서는 좌익세력에 의한 반대시위가 크게 확산되었으며, 한민당을 중심으로 한 우익세력들이 단독정부 수립을 적극 지지하고 총선거 준비에 돌입하면서 좌우익의 충돌이 격화되었다. 5·10선거가 결정되자 경기 각지에서는 유엔한국임시위원단(UNTCOK)을 배격하는 파업과 항의집회, 동맹휴학과 시위 등이 매일같이 반복되었다. 이 과정에서 경기 각지에서는 좌우익이 충돌하여 수많은 유혈사태가 발생하였으며, 좌익세력들이 대대적으로 경찰에 검거되었다. 경기지역의 좌우대립은 비교적 다른 지역에 비해 정치단체, 청년단체,

그리고 학생들 간에 매우 격렬한 양상으로 전개된 것이 특징적이며, 결과적으로 수많은 경기도민의 희생이 초래되었다.

한편 해방시기 38선의 획정과 분계선의 설정으로 경기도의 행정구역이 전면 개편되었다. 38선은 이전의 행정구역을 고려하여 그어진 선이 아니라 단순히 위도 38선에 그어진 것이었기 때문에 많은 문제를 야기했다. 〈일반명령 제1호〉에 의해 38선을 경계로 소련군과 미군이 진주하면서 경기도는 역사적이며 자연적인 행정경계선을 잃고 38선이라는 인위적인 분할에 의해 나뉘게 되었다. 통상 행정구역은 위도와 경도로 구획할 수 있는 것이 아니라 해당 지역의 지리적·지형적 조건과 공동체 단위에 근거하여 수립되어야 하는 것이지만, 38선은 그것을 가로막았다. 이로 인해 전통적인 공동체가 일순간에 해체·변경되기도 했다. 38선을 가로지르는 마을에서는 아래 윗집이 각각 남북으로 갈리기도 하였고, 38선을 두고 남북 마을이 이념적으로 대립·반목하기도 했다.

미·소군이 38선을 경계로 분할 점령하면서 경기도의 행정구역도 일부 변화를 겪었다. 38선 획정 당시 경기도 지역의 대부분은 38선 이남에 있었지만, 연천군의 대부분 지역과 가평·포천·파주·장단·개풍군 및 개성부의 일부 지역이 38선 이북에 위치하게 되었다. 당시 경기도 행정구역은 경성·인천·개성부 등 3개 부와 20개 군, 10개 읍, 229개 면으로 구성되어 있었다. 미군정은 1945년 11월 〈군정법령 제22호〉로 각 군·면·읍·동에 대한 행정구역 재편을 실시했다. 이에 따라 연천군 등의 38선 이북 지역이 경기도 행정구역에서 빠지게 되고, 대신 황해도의 연백군과 옹진군 지역이 경기도 행정구역에 편입되었다. 그 결과 경기도는 3개 부, 21개 군, 10개 읍, 231개 면으로 행정구역이 조정되었다. 이렇듯 38선을 경계로 남북이 갈리고 행정구역이 단절되면서 경기도 접경지에서는 화폐 문제와 농업용수 문제, 토지 문제 등 수많은 문제들이 야기되었다. 이곳에서는 하루아침에 토지소유권이 박탈되거나 이미 실시된 토지개혁이 무효화되기도 했다. 그 중에서도 연백평야의 농업용수 문제는 지역 내의 가장 큰 문제가 되기도 했다.

경기도 지역 내의 38선은 205Km이었으며, 38선 접경지에는 군경 초소가 세워져 남북 간의 왕래를 전면 차단했다. 경기도의 38선 접경지역은 서쪽으로부터 옹진에서 청단, 연안, 배천, 개성, 장단, 파주, 양주, 포천, 가평 등이었다. 당시 38선 접경지에는 소련군과 미군이 경계초소에 배치되었으며, 미·소군이 철수한 후에는 남북한의 경계 병력이 주둔했다. 38선 이북지역은 북한 경비대가 배치되어 접경지의 상황을 통제하였고, 이남지역은 우리 군에서 국군 제17연대와 제1사단이, 경찰에서 10개 본서와 60개 지서의 병력 3,500명이 배치되어 상황을 통제했다. 남북한의 경계 병력이 배치된 후

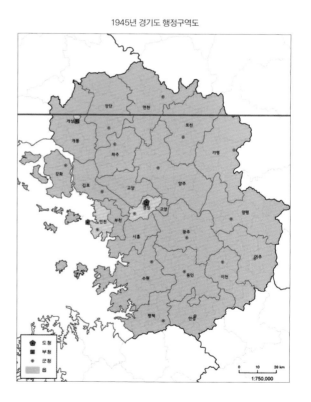

1945년 경기도 행정구역도

경기지역 38선 접경지에는 수많은 월경사건과 군사적 충돌이 발생했다.

한편 경기지역은 지정학적으로 한국의 가운데이면서 수도를 품고 있는 정치·경제·사회적 중심지 역할을 담당하는 곳이었기 때문에 자연 인구유입의 통로가 되었다. 많은 사람들이 경기도를 통해 들어왔고, 이 중 상당수는 지방으로 분산되었지만 일부는 경기도에 정착했다. 급격한 인구유입은 식량부족, 사업침체 등과 맞물려 실업 등의 문제를 야기하기도 했다. 특히 식량부족 현상은 매우 심각한 문제였다. 미군정의 자유시장과 강제수집정책이 혼란을 겪자 사회적 불안은 가중되어 식량가격이 폭등했다. 농가는 항상 부채에 시달렸으며 점차 토지를 잃고 소작농으로 전락해 갔다. 이것은 농민과 노동자들의 반발을 유발했다. 노동자와 농민을 포함한 많은 대중들은 해방과 함께 정치·사회적으로 급속한 의식 성장을 보이고 있었고, 그것이 실제 생활에서의 실천으로 발전해 가고 있었다. 경기도를 휩쓴 폭동사태로 인해 많은 농민과 노동자가 검거되거나 사상되었으며, 이러한 폭동의 여파는 경기도민에게 심대한 영향을 미쳤다.

38선 이북에서 내려온 월남민들이 개성역에서 열차를 기다리는 모습 (1947. 10). ⓒ 국사편찬위원회

미군정의 식량정책과 더불어 경기지역으로의 많은 인구유입은 식량부족 현상을 가중시켰다.

경기지역은 해방 직후부터 인구의 대이동이 있었다. 경기지역에 유입된 인구는 생활터전을 마련하고자 지방에서 올라온 사람들과 고향을 등지고 북한에서 내려와 정착한 월남민들이 다수시키고 은파산을 점령했다. 옹진지구전투사령부는 다시 제2연대로 8월 8일 대대적인 재반격을 가하여 북한군을 몰아내고 원진지를 회복했다. 이렇듯 미군 철수 직후 전개된 38선 지역의 충돌은 북한의 대규모 공세가 발단이 되었으며, 국군이 대규모 병력을 동원하여 적극 대응함으로써 격화되는 특징을 가지고 있었다.

　이러한 때에 북한은 1949년 10월 14일 다시 소련의 반대에도 불구하고 2개 대대 병력으로 옹진지구의 은파산을 공격하여 유린했다. 북한의 의도는 옹진-해주 일대의 주요 감제고지였던 은파산을 점령하여 우측 전선과 관계를 유지하기 위함이었다. 공격을 받은 다음날인 10월 15일 국군 제2연대가 대대적인 반격을 개시하였으며, 그들은 큰 피해를 입었음에도 불구하고 17일 은파산을 다시 장악하는데 성공했다. 그러나 11월 말에 북한군은 은파산을 비롯해 그동안의 격전지였던 국사봉, 292고지 등 옹진과 개성지역의 주요 고지들을 대부분 장악하였으며, 이러한 상황은 6·25전쟁이 발발할 때까지 큰 변화 없이 지속되었다.

　1950년 1월 이후 옹진·개성을 비롯한 38선 접경지에서는 전년과 같이 남·북한군 사이에 격화된 전투는 발생하지 않았으나 소규모 충돌과 포격이 일상의 일처럼 이어졌다. 전쟁 전까지 거의 매일같이 사상자와 포로가 발생하고 있었다. 충돌이 소규모로 제한되기 시작한 것은 1949년 12월부터였다. 12월 한 달 동안 옹진지역에서는 소대급 규모의 전투가 몇 차례 있었다. 즉, 12월 7일부터 31일까지 북한은 포격 지원 하에 5차례에 걸쳐 소대 규모의 병력을 은파산에서 녹달산과 까치산 쪽으로 침투시켰는데, 11월 중순 옹진지역 방어부대로 재배치된 국군 제17연대의 반격을 받아 피해를 입은 채 물러났다. 이 전투는 더 이상 확대되지 않았다.

　　1950년에 들어서도 옹진과 개성지역에서는 소규모 충돌이 계속되었다. 1950년 4~5월에 40여 회의 충돌이 있었고, 6월 1일부터 15일간 8번의 충돌이 발생했다. 이러한 충돌은 전쟁 발발 바로 직전까지 이어졌다. 38선에 배치된 국군과 미 군사고문관들은 1950년 5월부터 북한군의 장비와 병력이 전방지역으로 이동하는 것을 관측 보고하였지만, 미 군사고문단의 종합적인 평가는 북한이 군사력 부족으로 남한에 대해 전면적인 공격을 가하지는 않을 것이라고 결론짓고 있었다.

5. 경기지역의 군사 지리적 특징과 전쟁의 양상

1) 경기지역의 군사 지리적 특징

(1) 문산 부근의 지리적 특징

문산 부근 작전지역에는 고려조 500년의 도읍지로서 겨레의 애환을 간직한 개성을 필두로, 임진왜란 때의 승첩지인 행주산성과 벽제관의 전적지, 그 외에도 크고 작은 산성과 봉수대가 산재하고 있다. 이 지역은 예로부터 북쪽 오랑캐의 주된 침공 루트였으며 임진왜란 시에는 왜적의 공격축선으로 이용되기도 했다. 따라서 이곳은 고대로부터 전략·전술적으로 중요시 되고 있는 군사상의 요충지가 많은 지역이며 행정구역상으로는 연백군과 개풍군(현재 군사분계선 이북), 파주군, 고양·연천·양주군의 일부지역이 포함되어 있었다.

　　작전지역은 대체로 임진강을 중심으로 하여 남북으로 분리되며, 북쪽인

38선 일대는 예성강을 중심으로 다시 서쪽과 동쪽지역으로 세분된다. 지역 내의 지형은 38선을 잇는 북쪽이 그 주변지세의 영향으로 구릉과 고지군이 형성된 반면에 그 이남은 백천과 청단평야를 비롯하여 임진강과 예성강 등 저지대를 형성하고, 파평산이 임진강 남쪽에서 강류를 따라 남서로 능선을 뻗쳐 강과 더불어 횡격실을 이루었으며 기타지역은 구릉 내지는 평지이다.

하천은 임진강이 이 지역을 담당하던 국군 제1사단의 주진지 전방에서 여러 개의 만곡부를 형성하며 남서로 사행하여 흐르며, 예성강이 사단의 중앙지대를 북에서 남으로 흘러 서해에 이름으로써 임진강과 예성강 사이의 개성지역과 예성강 서쪽의 연백·청단 지역이 북쪽을 제외하고 3면이 바다와 강으로 둘러싸인 하나의 반도가 되었다.

지역 내에는 예성강, 사천, 사미천, 임진강, 문산천, 곡릉천 등 여러 하천이 있으며, 임진강과 문산천, 곡릉천은 동에서 서로 흘러내려 방어 작전에 유리하고 전술적 가치가 높았다. 또한 청단 남단의 도서지역은 간만의 차이가 심하여 청룡반도에서 용매도에 이르는 해상 7km는 하루 두 차례 간조 시에 갯벌을 통하여 사람과 말의 통행이 가능했다. 기상은 여름 특유의 고온다습한 날씨에 비가 내리는 날이 많았다.

개성과 그 동쪽 일대도 개성 동쪽 9km 지역에 사천과 임진강이 남북으로 흘러 작전상 적지 않은 제한을 받게 되어 있었다. 특히 방어지역 우측의 장파리-적성(구율리) 간의 38선 경계지대는 임진강이 그 지대 남쪽 2~5km 지점을 동-서로 흐르기 때문에 철수작전에 적지 않은 지장이 초래될 것으로 판단되었다.

예로부터 이 지역 일원의 교통망은 대단히 발달되어 있었다. 그중에서도 금천(개성 북쪽 22km)-개성-문산-서울 축선 상에는 1번 국도와 경의선 철로가 가설되어 있었는데, 경의선 철도의 예성강철교와 임진강철교는 이를 폭파하였을 경우 피·아 작전에 큰 영향을 미치게 되는 지형지물이었다. 개성과 임진강 하류 일대에는 1950년 6월 19일부터 25일까지 비가 내렸으나 작전에 영향을 미치지는 않았다.

(2) 연천–의정부 부근의 지리적 특징

38선 부근의 중서부 작전지역은 지형의 특징상 대체로 연천–동두천과 운천–포천, 그리고 의정부 지역으로 세분된다. 동두천 지역의 지형은 한탄강과 임진강 유역으로 38선 북쪽의 연천 일대가 평탄하지만, 그 이남 지역에는 마차산과 소요산을 비롯한 고지군이 남북으로 종격실을 이루고 있다. 이에 반하여 포천 일대는 38선 북쪽에 해발 773m인 관음산을 정점으로 한 산줄기가 남쪽으로 뻗어 내리면서 점차로 고지의 높이가 낮아지는 북고남저北高南低의 야산지대가 형성되어 있다. 그러면서도 이 두 지역에는 호명산과 축석령 일대에서 발원하는 신천과 포천천이 모두 다 북쪽으로 흘러가면서 한탄강과 영평천에 각각 합류하고 있다. 따라서 이 하천들은 군사적으로는 전혀 이용가치가 없었다. 그리고 의정부 일대의 지형은 칠봉산에서 비롯된 천보산맥이 의정부 북쪽 천보산까지 약 20Km의 종격실을 형성하고 개활지와 야산으로 점철되어 있으며, 호명산 축석령에서 비롯되는 중랑천이 남쪽 한강으로 흘러내리고 있다.

    지역 내에는 철원–연천–동두천–의정부–서울로 이어지는 3번 국도, 철원–운천–포천–의정부로 이어지는 43번 도로, 김화–장암리–일동–퇴계원–서울로 이어지는 391번 도로가 남북을 관통하고 있으며, 문산–덕정–송우리를 연결하는 316번 도로를 비롯한 여러 갈래의 도로가 동서로 뻗어 있어 교통이 비교적 편리했다. 이들 도로 사이에는 종적으로 발달된 천보산맥과 광주산맥이 형성되어 있어 방어하는 입장에서는 인접부대와의 횡적인 연계와 종심배치가 불리한 반면, 공격하는 입장에서는 기계화 부대의 운영과 종심지역 공격에 유리한 지리적 특징을 지니고 있었다.

(3) 옹진반도-개성 부근 지리적 특징

38선에서 가장 서측에 위치한 옹진반도는 인천에서 해로로 $90km$ 거리이며, 38선과 해주만에 의하여 내륙과의 육로가 차단되어 있었다. 옹진반도 남동 끝자락에 위치한 부포항은 제17연대의 생명선과도 같은 지역으로 병력과 보급품을 지원하는 유일한 관문 역할을 하였으며, 인천까지 정기연락선으로 9시간 정도 소요되었다. 이러한 여건으로 인하여 옹진반도에 배치된 국군이 위기에 처할 경우 유일한 철수로가 바다 밖에 없어 전술적 취약점을 지닌 지역이었다.

옹진 북쪽 $8km$ 지점에 위치한 국사봉(527m)은 반도의 중앙부에 있어서 그 지맥이 동서남북으로 뻗어 지대 내를 감제하고 있다. 38선을 경계로 북쪽에는 주봉인 국사봉에서 동쪽으로 수대고개와 은파산(283m)이, 서쪽으로 달명산과 계명산 등이 솟아 있으며, 은파산 동쪽에는 취야평야가, 달명산 서쪽에는 태탄평야가 있다. 취야와 태탄은 북한군의 보급시설들이 있는 곳이었으며, 특히 취야(옹진 북동)는 강령과 양원(옹진 동쪽)에 이르는 도로의 분기점을 이루고, 해주-옹진을 연결하는 해옹선이 있으며, 해주-죽천을 이어주는 교통의 요충을 이루고 있다. 그리고 38선을 경계로 남쪽에는 국사봉 부근에 충무고지(429m)가 있으며, 충무고지의 동쪽으로 녹달산과 작산이, 남쪽으로 수대산·광산·백운봉이, 서쪽으로 은동의 412고지와 두락산 등이 동서로 뻗어있어 비교적 유리한 조건에서 북쪽을 감제할 수 있다. 그러나 북쪽을 제외한 3면이 바다로 둘러싸여 있어 방어 입장에서는 전술적 불리함이 존재했다.

작전지역 내의 교통망은 취야 - 양원 - 옹진으로 이어진 50번 도로와 해웅선철도(단선 협궤), 그리고 취야 - 강령 - 부포로 통하는 무명도로 등이 있었다. 만약 양원과 강령이 북한군의 수중에 들어갈 경우 국군 제17연대의 방어지역은 양단되는 위험에 처하게 된다. 또한 태탄 - 옹진 간의 502번 도로는 북한군의 조공이 투입될 것으로 예상되는 접근로였으며, 소강동 - 옹진 - 강령으로 이어지는 횡단도로는 보급지원 및 횡적협조 등 작전상 유용하게 활용될 수 있는 도로였다.

(4) 오산–평택 부근의 지리적 특징

오산 부근의 주요 도로망은 1번 국도와 경부 철도가 남북으로 잘 발달되어 있었고, 동측으로 용인에서 안성에 이르는 도로와 서측으로 아산과 천안에 이르는 도로가 비교적 잘 발달되어 있어 차량과 전차 기동이 가능했다. 그러나 도로 이외의 지역은 산이나 논밭으로 형성되어 전차와 차량 기동이 거의 불가능했다. 이 지역의 주요 도시는 오산, 평택, 안성 등이었으며, 이 도시들은 당시 교통의 요충지였다. 평택은 아산만과 연결되어 경부국도와 온양 - 군산, 그리고 안성으로 가는 도로가 만나는 곳이며, 안성은 오산, 용인, 이천, 장호원, 진천으로 가는 도로가 만나는 곳이었다.

지역 내의 주요 고지군으로는 천안 - 안성 남쪽으로 차량산맥이 뻗어 있어 양호한 방어선으로 활용할 수 있었고, 그 외 지역은 100~200m의 야산으로 형성되어 북한군 기계화부대의 기동을 제한할 수 있었다. 특히 수원 남쪽 12km 지점에 위치한 죽미령은 전방이 개활지와 얕은 구릉으로 형성되어 있어 청명한 날씨에 수원까지 한눈에 내려다 볼 수 있어 방어에 유리한 지역이었다. 주요 하천으로는 오산천과 진위천이 있다.

(5) 인천 부근의 지리적 특징

서해로부터 인천으로 접어드는 해상 접근로는 크고 작은 섬들과 암초, 그리고 해저에 산재해 있는 모래톱이나 갯벌로 인해 지형이 험한 편이다. 접근로상의 초입에 해당되는 덕적도와 영흥도에는 좁고 굴곡이 심한 동서 수로 2개만이 있을 뿐이다. 동서 수로는 인천으로의 길목을 확인시켜 주는 팔미도 전방에서 합류되므로, 결국 거기서부터 인천항에 이르기까지 약 15*km*에는 넓은 갯벌 사이로 뻗어있는 단 하나의 수로가 있을 뿐이다. 이러한 수로를 통해 가까스로 인천항에 접근하면 눈앞을 가로막는 월미도가 나타난다. 방파제로 인천 본토와 연결된 월미도는 남쪽의 소월미도와 이어져 그 후방에는 소규모의 내항을 형성한다.

　인천에는 상륙전에 적합한 해안이 없는 편이다. 월미도에서는 인천 본토로 연결되는 방파제가 대체로 직각을 이루며 북쪽으로 뻗은 이 섬의 꼬리 부분에 서쪽으로 약 200m 폭의 해안(녹색해안)이 있다. 인천 본토 쪽에서는 월미도와 방파제가 이어지는 곳으로부터 북쪽에 암벽이 있는 약 300m 길이의 해안과, 그리고 당시의 인천 시가지 남쪽 염전, 즉 원도의 동쪽 제방으로 이어지는 작은 해안이 각각 적색과 청색 해안으로 지정 사용되었다.

　적색해안에서는 돌격상륙부대가 상륙주정(LCVP)으로부터 높은 안벽을 기어오르기 위해 미리 준비했던 사다리를 사용해야만 했다. 청색해안은 만조 때에도 그 수심이 낮기 때문에 상륙주정 운용상 제한을 받아 수륙양용차(LVT)를 사용해야만 했다. 이러한 자연적 악조건으로 말미암아 인천해안에서 상륙작전이 가능한 일자라고는 9월 15일, 10월 11일, 11월 3일과 이 날짜들을 포함한 2~3일 뿐이었다.

또한 인구 25만 명의 인천 시가지는 상륙군의 작전개념을 발전시키는데 중요한 고려사항이었다. 해안에 발판을 구축하고 목표를 탈취하여 야간전투에 대비한 진지를 편성하기에는 일조시간이 너무 짧았다. 작전이 내륙으로 진전되면, 김포비행장이 조기에 확보되어야 하며 수도탈환에 앞서 한강이라는 장애물을 극복해야 했다. 인천은 상륙작전에서 고려될 수 있는 모든 장애물을 고루 갖추고 있었다.

2) 경기지역 전쟁의 양상 개요

(1) 경기지역 38선 초기 전투

서부지역에서는 국군 제1사단이 파주와 문산 일대에서 북한군 제1·제6사단과 공방전을 전개했다. 국군 제1사단은 개전 당시 $94km$ 정면의 38선상에 제13연대와 제12연대를 각각 배치하고 사단예비인 제11연대를 수색에 위치시키고 있었다. 사단은 자연장애물인 임진강의 남안을 주진지로 정하고 예성강 철교와 임진교 방어 및 파괴계획을 미리 수립하고 있었다. 북한군은 제1사단이 6월 25일 04:00~04:30경에 국군 제13연대 정면에서, 북한군 제6사단(-)이 좌측 연백지구의 국군 제12연대 정면에서 각각 전면 공격했다. 사단은 예비대인 제11연대를 수색에서 급히 문산 지구로 진출시켜 당일 11:00까지 임진교를 중심으로 한 문산 돌출부 일대에 중심으로 배치하여 일대 격전을 전개했다.

중서부지역에서는 동두천 - 포천 축선을 중심으로 국군 제7사단과 북한군 제3 · 제4사단 및 제105전차여단이 공방전을 전개했다. 국군 제7사단은 서울의 관문인 동두천 - 의정부 - 서울 축선과 포천 - 의정부 - 서울 축선에서 북한군 주공군단인 제1군단의 제3 · 제4사단 및 고속기동부대인 제105전차여단과 6월 25일부터 27일까지 3일간 전투를 벌였다. 그러나 역부족으로 개전 2일 만에 의정부가 함락되고 이후 전투는 서울 최후저항선인 창동과 미아리 일대에서 격전을 벌이게 되었다. 제7사단은 개전 초기 2개 보병연대로 북한군의 2개 정규 보병사단 및 1개 전차여단과 처음부터 전투력이 열세한 상태에서 불리한 전투를 하게 되었다.

(2) 경기지역 지연작전

1950년 7월 3일 노량진 부근의 한강방어선이 무너지면서 전황은 새로운 국면으로 접어들게 되었다. 이날 새벽 북한군이 경부선 철교를 통해 전차를 도하시켜 결국 노량진 - 영등포 방어선이 와해되어 전황은 걷잡을 수 없이 악화되고 수원마저 위태로운 상황에 놓이게 되었다. 국군은 수원 북방의 시흥 - 안양 - 군포 축선 상에 3중의 저지선을 구축하였지만, 수원에서 북동쪽으로 불과 $6km$ 지점에 위치한 풍덕천 지구에는 종심이 거의 없는 단 하나의 저지선만을 편성했다. 따라서 수원북방의 지연작전이 성공하느냐 실패하느냐는 국군 제1사단이 얼마나 오랫동안 풍덕천 진지를 지탱할 수 있느냐에 달려 있었다.

오산-평택 부근에서는 미 제24사단의 선발대인 스미스 특수임무부대가 7월 1일 부산에 도착한 후 7월 4일 경부국도 상의 죽미령에 배치되어 미 지상군에 의한 첫 번째 작전이 수행되었다. 북한군 제1군단은 주공방향을 경부국도

축선으로 하여 7월 3일 한강선을 돌파하고 7월 4일 수원을 점령한 후 일거에 부산까지 진격할 태세를 유지했다. 평시 전투준비태세가 미비했던 미 제24사단은 죽미령에서 잘 무장되고 잘 훈련된 북한군 정예부대를 맞이하여 용감히 싸웠으나 많은 인명피해와 장비손실을 입고 철수했다. 그러나 죽미령 전투를 통해 미군은 북한군에게 많은 전투력 손실을 강요하고 남진 속도를 일정 기간 지연시켜 후속부대들이 전개할 수 있는 시간을 벌수 있었다.

(3) 인천상륙작전과 반격작전

1950년 6월 29일 한강방어선을 시찰한 맥아더 원수는 북한군이 남진을 계속할 경우 장차 인천으로의 상륙작전이 불가피할 것으로 전망하였다. 그러나 한국군과 미군이 금강-소백산맥 선에서 북한군을 저지하는데 실패하자 일단 최초의 계획을 보류시키고, 대신 본격적인 준비를 위하여 인천상륙작전을 준비하도록 하였다.

이에 따라, 유엔 해군과 공군은 9월 7일부터 14일까지 동해와 서해에서 양동작전을 펼쳤으며, 이 기간에 유엔 공군은 총 3,250여 회나 출격하여 전략·전술 표적을 강타하였다. 제7합동기동부대는 미 제7함대 세력을 주축으로 한 유엔 해군 261척의 함정과 미 제10군단 예하 한국군 2개 연대를 포함한 미군 2개 사단 등 7만여 명의 병력으로 구성된 지상군 부대를 통합 지휘하여 9월 15일 02:00시에 인천에 대한 상륙작전을 개시하였다.

(4) 경기지역 1·4후퇴와 반격작전

국군과 유엔군은 중공군의 공세에 밀려 1950년 12월 20일경 임진강 하구에서 연천에 이르는 38선상에 방어진지를 편성했다. 그러나 1개 사단의 방어정면이

30km가 넘어 부대배치상의 공백지대가 많이 생기게 되면서 중공군과 북한군의 침투를 저지하기 어려운 상황이었다. 중공군은 1951년 1월 1일 이른 새벽에 전 전선에서 일제히 공격을 개시했다. 유엔군은 다음 날 1월 4일부터 평택-삼척을 잇는 북위 37도선으로 철수를 개시하여 1월 7일 새로운 방어선을 형성했다.

'1·4후퇴'라고 부르게 된 이 두 번째의 서울 철수와 국군·유엔군의 37도선 철수로 인하여 서울과 그 밖의 지역에서 남쪽으로 내려간 피난민이 약 220만 명에 이르고, 전국적으로는 764만여 명의 주민이 피난길에 올라 엄동설한 속에서 방황하게 되었다. 국군과 유엔군은 1951년 중공군의 5월 공세를 저지하고 일제히 반격에 나섰다. 서부전선의 미 제1군단은 문산-포천 선을 점령한 다음 문산, 동두천, 포천을 확보하고 이어 영평 선을 확보했다.

(5) 경기지역 고지쟁탈전

1951년 11월 27일 일시적이나마 휴전회담에서 잠정 군사분계선 문제가 일단 매듭을 짓게 되자 양측은 수색정찰과 소규모의 국지공격을 통하여 접촉을 유지하게 되었다. 이러한 전선의 소강상태는 대체로 1952년 봄까지 지속되었다. 전쟁의 양상은 쌍방 공히 상대방의 주저항선을 돌파하는 공격보다는 주저항선을 확보 유지하기 위한 방어에 중점을 두게 되었고, 전초의 전술적 운용이 지상작전에서 가장 큰 비중을 차지하게 되었다. 1952년 초 전개된 대표적인 전초진지전은 두매리 부근 전투, 사천강 부근 전투, 크리스마스고지(1090고지)부근 전투, 557고지 전투, 662고지 전투, 호도 전투 등이었다.

(6) 경기지역 부근 공산군의 최후공세

1953년 3월에 접어들자 공산군은 작전에 양호한 기후조건을 이용하여 유엔군의 전초, 특히 서부전선의 유엔군 전초진지에 대하여 제한된 규모로 집중적인 공격을 단행했다. 중공군은 미 제2사단의 전초인 사미천 부근의 후크고지를 공격한데 이어 고왕산(355고지)을 공격하였으나 약 100명의 사상자를 내면서 완강하게 저항한 미 제9연대에 의해 격퇴되었다. 이후에도 중공군은 계속 유엔군 전초에 대해 공격했다. 중공군은 주로 미 해병 제1사단 제5연대의 전초인 베가스와 레노, 그리고 카슨고지에 공격을 집중했다. 판문점 북동쪽 16km 지점에 위치한 이들 전초에서는 격렬한 근접전투가 전개되었다.

(7) 정전협정과 경기도 상황

1953년 7월 27일 정전협정의 서명으로 전선에서는 그날 22시를 기해 공산군 측과 유엔군 측이 일체의 전투행위를 중지했다. 국군과 유엔군은 군사분계선 이북에 위치한 동서 해안의 도서로부터 철수를 개시하였고, 포로송환을 위해 거제도와 제주도 일대에 수용되어 있던 북한군 포로 3,600명과 중공군 포로 1,200명을 LST에 승선시켜 인천으로 수송하기 시작했다.

유엔군 측과 공산군 측은 정전협정에 따라 군사분계선(MDL)과 비무장지대(DMZ)의 설치작업에 들어갔다. 군사분계선(MDL)의 위치는 한강하구-임진강하구(문산 서남 8km)-판문점-고양대-유정리(철원북쪽 12km)-하감령-밤성골-문등리-신탄리-수령-동해안 감호(남쪽 1km)를 잇는 선이었다. 경기도와 황해도의 도계선 북쪽과 서쪽에 있는 모든 섬 중에서 백령도·대청도·소청도·연평도 및 우도를 제외한 기타 모든 섬은 공산군 측의 군사통제하에 두도록 규정되었다.

전쟁기간 경기도는 다른 도보다 훨씬 많은 피해를 입어 12만 8,740명의 민간인 인명피해와 2,071만 1,469채의 건물이 파괴되거나 피해를 보았다. 자산 및 시설피해도 4억여 원에 달했다. 우리나라 최대의 경공업지대였던 경인공업지역은 전화로 인해 대부분 파괴되었고, 이로 인해 이 지역 경제는 완전히 붕괴되었다. 또한 분단의 고착화는 접경지역의 경제를 극히 위축시켰을 뿐만 아니라 지역 간의 교류가 불가능하게 되어 유통 기반도 심각하게 파괴되었다.

정전 이후 경기도 곳곳에는 자력 또는 국가의 지원으로 주택, 점포, 공장, 사무실 등이 복구되었다. 도로마다 가로수가 심어졌고 농촌에는 영농개선에 열중하고 수리시설을 확충했다. 도시에서는 녹화운동에 호응하여 구공탄과 토탄을 연료로 하는 가구가 점차 증가되었다. 전기사정도 좋아져 전쟁이전을 능가하였으며 공장 생산량도 날로 증가되었다.

02
제1 · 3번 국도를 따라 전개된
경기지역 초기전투

1. 38선 방어진지가 무너지다

1950년 6월 25일 04:00! 가랑비가 소리 없이 내리고 짙은 안개가 산골을 메운

6·25전쟁 초기 전선 상황

이른 새벽, 한반도의 허리가 부러지는 폭음과 섬광이 새벽의 고요를 심하게 흔들어 놓았다. 북한군의 기습 남침이 그들의 계획대로 38선 전 지역에 걸쳐 야포와 박격포의 공격준비사격과 더불어 일제히 시작된 것이다. 북한군은 서쪽의 옹진 반도로부터 개성, 동두천, 포천, 춘천, 주문진

에 이르는 38선 전역에서 지상공격을 개시하는 한편, 강릉 남쪽 정동진과 임원진에 육전대와 유격대를 상륙시켰다.

서울을 목표로 정한 북한군의 주공 제1군단은 연천과 운천에서 의정부에 이르는 축선과 개성에서 문산으로 이어지는 접근로에 전투력을 집중하였으며, 춘천, 강릉을 목표로 한 조공 제2군단은 화천-춘천 접근로에 중점을 두고 계획된 축선을 따라 소련제 T-34 전차를 앞세워 일거에 국군의 38선 방어진지를 돌파하고 남진을 계속했다.

북한군의 공격작전은 수도의 장악이 전쟁의 승패에 결정적 영향을 미쳐왔다는 역사의 교훈과 서울이 갖는 정치·경제·사회·문화·심리 등 제반 분야의 중요성에 비추어 수도 서울의 점령에 초점이 맞춰졌으며, 2개 군단의 주력이 이곳을 목표로 공격했다. 북한군 제1군단은 연천과 운천에서 의정부-서울에 이르는 주공축선에 전투력을 집중하고, 개성-문산-서울에 이르는 공격축선에 조공을 투입하였는가 하면, 제2군단도 주력을 춘천-가평-서울 및 춘천-홍천-수원 방향에 투입했다. 이들은 서울을 계획대로 양익에서 포위하여 탈환하고자 했다.

1) 동두천·포천지구 전투

북한군 주공이 지향된 의정부 북방의 국군 제7사단(사단장 유재흥 준장) 정면에서는 북한군 제3사단이 운천에서 포천으로, 제4사단이 연천에서 동두천 방향으로 각기 제109·제107전차연대와 협동 하에 전격적인 속도로 남하했다. 의정부 북방의 국군 제7사단은 적성에서 사직리까지 47Km의 정면을 방어하고 있었다. 당시 제1연대가 동두천 정면을, 제9연대가 포천 정면을 담당하였으나 예비부대가 없는 상황이었다.

국군 제7사단은 북한군의 공격이 개시되자 적의 전진을 저지시키면서 제1연대와 제9연대의 배치를 서둘렀다. 그러나 이들은 의정부에서 교육훈련 중이어서 감악산-마차산-소요산-가랑산-천주산을 연하는 주저항선에 투입되는 데는 상당한 시간이 필요했다.

동두천 북방 제1연대 정면의 북한군 제4사단은 전곡-초성리-동두천 방향에 전차 2개 대대로 증강된 제16연대를 주공으로 투입하고, 그 서쪽의 적암-봉암리 축선에 제18연대를 조공으로 투입하여 병진공격을 실시했다. 전곡에서 한탄강을 건너 국군 제1연대 제2대대 경계진지를 돌파하고 초성리를 점령한 북한군 제4사단 제16연대는 전차를 선두로 동두천 전방으로 진출했다.

이무렵 국군 제1연대 제2대대는 주저항선인 동두천 북쪽 소요산 일대의 진지로 철수하여 남하하는 북한군과 일진일퇴의 치열한 전투를 계속하면서 진지를 사수하고 있었다. 이때 연대 포병 제5포병대대 제2중대가 제2대대 정면의 북한군 1개 대대에 집중포격을 가하여 대부분을 격멸하는 수훈을 세웠다. 그러나 제1연대 제2대대와 지원부대 병력은 탄약이 떨어지고 재보급마저 불가능한 형

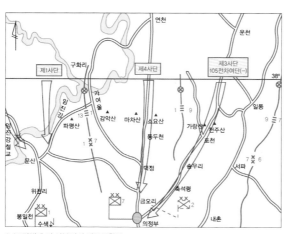

6·25전쟁 초기 서부전선 전투상황도

편에 놓이게 되었다. 결국 15:00경 북한군 제107전차연대와 제4사단의 총공격에 소요산 일대의 주저항선은 돌파되기 시작하였고, 북한군은 해질 무렵 동두천 시내에 돌입했다.

이날 포천 북방 제9연대 정면은 연대장이 전날 장병들의 외출·외박을 허가하지 않고 전 장병을 영내에 대기시키고 있었다. 북한군 제3사단은 다른 지역보다 20분이 앞선 03:40부터 국군의 경계초소와 거점을 중심으로 공격준비사격을 실시한 후 전차 40여대를 앞세운 주공부대를 양문리에서 포천에 이르는 43번 도로에 투입했다. 제9연대장은 주저항선인 천주산에 제1대대를, 좌측 신북교를 포함한 가랑산에 제3대대를 추진 배치했다.

38선을 09:00에 돌파한 북한군 제3사단의 주력은 전차와 자주포, 장갑차 및 차량으로 혼성된 약 80여대의 기갑부대와 함께 노도와 같이 밀어 닥쳤다. 신북교 일대에서 43번 도로접근로를 방어하던 제3대대의 주진지가 순식간에 무너졌다. 북한군 기갑부대는 국군의 주저항선을 돌파한 후 11:00경에 포천을 점령했다. 국군 제9연대는 좌측 인접부대인 제1연대의 작전지역이었던 덕정부근으로 철수하였으나 이 과정에서 전투력에 큰 손실을 입었다.

동두천과 포천 방면이 위기상황에 처하자 육군본부는 서울에 주둔하던 수도경비사령부 병력을 증원부대로 투입했다. 수도경비사령부 예하 제3연대는 비상발령 후 제7사단에 배속명령을 받고 소집된 600여명의 병력으로 2개 대대를 혼성 편성하여 제3대대장 지휘 하에 주둔지인 서빙고를 떠나 포천으로 향했다. 제3연대가 15:00경 포천 남쪽 송우리 부근에 이르렀을 때 포천 읍내에서 불길이 치솟았다. 연대장은 송우리에 방어진지를 급편하기로 결심하고 태봉산과 그 남쪽에 2개 대대를 배치했다. 그러나 제3연대의 방어진지

편성이 미처 끝나기도 전인 17:00경 전차 7~8대를 선두로 하여 자주포·장갑차·차량 등 150대로 편성된 북한군 기갑부대가 접근하기 시작했다. 제3연대는 81mm박격포를 비롯해 각종 화력을 집중하고 57mm와 2.36″대전차포로 전차를 공격하며 싸웠으나 전력이 분산되면서 의정부 사수가 어렵게 되었다.

2) 문산 지구 전투

수도권에 이르는 북서 접근로인 개성-문산-서울에 이르는 축선에서는 국군 제1사단(사단장 백선엽 대령)이 청단에서 고랑포까지 약 100Km에 달하는 광대한 정면에서 방어임무를 수행하고 있었다. 제12연대(청단-대원리)와 제13연대(대원리-고랑포)를 전방에 배치하고 제11연대를 수색에 예비로 보유하고 있던 제1사단은 유사시 임진강 남안으로 철수하여 문산-적성 간의 준비된 진지에서 고수하거나 파주 남쪽에서 방어할 계획이었다.

제1사단 정면의 북한군은 제203전차연대로 증강된 제1사단 및 제6사단의 2개 사단으로써 그중 제1사단은 구화리-고랑포-문산 방향으로, 제6사단은 개성-문산 방향으로 주력을 남하시켰다.

국군 제1사단은 북한군의 강력한 기습공격을 받고 38선에 배치된 제12연대와 제13연대 제3대대가 초전에 각개 격파되었다. 개성은 09:30경 북한군에게 점령되었다. 개성 방면의 북한군 제6사단은 제13연대가 송악산에서 국군 제12연대 제2대대의 경계진지를 공격하는 동안에 제15연대가 경의선 기차를 이용해 개성역을 점령한 후 국군의 경계진지를 양단하면서 배후를 위협했다. 이 과정에서 많은 손실을 입은 제12연대는 장단-문산 방향과 영정포-김포반도로 철수하고 일부는 퇴로가 차단되어 서해로 빠져 나가야 했다. 제13연대 제3대대도 전방부대가 돌파되기는 마찬가지였지만 제12연대보다는 유리한 지형을 잘 이용하여 북한군의 공격을 지연하면서 임진강 남쪽으로 철수했다. 그 사이에 국군 제1사단은 작전계획대로 사단의 동측지역 주저항선인 파평산 진지를 제13연대가 점령하고 서측방 주저항선을 제11연대가 점령했다.

북한군은 공격 기세를 늦추지 않고 남진을 계속하여 임진강 철교와 도섭이 가능한 가여울(적성 북쪽)로 진출하여 임진강 도하를 시도했다. 국군 제1사단 주저항선의 전방을 흐르는 임진강은 강폭이 300~1,000m에 이르고 수량이 풍부하며, 강 하류는 만조 시에 수심이 증가하여 주월리까지 영향을 미쳤다. 또한 강 양안에는 단애가 형성되어 있어 가여울을 제외하고는 도섭이 불가능했다. 이러한 지형조건 때문에 부대기동, 특히 기갑부대의 도하가 제한되어 북한군은 임진강 철교를 이용하거나 또는 가여울을 이용할 수밖에 없었다.

임진강철교 남쪽의 주저항선에 병력을 배치한 제11연대는 마정리 일대에 제1대대를, 화석동 일대에 제2대대를 각각 배치하고, 제3대대를 예비로 연대지휘소가 있는 적전리에 집결시켰다. 이무렵 임진강 건너편에서 제12연대의 일부 병력이 임진강 철교를 건너왔고 그 뒤를 북한군이 추격해 오고 있었다. 이때 임진강 철교의 폭파를 책임진 사단 공병대대장은 교량폭파에 실패했다. 제11연대는 1번 도로를 따라 남하하는 대규모의 북한군 병력을 발견하고 포격을 가하는 한편 임진강 철교부근으로 진격해 오는 북한군에 대하여 치열한 사격을 가했다. 북한군은 임진강 철교를 확보하기 위해 수차에 걸쳐 공격을 시도했으나 실패하자 일단 공격을 중단하고 국군이 철교를 폭파하지 못하도록 방해하는데 주력했다.

국군 제1사단의 동측 주방어선인 파평산의 제13연대는 가여울-적성-문산

가여울 지역의 모습

에 이르는 도로 축선에 북한군이 진출할 것에 대비하여 방어태세를 갖추고 있었다. 그러던 중 이날 늦게 대대 규모의 북한군이 파평산 서북쪽 고랑포-자하리 방향으로 공격해 오다가 사단의 계획된 살상지대에 걸려 화력에 의해 격멸되었다. 이로써 국군 제1사단은 북한군의 공격 초일에 비록 제12연대가 많은 손실을 입고 분산 철수하기는 하였지만 임진강에 연한 방어진지를 확보했다.

2. 수도 서울 사수의 갈림길 : 파주-고양, 동두천-의정부 방어

1) 의정부 반격작전

북한군의 남침 첫날 전황이 혼미를 거듭하며 의정부가 위협을 받고 있을 때, 이승만 대통령은 26일 03:00에 도쿄의 맥아더 장군에게 지원을 요청했다. 이에 앞서 총참모장 채병덕 소장은 "어떠한 일이 있어도 의정부를 고수해야 한다."는 결의를 굳히고 26일 01:00경 의정부에 있는 제7사단사령부를 방문하여 제7사단장과 제2사단장에게 반격명령을 하달했다.

제2사단장 이형근 준장은 반격작전은 무리라고 설명하였으나 총참모장의 반응은 냉담했다. 그는 강경한 어조로 명령대로 작전을 전개하라고 강조했다.

또한 그는 대전차 방어 수단으로 수류탄과 화염병을 가지고 육탄공격을 감행하라고 강력히 지시했다. 이 명령에 따라 제7사단은 26일 아침에 행동을 개시하여 동두천을 목표로 공격하게 되었다.

6·25전쟁 당시 의정부 전경

당시 제7사단이 가용할 수 있는 전투 병력은 증강된 1개 연대 규모가 전부였다. 이때 제2사단은 축석령을 경유하여 포천으로 진출할 계획이었다.

이무렵 동두천을 점령한 북한군 제4사단은 봉암리-덕정로 방면에 주공을 지향시키고 있었다. 국군 제7사단 제1연대는 덕정에서 철수병력을 수습하여 재편성한 혼성대대와 제3대대를 전방 공격 제대로 하고, 제3연대 제2대대를 예비로 하여 26일 08:00에 공격을 개시했다.

우측에서 공격을 담당한 혼성대대는 뜻밖에도 적정이 거의 없는 가운데 3번 도로를 따라 동두천을 탈환하고 소요산까지 진출했다. 반면 좌측 공격부대인 제3대대는 봉암리로 진출하던 중 하비리 부근에서 북한군의 기갑부대와 조우하여 분산되고 말았다. 동두천 탈환 소식에 잠시 고무되었던 제1연대는 북한군 제4사단의 주력이 연대본부가 있던 덕정을 포위하자 어쩔 수 없이 철수할 수밖에 없었다.

이 무렵 축석령을 거쳐 포천으로 진격할 계획이던 국군 제2사단도 제7사단에 배속된 제3연대가 이미 축석령을 포기하고 금오리로 철수하면서 포천 방면으로의 공격을 중단할 수밖에 없었다. 대신 제2사단은 제5연대가 금오리를 거쳐 축석령 고개마루 좌우측에 급편 방어진지를 편성했다. 잠시 후 북한군 기갑부대가 축석령 고개를 올라오고 있는 것이 관측되었다. 선두전차가 진지 전방 200m 지점에 이르렀을 때 모든 화력을 집중하였지만 북한군 전차는 끄덕도 하지 않고 계속 접근해 왔다. 이에 제5연대 장병들은 진지에서 이탈하기 시작하였고, 방어진지는 급속히 붕괴되었다.

이렇게 제2사단의 1개 연대가 제대로 싸워보지도 못하고 격파 당하자, 반격은 고사하고 의정부로 남하하는 북한군을 저지하는데도 급급하게 되었다. 조금 늦게 도착한 제2사단 제16연대가 금오리 부근에서 북한군의 진출을 저지하려 했으나 그마저도 별다른 실효를 거두지 못했다. 26일 12:00경 의정부 동북쪽 제16연대의 진지를 돌파한 북한군 제3사단은 의정부를 향해 계속 남하하고, 덕정을 점령한 북한군 제4사단은 의정부를 북서쪽에서 협공했다.

이와 같이 다급한 상황에서 의정부 바로 북쪽 금오리에 포진한 육군포병학교 제2교도대대장 김풍익 소령은 105mm 곡사포로 선두전차의 무한궤도를 파괴했다. 그러나 제2탄을 장전하는 순간 후속전차의 사격으로 장렬하게 전사하고 말았다. 북한군 전차부대는 국군의 저항이 거의 없는 가운데 26일 13:00경 서울의 관문이며 교통의 요충지인 의정부를 점령했다. 당시 의정부 시내는 철수하는 군인과 부상병, 뒤늦게 피난길에 오른 주민들의 인파로 큰 혼잡을 이루었다.

국회에 보고를 마치고 육군본부로 돌아온 채병덕 총참모장은 의정부에서의 반격이 성공하기를 학수고대 하였으나 현지로부터의 상황보고는 비관적이었다. 채병덕 총장은 백석천에서 철수부대를 수습하며 의정부 전투의 작전책임을 물어 제2사단장 이형근 준장을 현지에서 해임하고, 제7사단장에게 제2사단을 통합지휘하게 하여 창동으로 철수시켰다. 이때 제1연대의 혼성대대는 의정부 동북쪽 천보산으로 철수하여 화염에 휩싸인 의정부를 바라볼 수밖에 없었다.

수경사 예하 제18연대가 전선에 도착하였으나 이미 의정부 실함으로 반격할 수 없었다. 제18연대는 덕정부근에서 북한군의 기갑부대를 관측하고 대전차 특공대로 기습하였으나 무위에 그쳤다. 제18연대는 육군본부의 명령에 따라 25일 19:00경 일동과 퇴계원 중간지점인 내촌 부근의 감제고지에 배치되었다. 이곳에는 육사 생도대대와 배속된 전투경찰대대가 포진하고 있었는데, 이들은 이튿날 포천과 일동 방향에서 남하하는 북한군과 격전을 치르고 야간에 태릉으로 철수하여 새로운 방어진지에 투입되었다.

2) 문산 부근 전투

국군 제1사단은 임진강을 천연장애물로 하여 주저항선을 편성하고 반드시 적을 격퇴하겠다는 의지로 북한군과 맞섰다. 6월 26일 제13연대 정면에서 파평산 북쪽 도로를 따라 최초로 북한군 전차부대가 출현하였으며 그중 선두 전차 5대가 파평산 동북쪽으로 접근해 왔다. 연대는 2.36″ 대전차 로켓포 사격을 가하였으나 한 대의 전차도 파괴할 수가 없었다. 이에 제1대대는 병력 18명을 선발하여 대전차 특공조 2개조를 편성했다. 특공대원들은 81mm 박격포탄과 수류탄을 전선줄로 묶어 만든 급조폭탄을 안고 북한군 전차의 무한궤도 밑으로 앞을 다투어 뛰어 들었다. 국군의 필사적인 육탄공격에 겁을 먹은 듯 북한군 전차 5대는 진출을 포기하고 도로변의 초가집 옆에 정지했다.

그러자 아군이 쏜 예광탄이 초가집에 맞아 순식간에 불이 나면서 전차에 옮겨 붙었다. 이 광경을 목격한 후속전차대는 적성으로 철수하여 버렸다. 얼마 후 1개 연대 규모의 북한군이 또다시 공격해 왔으나 연대는 치열한 근접전투를 펼치면서 방어진지를 고수했다.

제1사단은 육군본부의 조치에 따른 지원부대가 도착하자 서울 특별연대를 분할하여 보병학교 교도대대를 제11연대에, 육군사관학교 교도대대를 제13연대에 배속했다. 그리고 제15연대를 최후저항선상의 위전리에 배치하고 여기에 제20연대 제3대대를 배속시켜 사단의 방어종심을 증가시켰다. 이렇게 후방에서 증원된 부대로 전투력이 대폭 증강된 것에 힘을 얻은 국군 제1사단은 주저항선의 취약점을 보완하고 상황 진전을 보아가면서 반격으로 전환할 계획을 세웠다. 그러나 이 무렵 우측 인접부대인 제7사단이 덕정-축석령 선으로 철수하였기 때문에 사단의 우측방이 완전히 노출되었다. 이 틈을 이용해 가여울-적성으로 진출한 북한군 제1사단이 전차를 앞세우고 국군 제1사단의 주저항선 동측으로 공격해 들어왔다.

한편 사단 서측방의 제11연대 전방에서는 북한군 제6사단이 임진강철교가 폭파되지 않은 것을 확인한 후 26일 이른 새벽에 임진강철교를 통해 5대의 전차를 앞세워 보·전·포 협동부대로 일제히 공격을 개시했다. 제11연대는 철교 남쪽으로부터 종심 깊은 방어진지에서 완강히 저항하였으나 방어진지를 끝까지 지켜내지 못하고 문산 남쪽 구릉지대로 철수했다. 이 무렵 사단 동측의 제13연대도 파평산 방어진지의 동측으로 접근한 북한군의 공격을 저지하지 못해 주저항선이 무너졌다. 북한군 제1사단 주공은 전차를 앞세워 320번 도로를 따라 서쪽으로 진출하면서 문산리를 위협했다.

이러한 급박한 상황에 처한 백선엽 사단장은 봉일천 북쪽 위전리-도내리를 연하는 최후저지선으로 철수하여 마지막 결전을 펼치면서 반격의 기회를 조성하기로 결심하고 19:00부로 철수 명령을 하달했다. 이에 따라 사단 사령부가 봉일천국민학교로 이동하였으며, 제11연대와 제13연대가 위전리 일대에 배치된 제15연대의 엄호 하에 금촌 방어진지로 철수했다. 이날부터 북한군 제6사단이 영정포에서 강화도와 김포반도 방향으로 도하를 시도함에 따라 국군은 김포반도에 대한 방어방책도 강구해야만 했다.

3) 봉일천 부근의 전투

1950년 6월 27일 서울 북방 의정부-미아리에서 북한군 제3사단과 제4사단이 3번 도로를 따라 공격을 집중하고 있던 같은 시간에, 서울 서북방에서는 문산-법원리까지 진출한 북한군 제6사단과 제1사단이 1번 도로와 307번 도로를 따라 전개하여 봉일천 방면으로 진격했다. 이때 봉일천에서는 국군 제1사단이 제15연대를 1번 도로 상 위전리에, 제13연대를 307도로 상 도내리에 각각 배치하고, 제11연대를 예비로 최후저항진지를 편성하게 하여 결전태세를 갖추고 있었다. 초기전투에서 분산철수한 제12연대는 금촌에서 재편성 중이었다.

이날 10:00경 전차를 선두로 북한군 제6사단의 주력부대가 제15연대 정면으로 공격을 개시했다. 제3대대장은 57mm무반동총과 2.36″대전차 화기가 전차 앞에서 무력하다는 것을 알고 육탄공격을 결심하게 되었다. 그는 제11중대장에게 선두전차를 공격하라고 지시하고 자신이 직접 수류탄특공대를 이끌고 후미전차에 접근했다. 연대정면에 출현한 북한군 전차는 모두 6대였다. 수류탄을 손에 든 특공대가 일제히 돌진하였으나 전차에서 불을 뿜는 기총사격에 많은 희생자가 발생하였고 제11중대장도 전차에 뛰어오르다가 전사했다.

　　이러한 소용돌이 속에서 제11중대 제2소대장 박중순 소위가 선두전차 안에 수류탄을 집어넣어 폭파시켰다. 이렇게 되자 전차 6대를 잃은 북한군은 일단 공격을 중단하고 문산리로 철수했다. 이로써 제15연대는 북한군 제6사단의 공격 기세를 보기 좋게 꺾었을 뿐만 아니라 장병들의 전차공포증을 말끔히 해소하고 적과 싸워 이길 수 있다는 자신감을 갖게 하였다.

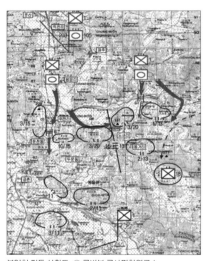

봉일천 전투 상황도. ⓒ 국방부 군사편찬연구소,
『6·25전쟁사』 ②, 2005, 217쪽.

　　좌전방의 제15연대가 격전을 벌이고 있는 동안 소강상태를 보이고 있던 우전방의 제13연대는 19:00경에 북한군 제1사단의 보·전 협동공격을 받아 방어진지가 양분되는 위기를 맞았다. 그러나 제2중대 신현준 중위가 지휘한 2.36″ 로켓포 공격조가 선두전차의 무한궤도를 파괴하는 바람에 북한군의 공격이 주춤하게 되었고 사기가 앙양된 연대는 방어선을 회복했다. 이날 밤 봉일천 일대에 소나기가 쏟아지자 북한군은 기상의 악조건을 역이용하여 야간공격을 전개했다. 최후저항선은 무너졌고 제1사단은 밤새 봉일천으로 물러났다.

　　이에 앞서 6월 27일 저녁에 육군본부에서 파견한 작전지도반(반장 김홍일 소장)이 제1사단 전술지휘소를 방문하여 미아리방어선의 전황을 알려준 다음 우발사태에 대비하여 한강 도하철수를 준비하도록 권유했다. 그러나 사단장은 총참모장의 명령이 있어야만 철수할 수 있으니 이에 대해 조속한 조치를 건의했다. 당시 제1사단과 육군본부와는 통신이 두절된 상태였다. 작전지도반장은 재량권이 없었으므로 사단장의 건의를 총참모장에게 전달할 것을 약속하고 사단 전술지휘소를 떠났다. 이튿 날(28일) 아침 L-5연락기가 사단 전술지휘소에 통신통을 떨어뜨리고 갔다. 그 속에는 "현 방어선을 사수하라."는 육군본부의 명령이 담겨 있을 뿐 한강 이남으로 철수하라는 언급은 없었다.

사단장은 이미 수립해 놓은 반격명령을 하달하고 28일 아침에 공격을 개시했다. 제15연대의 철수로 좌전방이 된 제11연대는 큰 교전 없이 북한군 제6사단을 격퇴하고 위전리-도내리 선상의 중간목표를 점령하여 최후저항선의 좌측 일부를 회복했다. 반면에 제13연대는 대치한 북한군 제1사단과 일진일퇴의 격전을 치르고 있었기 때문에 반격으로 전환할 수가 없었다. 사단장은 지체 없이 배속된 서울 특별연대와 제20연대 제3대대를 투입하여 양 연대 사이에 형성된 간격을 메우고 방어선을 연결했다. 이날 북한군은 완강한 저항을 보이지 않았다. 이처럼 최후저항선의 일부를 회복하자 사단 전술지휘소에서는 주저항선의 회복도 실현될 수 있을 것으로 전망하게 되었다.

4) 김포 방면의 전투

서울북방 의정부와 봉일천 지역이 위기에 처해 있을 때 한강 하구지역인 김포 지역에서 또 다른 적이 서울을 측면에서 위협하고 있었다. 김포반도 북단의 한강하구는 강폭이 2~3km에 이르고 조수 간만의 영향을 받아 도하작전을 수행하기가 매우 어려웠다. 따라서 육군본부에서는 지형적인 여건을 감안하여 이 일대의 방어계획을 마련하지 않고 있었다.

김포반도 전투 상황도. ⓒ 국방부 군사편찬연구소, 『6·25전쟁사』
2, 2005, 247쪽.

북한군 제6사단은 그러한 방어의 취약점을 간파라도 한 듯 이미 6월 26일 오전 영정포에 집결하여 도하지점을 정찰하면서 강화도와 김포반도 방면으로 도하 준비를 갖추고 있었다. 이러한 북한군의 도하징후를 보고받은 육군본부는 급히 남산학교장 계인주 대령을 김포지구전투사령관에 임명하고 북한군 도하에 대비하게 했다. 김포지구전투사령부 예하 부대는 제12연대 제2대대, 남산학교·보병학교·공병학교 병력, 보국대대 병력, 독립기갑연대 병력 등으로 편성되어 있었다. 김포지구전투사령관은 통진을 중심으로 한강하구와 염하를 이용하여 김포반도를 방어할 것을 구상하고, 강화도-통진 간 도로 좌측에 보국대대와 기갑연대를, 우측에 기갑연대 제3대대를, 그리고 김포반도 북단에 제12연대 제2대대(혼성)와 남산학교 소대병력을 각각 배치하고, 보병학교 후보생대대를 예비로 하여 진지를 편성했다.

각 부대가 진지편성을 거의 마무리할 무렵인 6월 26일 16:00경부터 북한군의 도하정찰이 두드러지고, 2시간 후에 여러 척의 적 어선이 김포반도 북단의 강령포로 접근하기 시작했다. 정면의 제12연대 제2대대 제5중대는 북한군 2

개 중대 규모가 막 하선하기 시작하였을 때 일제히 기습사격을 가하여 적을 섬멸하였으며, 또한 조강리 강둑에 배치된 장갑 소대도 적의 화물선을 관측하고 장갑차에 설치된 37mm 포를 발사하여 격침시키는 전과를 올렸다. 그러나 이날 야간에 북한군은 소규모 부대를 은밀하게 강령포 일대의 고지로 침투시켜 도하발판을 확보하는 한편 강화로 상륙한 1개 중대가 갑곶에서 염하를 건너 보국대대를 배후에서 급습해 김포지구전투사령부 전방부대의 퇴로차단을 기도했다.

6월 27일 미명부터 북한군 제6사단 예하연대는 대안에서 지원사격을 받으며 본격적인 도하를 개시했다. 국군 제12연대 제2대대를 비롯한 각 방어부대는 북한군의 공격을 받고 고전하였으며, 더구나 보국대대의 진지가 돌파되어 퇴로가 차단되었다는 사실이 알려지면서 방어선이 급속하게 와해되기 시작했다. 때마침 육군본부에서 김포지구의 위기를 실감하고 제3사단 제22연대 제3대대와 수도경비사령부 제8연대 제3대대, 기갑연대 도보수색대대 제8중대를 김포지구전투사령부에 배속시킴으로써 사령부의 전투력이 크게 강화되었다.

따라서 김포지구전투사령부는 이날 저녁까지 철수부대를 수습하고 새로이 투입된 부대로써 김포방어의 마지막 보루인 운유산-73고지 선에 보병학교 후보생대대, 제8연대 제3대대, 기갑연대 제3대대와 제2대대, 제22연대 제3대대를 배치하고 제12연대 제2대대를 김포에 예비로 확보하여 부대 간 연결된 새로운 방어진지를 편성했다.

장림 일대를 장악한 북한군은 잠시 추격을 멈추고 부대를 정비한 후 6월 28일 새벽에 2개 방면으로 공격을 재개했다. 적은 도하병력을 만재한 어선 여러 척을 대촌 북쪽 강변에 상륙시키는 한편 거의 동시에 전차 2대를 선두로 주력을 김포로 향하는 도로접근로에 투입하여 국군 제22연대 제3대대 정면을 공격했다.

김포지구의 장병들은 2.36″로켓포와 장갑포 등을 집중하고 소총탄이 소진될 때까지 고군분투하였으나 북한군 전차를 저지하지 못했다. 방어선의 일부가 무너지자 즉시 예비인 제12연대 제2대대가 투입되었으나 별다른 실효를 거두지 못했다. 이미 김포에도 적 포탄이 떨어지는 가운데 방어부대가 김포로 물러나기 시작하였다.

4. 공간을 내주고 시간을 확보

1) 과천–수원–오산, 성남–이천

서울을 점령한 북한군 제1군단은 6월 28일과 29일 양일간 한강 대안의 국군 방어선을 탐색하면서 산발적인 포격을 실시하는 한편, 주공부대인 제4사단을 여의도 방면으로, 조공부대인 제3사단을 흑석동과 신사리 방면으로 도하시키기 위한 부대정비를 완료했다.

국군 혼성제2사단은 북한군의 일부병력이 이미 후방지역인 판교 방향으로 침투하였다는 사실을 간파하였지만, 곧이어 적 주력의 후속공격이 예상되었으므로 95고지와 남태령 일대의 진지를 계속 방어하면서 제25연대를 투입해 침투한 적을 격멸하게 했다. 이날^(29일) 육군총참모장 겸 육·해·공군 총사령관에 임명된 정일권 소장도 적의 주공을 방어하고 있는 혼성수도사단과 혼성제7사단의 퇴로확보를 위해서는 반드시 말죽거리–수원 선이 고수되어야 한다고 강조했다. 이에 혼성제3사단이 제22연대 병력으로 판교 남쪽 금곡리 일대에서 제2저지진지를 편성했다.

　7월 2일부터 말죽거리 정면의 상황이 심상치 않게 변했다. 북한군 제3사단 제8연대가 신사리로 한강을 도하하여 국군 제5연대의 저지선을 돌파한 후 말죽거리 부근의 95고지로 진출했다. 북한군 1개 연대가 말죽거리로 진출한 상황에서 혼성제2사단이 과천-군포 도로를 확보하는 임무를 부여받고 말죽거리 지역에서 철수함에 따라 그 후방 금곡리에 배치된 혼성제3사단이 말죽거리-판교 축선 방어임무를 전담하게 되었다. 그나마 다행이었던 것은 시흥리 부근에서 예비부대인 보교연대가 우연히 판교 방향으로 남진하던 북한군 보급차량 30여 대를 발견하고 기습공격을 가해 파괴함으로써 판교 지역의 적 보급을 차단시켰다는 점이었다. 판교는 국군의 한강방어선 배후에 위치한 지역으로 이곳에서 북한군이 수원으로 진출할 경우에 국군은 완전히 퇴로가 차단당할 수 있었다. 이러한 상황에서 판교를 장악한 북한군은 보급지원이 두절되고 미공군기의 계속적인 공습으로 더 이상 진출하지 못했다.

　북한군의 도하작전 나흘째인 7월 3일 미명부터 국군의 한강방어선이 적의 주공에 의해 돌파되면서 전황은 악화되기 시작했다. 즉 적의 주공인 제4사단이 경부선 철교 복구 작업을 마치고 이날 04:00에 최초로 전차 4대를 도강시켰다. 그들은 열차를 이용하여 전차 13대와 병력을 남안으로 진출시킴으로써 노량진과 영등포 일대를 석권했다. 시흥지구전투사령관 김홍일 소장의 명령에 따라 국군 주력은 일부가 안양으로, 일부가 과천으로 각각 철수하여 그곳에 집결했다. 북한군 제8연대는 판교방향으로, 김포 일대를 장악하고 있던 북한군 제6사단은 저녁 무렵 6대의 전차를 선두로 인천을 향해 기동했다.

　7월 3일 아침 한강방어선 와해를 보고받은 총참모장 정일권 소장은 영등

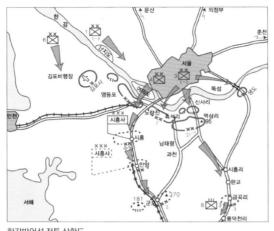

한강방어선 전투 상황도

포-수원 간에 축차방어진지를 구축하여 지연전을 전개하라는 명령을 하달했다. 또한 그는 군 예비인 제1사단을 투입하여 금곡리 일대에 전개시켰다. 이러한 작전명령은 7월 1일 부산에 도착한 미 지상군 선견대가 평택-안성선에 진출해 있는 상황에서 미군의 전투준비를 위한 시간을 얻기 위해 현 전선에서 북한군의 진출을 최대한 지연시키고자 한데서 내려진 조치였다.

시흥지구전투사령관 김홍일 소장은 혼성수도사단을 시흥 일대의 제1저지선에, 혼성제7사단을 안양 일대의 제2저지선에 각각 배치하여 적을 방어하게 하는 한편 김포지구전투사령부를 해체하여 제15연대와 제18연대를 혼성수도사단에 배속 및 원대 복귀시켰다. 이 무렵 금곡리-수원 축선 상에는 저지선이 형성되어 혼성제3사단이 판교를 장악한 북한군 제8연대를 금곡리 부근에서 저지하고 있었고, 제1사단이 금곡리 후방 풍덕천에 진출하여 제2저지선을 급편하고 있었다.

북한군 제4사단은 7월 4일 새벽 제105전차여단과 함께 경수가도를 따라 공격했다. 제1선인 혼성수도사단은 야크기 3대의 엄호를 받는 북한군 선두전차와 보병부대의 공격을 받아 분산되어 수원 방면으로 철수하였고, 정오 무렵에는 제2선인 혼성제7사단 진지가 북한군 전차에 의해 돌파되었다. 북한군은 미 공군기 편대에 의해 진출속도가 잠시 둔화되기도 했지만 결국 제3선인 군포장의 혼성제2사단 진지마저 돌파했다. 그리고 북한군 제3사단 제8연대도 4일 새벽 같은 시간에 공격을 개시하여 금곡리 부근의 국군 혼성제3사단을 돌파하여 풍덕천-수원 도로를 따라 남진했다. 이 과정에서 풍덕천에 배치된 국군 제1사단이 한때 북한군의 공격을 저지하기도 했지만, 곧이어 계속된 적의 공격으로 방어선 중앙이 돌파되었다.

더 이상 북한군의 공격을 저지하기 어렵다고 판단한 총참모장 정일권 소장은 7월 4일 14:00 시흥지구전투사령관에게 사령부를 평택으로 철수하라고 명령했다. 이날 오후 늦게 북한군의 전차와 제4사단 제5연대 병력이 수원 시내에 진입하였고 이때 국군의 엄호부대도 마지막으로 철수했다.

2) 한·미연합전선의 형성과 국군의 재편성

시흥지구전투사령부가 수원에서 평택으로 철수한 1950년 7월 4일은 6·25전쟁의 전개과정에서 한·미연합전선의 형성이라는 하나의 큰 전환점이 되었다. 이를 계기로 평택-안성선에 전개한 미 지상군이 경부국도를 중심으로 서부전선을 담당하고, 국군이 미 지상군 동쪽에서부터 동해안까지의 전선을 담당하여 공동으로 작전을 전개하기 시작했다.

이에 따라 국방부는 수원에서 평택으로 철수한 시흥지구전투사령부 예하 부대들로 제1군단을 창설하는 등 육군병력을 재편성하여 한·미연합작전을 수행할 수 있도록 재배치하기로 했다. 여기에는 시흥지구전투사령부가 북한군과의 접촉을 끊고 전선을 이탈해야 하며, 또 북한군과 전투를 벌이는 전선의 바

7월 2일 대전역에 도착한 미 제24사단 선발대인 스미스 특수임무부대.
ⓒ 국사편찬위원회

로 후방에서 재편성을 한 다음 신속히 전선에 재투입해야 하는 위험이 수반되었다. 하지만 서울방어전과 한강선방어전에서 이들 부대가 입은 인원·장비의 손실이 너무나 크고 편성이 혼성되어 있어, 새로운 작전으로의 전환에 앞서 우선 부대정리를 하지 않으면 안 되었다. 이 개편계획은 7월 5일부로 시흥지구전투사령부를 제1군단사령부로 전환하고 시흥지구전투사령부 예하의 혼성된 수도·제1·제2·제3·제5·제7사단을 수도·제1·제2사단의 3개 사단으로 재편성하여 육군을 1개 군단, 5개 사단(수도·제1·제2·제6·제8사단) 및 3개 연대(기갑·제17·제23연대)로 개편하는 것이었다.

제1군단이 평택에서 재편성을 시작하여 재배치될 때까지 각 사단의 병력현황은 급속도로 증가하여 전쟁 전 수준에 거의 육박했다. 이는 재편성 기간에 분산되었던 병력이 원 소속부대로 복귀하고, 또 낙오자를 수집하여 충원하는가 하면, 대한청년단원 및 학도병들이 자원하여 현지 입대하는 등 여러 보충원에 의해 신속하게 증원되었기 때문이었다.

5. 새로운 전쟁의 시작 : 오산 죽미령전투, 평택전투

1) 죽미령 전투

1950년 7월 4일 시흥지구전투사령부가 수원에서 평택으로 철수하자, 미 제24사단 선발부대인 스미스 특수임무부대는 서부전선의 최전선부대가 되어 북한군이 공격해 올 것에 대비해 전투준비를 서둘렀다. 스미스부대는 "가능한 북쪽에서 적을 지연하라."는 명령에 따라 2회의 정찰까지 실시한 후 평택을 출발해 7월 5일 03:00에 오산 죽미령 고개에 도착했다.

죽미령은 오산 북방 약 5Km 지점에 위치한 조그마한 횡격실 능선으로 중앙에 주봉인 반월봉(117m)과 서쪽에 무명고지(90m), 그리고 동쪽에 92고지 등 3개의 고지군으로 되어 있다. 90고지와 117고지 사이로 경부국도가 지나가고 92고지 동쪽에는 경부철도가 있다.

죽미령에 도착한 스미스부대는 B중대가 90고지와 117고지를, C중대가 92고지를 각각 점령하고, 105mm포대(탄약 1,200발)가 죽미령 후방의 수청리에 포진했다. 북한군 전차 공격에 대비해 105mm 포대의 5번포 1문이 대전차고폭탄 6발을 보유하고 죽미령과 수청리 중간지점에 추진배치되었다. 이무렵 국군 제17연대도

죽미령 전투. ⓒ 유엔군초전기념관

제2대대를 포병진지 우측 88고지에 배치했다.

　　1950년 7월 5일 07:00경 수원 부근에서 북한군 제4사단이 제107전차연대를 앞세우고 긴 행군제대를 이루어 1번 국도를 따라 남진하는 것이 관측되었다. 그들이 8대의 전차를 선두로 죽미령고개 1.8Km까지 접근하자 스미스 특수임무부대는 105mm 곡사포의 포격을 개시로 선제공격을 가했다. 전차가 보병진지 전방 630m까지 들어왔을 때 75mm 무반동총이 전차를 향해 공격을 가하였으나, 적 전차는 아무런 손상을 입지 않고 85mm 주포와 7.62mm 기관총을 쏘면서 고개로 접근했다.

　　북한군 전차가 보병진지를 지나 죽미령 마루에 이르렀을 때 5번 포에서 발사한 대전차고폭탄이 명중되어 선두전차 2대가 정상에서 정지했다. 09:00경 후속하던 북한군 전차는 파괴된 전차를 길옆으로 밀어 치우고 미 보병과의 교전을 피하면서 4대씩 무리를 이룬 가운데 도합 33대가 죽미령을 통과하여 포대 쪽으로 내려갔다.

　　선두 전차 대열이 응사를 하며 오산 쪽으로 내려간 10여 분 후 더 많은 전차가 접근해 오자 포병들은 극도의 두려움에 사로잡혀 전장공포증으로 진지를 이탈하기도 하였지만, 지휘관의 훌륭한 지도력에 따라 다시 포에 복귀하여 후속전차와 사격전을 벌였다. 포진지를 정확히 발견하지 못한 북한군 전차가 모두 오산 쪽으로 내려갔을 때 궤도에 포탄을 맞아 파괴된 전차 2대가 도로변에 서 있었다.

　　전차가 통과한 후 보병부대의 공격이 있을 것으로 판단한 스미스부대는 우중에도 불구하고 호를 더 깊이 파는 등 방어진지를 강화했다. 11:00경 전차 3대를 선두로 긴 차량종대가 뒤따르고 또 그 뒤에는 수 Km에 늘어선 도보부대로 편성된 적 주력부대의 선봉이 진지전방 900m까지 접근해 왔다. 대대장의 사격명령으로 야포, 박격포, 기관총 및 소화기 등 각종사격이 집중되자 북한군의 보병부대가 흩어지고 대신에 선두전차가 능선 200m까지 다가와 전차포와 기관총 사격을 가했다.

전투가 벌어진지 약 1시간이 지났을 때 B중대의 서측방이 위협을 받자 스미스대대는 반월봉을 중심으로 사주방어로 전환하여 저항을 계속했다. 그러나 얼마 후 동측방의 C중대가 위험에 처하자 대대장 스미스 중령은 철수를 결심했다. 거의 12시간 동안 진지를 지킨 스미스부대는 14:30에 죽미령에서 철수를 개시했다. 죽미령에서 철수할 때 스미스부대는 동쪽으로 공격한 적으로 인해 병력이 분산되고 모든 공용화기를 유기하는 등 많은 인원과 장비의 손실을 입었다. 이 부대들이 안성을 거쳐 천안에 집결했을 때 스미스 대대원의 전사·부상·실종자를 합하여 인명손실이 150여명에 달했다.

2) 평택 부근 전투

오산전투가 진행되고 있는 동안 미 제24사단 제34연대가 오산 후방의 평택-안성에 새로이 제2저지선을 형성했다. 제1대대가 평택 북방에서 경부국도를 중심으로, 제3대대가 안성에서 역시 남쪽으로 지나는 도로를 중심으로 하여 진지를 편성했다. 연대본부는 제3대대에서 차출한 L중대와 함께 성환에 위치했다. 당시 제34연대는 포병과 전차 등 지원부대를 갖추지 못한 상황이었다.

평택-안성 지역은 한·미연합전선 상의 서부지역으로, 서쪽으로는 아산만과 이어지고 동쪽으로는 산악지대로 연결되어 서부전선 방어의 주요 길목에 해당되었다. 따라서 이곳에서 남쪽으로 통과하는 경부국도를 포함한 두개의 도로망을 방어한다는 것은 대단히 중요했다. 이에 사단장은 제34연대가 이곳의 방어를 훌륭히 수행해 주기를 기대하고 있었다.

이와 같이 중요한 지형을 점령한 미 제34연대는 주로 경부도로 상에 2.36″ 로켓조를 추진하여 적의 전차공격에 대한 대비에 중점을 두고 방어태세를 다지고 있었다. 7월 5일 제34연대는 오후에 서정리 부근에서 2.36″ 로켓조가 오산을 통과하여 그곳까지 진출한 적의 전차와 사격전을 교환한 상황 이외에는 큰 접전 없이 밤을 맞았다. 연대는 스미스부대의 소식을 듣지 못하여 몹시 불안한 상태였다. 자정이 조금 지나자 스미스부대의 철수병력과 낙오병이 안성과 평택을 경유해 성환을 지나면서 연대는 전방상황을 파악하게 되었다. 특히 주접근로를 담당한 제1대대는 북한군 전차에 대비하여 진지전방의 교량을 파괴하는 등 밤 세워 대전차방어에 중점을 두고 진지를 강화했다.

7월 6일 날이 밝자 대대는 비가 내리는 가운데 안개 속에서 13대의 전차를 앞세운 북한군이 2열종대로 도로변을 따라 접근하는 것을 관측했다. 이들은 북한군 제4사단 제16·제18연대와 제105전차사단 예하부대였다. 북한군의 접근을 확인한 제1대대가 4.2″ 박격포로 선제공격을 가하면서 평택전투가 시작되었다.

그러나 제1대대의 사격은 북한군 전차에 대한 공격에 무력하였고 도리어 북한군 보병부대가 대대의 진지를 양 측방에서 우회 공격했다. 대대장은 이미 제24사단 포병사령관 바스(George B. Barth) 준장으로부터 "가능한 한 오랫동안 방어하라. 그러나 부대가 포위 차단될 위험에 처하면 철수하라."는 명령을 받은 바가 있어서 대대를 평택으로 철수시키기 시작했다.

이날 저녁 천안의 연대본부에서는 이러한 상황보고를 받고 달려온 사단장

딘(William F. Dean) 소장이 "누구의 승인 하에 철수하였는가?"라고 책임을 추궁하였지만, 철수 당시 유무선 통신이 단절되어 보고할 수도 없는 상황이었다. 사단장의 지시에 따라 연대장은 다음 날인 7일 아침 연대 정찰 및 수색소대를 선두로 제3대대를 평택 방향으로 추진시켜 접적을 유지하도록 했다. 이들 부대가 수많은 국군이 남하하고 있는 도로를 거슬러 천안 북방 6~8Km 지점까지 진출하였을 때 북한군으로부터 소화기와 박격포 사격을 받게 되었다. 사단에서는 항공정찰에 의해 밝혀진 "많은 적부대가 제3대대의 동쪽에 출현하였고 안성에는 30~40대의 전차가 집결하고 있다."는 정보를 연락기로 연대에 통보하면서 신중한 전진을 명령했다.

한편 이날 오후 제34연대장에 지휘책임을 물어 제2차 세계대전 당시 딘 소장과 같이 싸운 마틴(Robert R. Martin)대령이 새로 부임하고 러브레스 대령(Jay B. Loveless)이 물러나는 야전에서의 지휘관 교체가 있었다. 이 무렵 제3대대는 첨병중대가 교전을 벌인지 얼마 지나지 않아 본대마저 측방공격을 받게 되자 진지에서 임의로 철수했다. 신임 연대장은 즉각 제3대대를 원진지로 되돌아가라고 명령했다. 연대 및 대대 정보장교가 제3대대의 복귀를 위해 노력을 기우리던 중 북한군 정찰대의 피습으로 전자는 포로가 되고 후자는 전사하는 등 상황은 더욱 악화되었고, 결국 제3대대는 병력이 분산되어 장비를 유기한 채 철수했다.

03
낙동강에서 다시 38선으로

1. 인천상륙작전 : 경인국도를 따라 서울로

1) 상륙작전 계획과 준비

낙동강 전선에서 전쟁의 주도권을 장악하고 국가존망이 달린 백척간두의 위기를 넘긴 국군과 유엔군은 북한군을 일거에 포위격멸 및 구축할 전략목표 아래 전쟁초기부터 비밀리에 추진해 온 인천상륙작전을 즉각 단행하고 이어 대반격작전으로 전환할 수 있는 새로운 국면을 맞게 되었다.

인천상륙작전은 전쟁이 채 일주일도 진행되지 않은 7월 첫 주에 미 합동전략기획 및 작전단(JSPOG)에 의해 연구되었으며 블루하트(Blue Hearts)라는 암호 명칭이 부여되었다. 상륙작전의 개략적인 개념은, 남부전선에서는 미 제24·제25사단이 정면에서 반격을 가하고 이와 병행해서 해병연대 전투단과 육군부대가 돌격부대로 인천에 상륙하여 내륙으로 진출한다는 것이었다.

하지만 블루하트계획은 7월 10일 이 단계에서 포기되지 않으면 안 되었다. 그것은 국군과 이미 전장에 투입된 미군이 북한군의 남진을 저지하지 못함으로써 상륙작전보다는 현 전선을 안정시키는 것이 다급하게 되어 제1기병사단도 전선에 투입할 수밖에 없었기 때문이었다.

이에 따라 연구를 재개하게 된 합동전략기획 및 작전단은 인천, 군산, 해주, 진남포, 원산, 주문진 등 해안지역을 상륙 대상지역으로 검토하고 크로마이트(Chromite)라는 이름 아래 인천상륙계획(100-B), 군산상륙계획(100-C), 주문진 상륙계획(100-D) 등 3개 안을 작성하여 그 개략계획을 7월 23일 미 극동군사령부의 관계참모부에 회람했다. 이중에서 인천을 상륙지역으로 하는 계획이 가장 좋은 평가를 받았다. 이 계획은 이미 미국으로부터 한국에 이동 중에 있는 미 제1임시해병여단과 미국에서 일본으로 출발하도록 계획되어 있는 미 제2보병 사단을 상륙공격부대로 운용하고 이들 부대의 상륙과 동시에 낙동강방어선의 지상군이 남에서 반격으로 전환한다는 작전개념이었다.

맥아더 장군은 같은 날인 7월 23일에, 9월 중순경 이 계획대로 상륙작전을 실시하겠다고 미 육군부로 통보했다. 그러나 8월초, 북한군의 공세로 낙동강방어선의 서측이 붕괴 직전에 이르자 상륙부대로 지정한 2개 부대가 도착과 동시에 낙동강 전선에 투입됨으로써 상륙작전계획의 실현은 어려운 실정이었다. 그러나 미 해병 제1사단의 지원이 가능하다는 통보를 받자 이 사단과 일본에 남아있는 마지막 사단인 미 제7보병사단을 가용부대로 하여 합동전략기획 및 작전단은 작전계획 100-B(인천상륙)를 완성하여 8월 18일 예하 및 관련부대에 하달했다. 잠정적인 상륙일은 9월 15일로 결정했다.

2) 인천으로 항진

인천상륙 일자가 다가오자 제7합동기동부대는 9월초에 부산, 일본의 사세보佐世保, 고오베神戶, 요코하마橫濱에서 상륙군 적재를 시작하여 9월 10일부터 인천으로 출항하기 시작했다. 미 해병 제1사단과 미 보병 제7사단은 각각 고오베와

요코하마에서 9월 11일에 출항하였으며, 도중에 부산에서 출항한 국군 해병 제1연대와 국군 제17연대 등과 합류했다. 이렇게 하여 모든 함정들이 9월 14일까지는 서해 중부 해상의 약정된 집결지인 덕적도 근해(Point California)에서 총집결할 수 있었다.

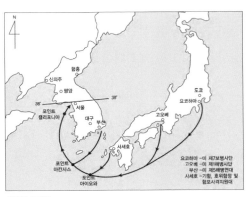

상륙군 출항도

인천상륙작전을 성공으로 이끌기 위한 첩보활동도 병행되었다. 미 극동군 사령부 소속의 클라크 해군대위는 통역관을 대동하고 9월 1일 밤에 한국 해군함정 PC703함(함장 이성호 중령)으로 영흥도에 잠입하여 정보수집 활동을 시작했다. 이 정보장교의 보고를 받아 합동기동부대는 세부적인 정보를 가지고 상륙작전을 실시할 수 있었다. 이밖에도 한국 육군 계인주 대령과 해군 연정 중령도 트러디 잭슨(Trudy Jackson)이라는 미 첩보대에 소속되어 인천에 관한 첩보를 수집했다.

상륙군 부대의 인천으로의 항진과 보조를 맞추어 목표지역을 제압하기 위한 제7합동기동부대의 공중폭격은 9월 4일부터 15일까지 계속 되었다. 여기에는 해병의 자체항공기와 항공모함에서 발진한 함재기들이 출격하여 월미도와 인천시가지 폭격은 물론 상륙지역을 고립시키는데 목표를 두고 공중폭격을 가했다. 또 9월 13일부터는 4척의 항공모함(중항공모함 2척, 경항공모함 2척), 6척의 구축함, 그리고 5척의 순양함이 인천만의 어구에 들어서 월미도를 포격하기 시작했다.

3) 인천 확보 전투

인천상륙작전은 1950년 9월 15일 새벽에 시작되었다. 이날 02:00, 월미도에 상륙돌격을 감행할 미 제5해병연대 제3대대 상륙단의 선견공격대가 인천수로로 진입하기 시작하여 얼마 후 미 해군정보장교 클라크(Eugene F. Clark) 대위가 밝혀주는 팔미도 등대의 안내를 받아 무난히 인천항에 이르렀다. 이들은 05:00 고속항모부대의 함재기들이 월미도와 인천 내륙지역에 맹렬한 공중폭격을 실시하고, 그 뒤를 이어 구축함의 첫 포탄이 월미도에 작렬하였고, 로켓포함이 녹색해안과 그 주변의 북한군 진지에 대해 1,000여 발의 포탄을 퍼붓는 동안 상륙주정(LCVP) 7척에 분승, 제1파를 구성하여 해상에 설정된 공격개시선을 통과했다.

2개의 돌격중대가 목표를 공격하는 동안 10대의 전차로 구성된 제3파가 해안에 도착하였다. 상륙한 10대의 전차는 6대의 M26 퍼싱전차와 2대의 도자전차, 1대의 화염방사용 전차, 1대의 구난전차로 구성되어 있었다. 마지막으로 예비중대인 I중대가 뒤를 이어 상륙했다. 06:50 예비대에 앞서 상륙한 대대장 태플리트(Robert D. Taplett) 중령은 약 5분 뒤에 G중대 선두인 제3소대가 105고지 정상에 도달, 성조기를 게양하였다는 무전보고를

월미도를 점령한 미 해병대. ⓒ 국사편찬위원회

받았다.

　도자전차가 M26 퍼싱전차와 보병의 엄호를 받으며 북한군의 참호와 교통호를 밀어 붙였다. 화염방사기 전차는 참호 안에 화염을 퍼부었다. 그제야 혼이 빠진 북한군들은 비틀거리며 손을 들고 나왔다. 105고지를 공격하던 G중대와 인천내항 쪽에 연한 건물지대를 소탕하던 H중대도 약간의 저항에 부딪치기는 하였으나 작전은 순조롭게 진행되었다. 이렇게 하여 대대는 08:00에 월미도를 확보하고 정오쯤에 섬 전체에 대한 소탕작전을 완료했다.

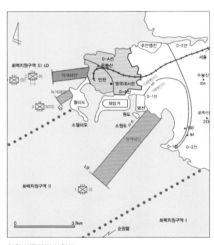

인천상륙작전 상황도

　9월 15일 만조가 다시 시작되는 오후로 접어들면서 적색해안과 청색해안에 돌격 상륙할 미 해병 제5·제1연대전투단 병력을 태운 함정들이 인천수로를 따라 서서히 인천항으로 접근했다. 제5·제1해병연대의 돌격상륙부대와 국군 해병 제1연대 제3대대는 수송선에서 내려 상륙주정에 옮겨 타고 16:45에 미 해병 제5연대 상륙주정이 적색해안을 향해서, 그리고 미 해병 제1연대의 상륙주정이 청색해안을 향해서 각각 별도로 지정된 해상 공격개시선을 통과했다.

　17:33에 미 해병 제5연대의 제1파가 적색해안에 상륙했다. 계획된 H시 보다 3분이 늦은 시간이었다. 제1대대 A중대 병력이 미리 준비한 사다리를 타고 방파제로 올라갔으며 수척의 상륙정이 해군포격으로 방파제가 파괴되어 통로

가 생긴 간격을 이용하여 해안에 상륙했다.

한편 미 해병 제5연대의 우전방(남쪽) 돌격제대인 제2대대는 북한군의 저항이 별로 없는 상황에서 상륙 후 철도 남쪽으로 이동하여 내항부두 및 영국영사관이 있는 고지 쪽으로 진출했다. 한국 해병 제1연대는 미 해병 제5연대에 배속된 제3대대가 돌격상륙부대에 뒤이어 적색해안에 상륙하여 해안가 공동묘지 부근에 집결·숙영했다. 청색해안의 미 해병 제1연대는 H시 보다 2분이 늦은 17:32에 제1파가 상륙하였는데, 대부분의 병력은 높은 해벽을 기어오르지 않으면 안 되었다. 청색해안에는 북한군의 저항이 없었기 때문에 큰 피해를 입지 않았다. 미 해병 제1연대는 D일 목표 지점을 그 이튿날 새벽(01:30)까지 확보하는 데 성공했다.

9월 16일부터 미 해병 제1사단이 서울을 목표로 진격하는 가운데 국군 해병 제1연대가 인천시가지 소탕작전을 전개했다. 9월 16일 아침 국군 해병 제1연대는 인천시가지 중앙을 통과하는 경인선 철도를 기준으로 남쪽

한·미 해병대가 인천을 확보한 후 귀환하는 피난민들(1950. 9. 16).
ⓒ 국사편찬위원회

지역은 제3대대가, 북쪽지역은 제1대대가 분담하여 소탕작전을 전개했다. 제3대대가 담당한 지역은 응봉산 일대와 시가중심지였으며, 제1대대가 담당한 지역은 주택가가 적고 대부분 공장지대로 형성된 지역이었다. 제3대대와 제1대대는 거의 같은 시간에 소탕작전을 마쳤다. 국군 해병 제1연대본부와 제1대대는

16:00 인천상업중학교로 이동하였으며 제3대대는 17:30 대기 중이던 도원공원에서 동쪽으로 다시 행군하여 도화동 일대에 야간 숙영지를 잡았다. 연대는 이 날 시내의 주요 공공시설을 장악하고 야간에는 시내 · 외 요소요소에 대한 경비와 순찰을 강화했다. 소탕작전 첫날 한국 해병 제1연대의 전과는 포로만도 181명에 달했다.

4) 한강으로 진격

미 해병 제1사단은 9월 16일부터 한강으로 진격을 개시했다. 경인국도를 기준으로 북쪽지역은 해병 제5연대가, 남쪽 지역은 해병 제1연대가 각각 담당했다. 제5연대의 공격목표는 김포비행장이었고 제1연대의 공격목표는 영등포였다. 이들 양 연대는 이날 밤 부평 일대를 감제할 수 있는 고지까지 진출하여 전투배치를 완료했다.

인천상륙 3일째인 9월 17일, 미 해병 제5연대는 05:45 D중대의 전초소대가 부평 동쪽 경인국도에서 인천으로 향하는 북한군 전차 6대와 보병부대를 발견했다. 전초소대와 중대 대의 전차화기와 해병부대의 전차가 북한군 전차를 향하여 맹렬한 기습사격을 가해 북한군 200여 명을 사살했다. 해병 제5연대는 계속해서 김포비행장을 목표로 작전행동을 개시했다. 제2대대는 진격 도중에 활주로 남쪽 외곽지대에서 최초로 적의 사격을 받았다. 김포비행장의 적은 400~500여 명에 이르렀으나 미 해병의 신속한 진격으로 기습을 받고 활주로에 지뢰매설도 하지 못한 채 저항을 포기하고 도주했다. 우전방으로 진출한 제1대대는 17일 19:00 소사 북쪽 5Km, 비행장 동남쪽 3Km 지점에 있는 71고지를 점령하고 여기에서 야간방어진지를 편성했다.

미 해병들의 급속한 전진으로 김포비행장의 북한군은 황급히 철수하였으나 밤이 되면서 이들은 전열을 가다듬고 역습을 시도했다. 북한군은 18일 02:00부터 새벽까지 몇 차례에 걸쳐 소규모 부대로 비행장 주변 진지로 역습을 해왔다. 미 해병대는 이들에게 큰 손실을 입혔다. 이 작전에서 전차의 역할이 컸다. 9월 18일 오전 제5연대는 주변 수색작전을 펴 잔적을 소탕함으로써 비행장을 완전히 확보하고 연대지휘소도 비행장으로 옮겼다.

한편 작전 3일째인 9월 17일 미 해병 제1연대는 부평에서 경인국도를 따라 영등포를 목표로 한강을 향하여 진출하기 시작했다. 연대는 부평 동쪽 부개동 부근에서 북한군에 의해 진출이 저지되기도 했지만, 부개동 민가 사이에서 북한군 T-34전차를 먼저 발견하고 선제기습사격으로 이를 격파한 뒤 16:00경 부개동을 확보하였다. 연대는 18:30경까지 송내촌 능선을 완전 탈환하고 그곳에서 야간방어에 들어갔다. 9월 18일 제1연대는 소사를 거쳐 북한군이 매설한 지뢰를 극복하면서 해질 무렵에 영등포 바로 서쪽의 갈천(지금의 안양천)까지 진출하는데 성공했다.

2. 인천 상륙부대와 낙동강선 돌파부대의 오산 만남

(1) 안양 및 수원 확보

1950년 9월 19일 미 제7사단은 제32연대가 미 해병 제1사단 제1연대로부터 경인국도 이남의 책임지역을 인수받고 영등포 서측 6Km 지점인 갈천 부근에 위치했다. 미 제7사단의 임무는 미 해병사단의 우측방을 방호하고, 남쪽에서 서울로 북상하는 북한군을 차단 및 견제하여 서울탈환을 지원하는 것이었다.

9월 20일 미 제32연대는 동측 안양방면으로 공격을 계속했다. 그러나 첫날부터 북한군이 설치한 지뢰지대에 봉착하여 진출이 지연되었다. 이 지뢰로 인하여 연대에 배속된 제73전차대대 A중대 소속의 전차 3대가 파손되었으며, 연대장의 지프차도 파괴되었다. 연대는 공병부대가 150여 개의 지뢰를 제거한 뒤에야 진출을 계속하여 9월 21일에 독산리와 안양을 점령했다.

이 무렵 미 제7사단 정보처 보좌관이 인솔하는 사단 수색중대가 안양에 도착했을 때 "수원남방으로 내려가 비행장을 확보하라."는 전문명령을 받았다. 사단 수색중대는 16:00경 전차 1개 소대를 첨병으로 하여 안양을 출발 18:00경 수원입구에 도착했다. 이때 사단작전참모가 제18전투공병대대 B중대 1개 소대를 인솔하고 그곳에 도착함으로써 정찰대의 규모는 더욱 커지게 되었다. 이들은 곧 시내 중심부로 진입하였으며 곧이어 벌어진 시가전에서 북한군 제105전차사단의 장교 2명을 포함하여 37명을 생포했다. 그 후 이들은 다시 수원비행장을 찾아 남쪽으로 내려갔으나 지도를 휴대하지 않았던 탓으로 비행장을 지나친 채 수원 남방 5Km지점까지 진출했다.

이곳에서 이들 부대는 경부도로를 중심으로 전면방어 진지를 편성하여 북한군의 공격에 대비했다. 그런데 이들 수색부대는 사단과의 통신이 두절되었다. 이렇게 되자 사단에서는 또 해넘(Hannum)특수임무부대를 편성하여 수원으로 파견, 앞서간 정찰대를 찾도록 조치했다. 이 특수임무부대는 제73전차대대장 해넘 중령을 지휘관으로 전차 1개 중대, 보병 1개 중대, 포병 1개 포대 및 의무대로 구성되었으며 사단정보참모도 이를 수행했다. 이들은 이날 밤 안양을 출발, 때마침 달이 밝아 최고 속도로 달려 수원으로 향하였으며 도중에 정보참모는 앞서 간 정보처 보좌관과 무선접촉을 이루었다.

그러나 해넘특수임무부대가 수원성문에 도착하였을 때 잠복한 T-34전차 2대의 기습사격을 받아 선두전차가 파괴되고 탑승했던 전차중대장이 전사했다. 특수임무부대는 곧 반격하여 T-34전차 1대를 즉각 격파하였으나 나머지 1대의 전차는 수원 시내로 도주해 버렸다. 이런 상황이 발생하자 해넘부대장은 야간에 다른 전차 매복의 위험을

미 제7사단이 탈환한 수원 남문(1950. 9. 22). ⓒ 국사편찬위원회

무릅쓰는 것보다는 주간이동이 효과적이라고 판단하고 이곳에서 전진을 멈추었다.

한편 수원 남쪽에서 이들을 기다리던 사단 작전참모와 정보처 보좌관은 이들과 연결하기 위해 지프차 4대에 편승하여 수원 쪽으로 올라오다가 전차 4대를 발견했다. 작전참모는 그들이 안양에서 남하하는 해넘특수임무부대의 전차로 착각하고 전조등을 깜박이며 신호를 보냈다. 그러자 그들 전차가 정지하면서 갑자기 기관총 사격을 가해 일행은 지프차에서 내려 개울가에 엎드렸으나 작전참모는 전사하고, 그 외에 많은 사상자가 속출했다. 이들 북한군 전차는 계속 남진하다가 정찰대가 배치된 지역에 이르러 정찰대 전차의 기습사격을 받아 2대가 격파되고, 2대는 수원으로 도주했다.

9월 22일 새벽에 해넘특수임무부대는 수원비행장에 도착하여 비행장을

확보했다. 그 후 미 제7사단 제31연대가 수원에 도착하여 수원비행장 경계임무를 인수했다. 정찰대는 최초 배치된 지점으로부터 수원 남쪽지역에 대한 정찰임무를 계속 수행하고 해넘특수임무부대는 안양으로 복귀했다.

이로써 미 해병 제1사단은 9월 21일 해병 제5연대가 216고지-104고지-68고지를 연하는 방어선을 점령하고 서울 심장부근의 공격을 준비 중에 있었고, 해병 제1연대는 22일 영등포를 점령하였으며, 보병 제7사단은 21~22일에 안양과 수원을 점령하여 남쪽으로부터의 북한군 증원을 차단했다.

(2) 인천상륙부대와 반격부대의 연결 작전

낙동강전선 반격작전의 주공인 미 제1군단의 임무는 신속한 전진으로 인천에 상륙한 미 제10군단과 연결하여 낙동강 서부지역에 투입된 북한군 제1군단을 포위하고, 이로써 동·서로 양단된 북한 지상군을 국군과 미군이 각개 격파할 수 있는 계기를 마련하는 것이었다. 다부동 전선을 돌파하고 9월 22일 추격명령을 받은 미 제1기병사단은 예하의 제7기병연대를 린치특수임무부대로 편성했다.

북한군은 모든 것을 체념하고 미군이 통과하는 것을 그냥 바라만 보면서 저항도 하지 않았다. 린치특수임무부대의 선두인 베이커전차대는 천안을 지나 중대 병력의 북한군을 기관총으로 격파하면서 계속 진격하였으며, 진격 도중 나타나는 노상의 적 차량과 교량 경계병 그리고 소부대들을 그냥 나두고 오산을 향하여 급히 진격했다.

베이커전차대는 대대장의 지시도 받지 못한 채 최대속도로 전진하여 오산에 돌입했다. 오산 북방에 진출하였을 때 본대가 뒤 따른다는 것을 알고 있었으

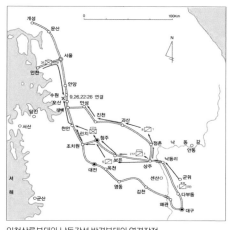

인천상륙부대와 낙동강선 반격부대의 연결작전

나 무선교신이 안되었다. 베이커 전차대는 오산 북방 5~6Km지점(죽미령 일대)에서 갑자기 사격을 받았다. 베이커 중위의 전차가 돌진하는 순간 미군 전차인 M26전차의 괘도가 눈에 띠었다. 이 순간 그의 전차에 대한 사격이 더욱 치열해졌다. 대전차 포탄이 3번 전차의 기관총좌에 맞아 비껴나가는 바람에 전차병 1명이 전사했다. 베이커 중위의 전차대는 미 제10군단 작전지역에 진입했지만 우군으로부터 사격을 받았던 것이다. 그러나 곧 전방에 배치된 미군이 사격을 중지했다. 그들은 베이커 전차대의 과감한 돌진속도, 엔진소리, 전조등의 불빛 등으로 북한군의 전차가 아니라고 생각했기 때문이었다. 전방의 한 전차장은 베이커 중위의 2번 전차를 사격하기 위해 1번 전차를 통과시키고 던진 백린수류탄이 터지는 순간에 흰 별표시(미군 표지)를 보고 우군임을 식별함으로써 가까스로 비극을 모면할 수 있었다.

마침내 베이커전차대는 이곳에서 미 제10군단 예하 미 제7사단 제31연대와 접촉했다. 이때가 9월 26일 22:26, 보은을 출발하여 장장 11시간 만에 걸쳐 170Km를 달려 감격의 순간을 맞이한 것이다. 양 부대 장병들은 서로 얼싸안고 감격의 눈물을 흘렸으며, 제1기병사단은 낙동강 방어선의 다부동을 출발한 지 5일 만에 미 제8군과 제10군단 간의 연결 작전을 성공시켰다.

3. 임진강과 한탄강을 건너 북으로

1) 38선 돌파와 경기지역 돌파작전

(1) 미 제1기병사단의 문산-개성 진격전

미 제8군의 주공 군단이 된 미 제1군단(군단장 Frank W. Milburn 소장)은 1950년 10월 4일 후방작전지역을 미 제9군단에 인계하고 미 제1기병사단을 개성 일대로 진출시켜 군단의 집결을 엄호하게 하는 한편, 미 제24사단과 국군 제1사단을 각각 임진강 서안과 임진강 북안의 고랑포 부근으로 이동·집결하게 했다. 이에 따라 10월 5일 이동을 개시한 미 제1기병사단은 미 제5기병연대, 제7기병연대, 제8기병연대 순으로 문산리에서 임진강을 도하하여 10월 8일까지 모두 개성 일대로 진출시켜 군단의 집결지를 점령했다. 이날(8일) 우측의 미 제5기병연대는 제2대대가 사단의 동측방인 고랑포지역을 경비하는 가운데 주력이 임진강 도하지점에서 총공격에 대비하고, 개성 북방에 집결한 중앙의 미 제8기병연대가 개성 일원을 경비하면서 차후 명령에 대비했다. 그리고 사단의 예비인 영연방 제27여단이 대구에서 김포비행장으로 공수되어 개성으로 이동했다.

공격개시일이 결정됨에 따라 미 제1군단은 10월 9일 제1기병사단을 선두로 38선을 돌파해 북진의 대열에 올랐다. 미 제1군단의 주공인 제1기병사단은 평양 공격을 위해 도로망이 양호한 개성-평양에 이르는 1번 도로 축선을 따라 진격하기로 했다.

제1기병사단장은 38선에 3개 연대를 모두 병행 배치하고 사단에 배속된 영연방 제27여단을 예비로 두었다. 사단은 최초 목표로 38선에서 24km 북쪽의 금천을 공격하기 위하여 제8기병연대가 사단의 중앙에서 개성-금천 간 도로(1

번 도로)를 따라 정면공격을 실시하고, 그 우측에서 미 제5기병연대가 금천을 배후에서 공격하기 위해서 동쪽으로 우회기동을 준비하고 있었으며, 미 제7기병연대가 사단 좌측에서 예성강을 도하한 후 백천을 거쳐 한포리로 진출하기 위해 예성강 도하작전을 준비하고 있었다.

(2) 국군 제1사단의 고랑포 진격전

미 제1군단의 조공부대인 국군 제1사단은 좌인접의 미 제1기병사단이 38선을 돌파하고 금천 포위작전을 진행 중이던 10월 10일 저녁 임진강의 고랑포 일원에 집결을 완료한 후 11일 38선을 돌파해 북진의 길에 나섰다.

국군 제1사단의 첫 번째 공격목표는 교통의 요충지인 시변리^{(38선 북쪽 32km} ^{지점)}였다. 사단은 제11연대를 좌일선, 제15연대를 우일선으로 전방 공격부대로 하고 제12연대를 사단 예비로 편성했다. 사단에서는 제15연대를 고랑포에서 동북방 마전리를 거쳐 임진강을 따라 삭령-토산-시변리 축선으로 원거리 우회 기동하게 하고, 제11연대를 춘양리에서 북방의 구화리를 거쳐 위천리로 진출한 후 황계치를 넘어 시변리로 진격시키고, 사단예비인 제12연대를 사미천 계곡을 따라 제11연대를 후속하도록 계획했다.

국군 제1사단은 10월 11일 사단의 주력이 일제히 38선을 돌파하여 계획된 공격축선을 따라 총공격을 개시했다. 임진강을 따라 우회 기동한 사단의 우측 연대인 제15연대 제1대대는 이날 08:00에 탑거리를 출발하여 정오에 38선으로 부터 25km 북쪽에 위치한 삭령을 점령했다. 대대는 계속 전진하여 그 북쪽 13 km 지점의 토산으로 진격했다. 진출 도중 그곳에서 저항하는 북한군 제27사단 소속 1개 대대 규모의 적을 야간공격을 감행하여 격파하고 토산을 점령했다.

제1사단과 미 제6전차대대의 북진. ⓒ 국사편찬위원회

제15연대의 주력은 20:00에 고랑포를 출발하여 38선을 돌파하고 38선에서 2.5㎞ 북쪽인 사미천변의 청정리까지 접적 없이 진출했다.

각 연대의 진출 상황을 확인한 후 고랑포 면사무소에 설치된 지휘소로 돌아온 사단장 백선엽 준장은 밀번(Frank W. Milburn) 군단장에게 직접 전화를 걸어 전차를 지원해 달라고 요청했다. 이에 보·전·포 협동작전부대로 지정된 제12연대는 제1대대를 연대에 배속된 미 제6전차대대 C중대에 탑승시켜 고랑포 북방 14㎞ 지점의 구화리를 목표로 진격하게 했다. 보·전·포 협동부대는 2번 전차에 탑승한 사단장의 지휘로 10월 12일 사미천 하안을 따라 일거에 구화리로 진출했다.

04
새로운 전쟁 : 북위 37도선과 38선

1. 중공군의 1월 공세와 1·4후퇴

1950년 10월 1일 국군의 선도 하에 유엔군의 북진작전은 시작되었으며 중공과 소련의 개입가능성에 대한 확실한 판단 없이 우발계획 하에 전개되었다. 10월 24일 청천강을 확보한 유엔군은 한만국경선을 향한 총공세를 폈으나 중공군과 불의의 조우로 인하여 모든 부대가 철수를 시작했다.

1950년 12월 중순 국군과 유엔군이 접적을 단절하고 38선 부근에서 주저항선 구축에 주력하는 동안 적은 그들의 3차 공세 결정에 따라 공세준비에 박차를 가하고 있었다. 중공군은 공격준비가 완료되자 지원군사령관 펑더화이彭德懷가 북한군 3개 군단과 중공군 6개 군의 협동작전으로 국군과 유엔군이 방어중인 38선을 돌파하고, 임진강 동쪽과 북한

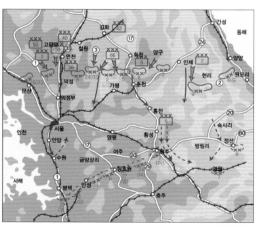

중공군의 제3차 공세(1월 공세) 상황도

강 서쪽에 배치된 국군 제1 · 제2 · 제5 · 제6사단의 일부를 섬멸하도록 했다. 12월 31일 야간에 중공군은 임진강을 도하하여 국군 제1사단 지역으로 신정공세의 포문을 열었다. 중공군 제13병단은 시간이 경과할수록 공격범위를 우측으로 확대했다.

1) 임진강 부근 전투

국군 제1사단은 6 · 25전쟁이 개시된 이후 6개월 동안 전황의 추이에 따라 임진강-낙동강-청천강으로 이동하였다가 다시 임진강변으로 철수함으로써 두 번이나 이 지역에 방어진지를 구축하게 되었다. 사단은 적의 주공이 예상되는 고랑포 정면 임진강 남쪽의 장파리-마포리-도감포 일대에 주저항선을 구축했다. 이때 사단은 방어정면이 넓어 좌전방 제11연대를 비장리 일대에, 우전방 제12연대를 도감포 일대에 중점적으로 배치했다. 그리고 사단예비인 제15연대는 방어가 취약한 전방연대의 전투지경선 부근을 보강함과 동시에 유사시 전방연대들의 철수를 신속히 엄호하기 위하여 적성 남쪽의 마지리 일대에 배치했다.

피로 얼룩진 1950년의 마지막을 알리는 해가 서산에 기울자 적은 기다리고 있었다는 듯이 제12연대가 거점을 구축한 도감포 지역으로 집중포격을 개시했다. 이 포격이 끝나자 적은 2개 연대 규모로 임진강을 도하하기 시작했다. 연대는 적의 도하를 저지하기 위하여 최후저지사격으로 맞섰으나 역부족이었고, 포위를 우려한 전방대대들은 감악산 하단으로 철수했다.

임진강 남쪽에 교두보를 확보한 중공군은 후속부대를 도하시켜 연대를 추격하기 시작했고, 또 일부 적은 좌전방 제11연대를 공격하기 시작했다. 20:00경에는 제12연대의 일부가 도로를 따라 철수하여 예비인 제15연대가 방어중인 적성 남쪽 진지로 접근하였고, 그 뒤에는 중공군도 후속하고 있었다. 이로 인하여 제15연대는 사격도 하지 못한 채 방어진지 일부를 돌파 당했고, 중공군은 내륙 깊숙이 침투함으로써 사단의 우전방 지역에 돌파구가 형성되었다. 이때부터 사단은 밤새도록 돌파구 확대를 기도하는 중공군을 맞아 총력전을 펼쳤다. 밤이 깊어갈수록 상황이 악화되어 사단은 사령부의 공병과 통신병 등의 병력으로 대전차공격대대를 혼성 편성하여 제12·제15연대 지역으로 파견하였으나 전선을 수습하기에는 역부족이었다. 설상가상으로 통신마저 유지되지 않아 제12연대와 제15연대의 상황도 파악할 수 없었다.

새해의 첫날이 밝을 무렵 사단은 금곡리-무건리선에 제11연대와 제15연대를 배치하여 적의 돌파구 확대를 저지토록 하고, 적중을 돌파한 제12연대는 덕정 서쪽의 가납리 일대에서 재편성을 했다. 낮 동안 아군의 항공폭격과 포병 사격이 집중되자 적의 공세는 다소 주춤하였고, 전선은 잠시 소강상태를 유지했다. 정오가 지나자 미 제1군단장은 미 제25사단과 영연방 제29여단에게 국군 제1사단의 엄호를 받으며 교두보선을 점령하라고 명령했다. 이때 국군 제1사단은 문산-법원리-신촌리를 연하는 도로변의 감제지형을 확보하고 있었다.

해가 서산에 떨어지자 중공군은 공격을 재개하였고, 사단은 군단의 철수를 엄호하기 위하여 총력전을 벌였다. 자정 무렵 미 제25사단과 영연방 제29여단이 교두보선을 확보하자 이때부터 중공군은 우전방 제15연대를 집중적으로 공격했다.

제15연대는 앵무봉 일대의 험준한 지형을 이용하여 적의 돌파구 확대를 막고자 새벽까지 고군분투하였으나 역부족이었고, 사단명령에 따라 지연전을 펼치면서 고양리로 철수했다. 이로 인하여 좌전방 제11연대가 법원리 일대에서 적중에 고립되었다. 다행히 날이 밝자 중공군이 아군의 항공폭격을 우려한 듯 공격을 중지함으로써 제11연대는 위기상황에서 벗어날 수 있었다.

　사단은 군단명령에 따라 1월 2일 제12연대가 제일 먼저 한강 남쪽으로 철수한데 이어 제15연대가 그 뒤를 이었고, 끝으로 이들의 철수를 엄호한 제11연대가 봉일천 일대에 파견된 미군 1개 대대의 엄호를 받으며 차량을 이용해 한강 남안으로 철수했다.

2) 동두천 부근 전투

국군 제6사단은 전곡-동두천 도로 좌측의 고능리 부근에 제7연대를, 우측의 추동리에 제19연대를 배치하여 주저항선을 편성했다. 이때 사단의 책임지역 내에는 한탄강과 도처에 단애지역이 산재해 있어 방어에 유리했다. 그리고 제2연대는 사단의 방어종심을 유지하기 위하여 마차산과 소요산 일대의 예비진지에 배치되었고, 사단의 좌인접에는 국군 제1사단이, 우인접에는 미 제24사단이 배치되어 있었다.

　이 무렵 제19연대 정찰대가 1950년 12월 23일 한탄강 북쪽으로 진출하여 중공군 2명을 생포했다. 중공군 포로들은 중공군 제38군의 주력부대가 연천 일대에 집결해 있으며 불원간 남침을 개시할 것이라고 진술했다. 이를 입증이라도 하듯 연말이 가까이 다가올수록 적 정찰대의 규모와 정찰 횟수도 눈에 띄게 증가되었다.

　1950년 마지막 날 저녁 좌인접 국군 제1사단이 공격준비사격을 받을 때 사단지역 내에도 수많은 적의 포탄이 떨어졌고, 사단도 이에 대포병전을 실시했다. 적은 개전초기의 전철을 밟아 주공을 동두천-의정부 축선에 두고, 중공군 제38군을 주축으로 사단 전 정면으로 공격을 개시했다. 이때 적은 비무장한 양민들을 선두에 세워 사단의 지뢰지대를 통과토록 한 다음 주력이 인해공격을 개시했다. 중공군은 전곡 도로와 회춘리, 고소성리 일대로 진출을 기도하였으나, 제7·제19연대가 적의 파상공격을 최후저지사격으로 저지했다.

사단이 정면의 적과 격전을 펼쳐 격퇴하는 동안 좌인접 국군 제12연대 지역을 돌파한 적의 일부가 사단의 후방지역인 안흥리 부근으로, 우인접 미 제24사단을 돌파한 일부 적이 동두천을 기습 공격했다. 1951년 1월 1일 새벽 적이 사단의 후방지역으로 침투하면서부터 사단의 전세는 급격히 악화되어 방어진지 일부가 무너지기 시작했다.

전황을 분석한 사단장은 포위를 우려하여 전방연대에 동두천 북쪽의 저지진지를 점령 중인 제2연대의 엄호 아래 덕정 부근의 예비진지로 철수토록 명령하였으나 사단의 철수는 용이하지 않았다. 좌전방 제7연대는 정면의 적과 교전이 치열하여 08:00에 접적을 단절하고 철수를 개시하였으나 적이 먼저 덕정 부근을 차단하고 있어 산간통로를 이용해 의정부로 철수하고 있었다. 우전방 제19연대도 산간 협로를 따라 철수 중 우인접 미 제24사단을 돌파한 적의 공격을 받아 연대의 일부가 분산된 채 덕정으로 철수하고 있었다. 그리고 전방연대의 철수를 엄호한 제2연대도 철수할 무렵인 10:30에는 동두천 일대가 이미 적의 수중에 들어가 분산되어 적진을 돌파하고 철수했다. 이때 미 제9군단장은 퇴로가 차단된 사단을 증원하기 위해 군단예비인 영연방 제27여단을 덕정 부근에 투입했다.

이와 같이 사단이 적 주공부대의 집중적인 공격을 받아 어렵게 철수하는 동안 미 제8군사령관의 명령에 따라 사단장은 덕정 일대의 예비진지 점령을 포기하고 전 부대에 창동으로 집결하라는 명령을 내렸다. 이후 사단은 군단예비가 되어 한강 남쪽을 방어하기 위해 1951년 1월 2일 아침에 이동을 개시하였으나 완전한 편제를 유지한 연대는 없었다.

먼저 이동한 제2연대가 한강 남쪽의 광진교-신장리를 연하는 방어선을 점령하는 동안 제19연대가 수진리에서 재편성을 완료하고 남한산 북동쪽 고등리에 배치되었다. 그리고 제7연대는 경기도 광주에 집결하여 계속 부대를 정비했다. 그 동안 분산 철수한 사단의 낙오병들이 원대로 속속 복귀했다.

3) 인천, 김포 군수지원부대의 철수

미 제8군사령관은 국군과 유엔군이 서울교두보와 C방어선으로 철수함으로써 경인지역에 설치된 보급소가 위태롭게 되자 1월 3일 제3군수지원사령관에게 D방어선 북쪽에 위치한 보급시설을 철수토록 하고, 또 인천항은 4일 정오에 폐쇄토록 명령했다.

당시 제3군수지원사령부는 전방부대가 평양에서 철수를 개시한 1950년 12월 초부터 인천항과 김포비행장에 축적된 군수물자를 점차적으로 감소시켜 최저의 보급수준만 유지하고 있어 물자 후송에 문제가 없을 것으로 예상했다. 그러나 1950년 1월 4일 정오까지 유조선과 철도궤도 등을 후송할 수 있는 특수선박이 부족하여 약간의 물자가 남아 있었다. 군수지원사령부는 미 제1군단의 철수시간에 쫓겨 인천항, 김포공항, 부평보급소에 있던 160만 갤런의 석유제품과 9천 톤의 공병자재, 그리고 12대의 화물차에 실린 탄약을 파괴했다. 그리고 마지막으로 김포비행장과 인천항을 파괴시킬 요원들만 잔류시키고 기타 지원부대 요원들을 육로와 비행기를 이용해 부산으로 철수시켰다.

오후가 되자 김포비행장의 잔류요원들은 건물, 항공유, 네이팜탄 등을 차례로 파괴한 후 마지막으로 인천과 김포 간의 송유시설을 파괴했다. 이어서 제50공병 항만건설중대 요원들이 인천항을 폭파하기 시작했다. 이때 항만건설중대는 1개의 부두시설과 월미도로 연결되는 도로만 제외한 모든 시설을 파괴했는데 여기에는 조류를 조절하는 갑문도 포함되어 있었다.

이외에 수원비행장에도 육군과 공군의 군수물자가 비축되어 있었고, 이 물자를 후송하는데 24~36시간이 소요될 것으로 예상되었다. 미 제8군사령관 리지웨이(Matthew B. Ridgway)는 4일 정오경 철수준비명령을 하달할 때 전투부대들이 D방어선으로 철수하기 이전에 이 물자를 후송시킬 수 있는 시간을 확보하기 위해 미 제1 · 제9군단장에게 강력한 지연전을 펼치도록 강조했다.

리지웨이는 수원에 있는 보급품의 후송작업이 1월 5일 정오까지는 완료될 것으로 예상하고 D방어선으로 철수를 명령했다. 그러나 그는 5일 아침 수원과 그 남쪽 비행장에 축적된 물자를 정오까지 후송할 수 없음을 알게 되었다. 물동량도 많을 뿐만 아니라 서울 일대에서 내려온 피난민 10만여 명이 수원역 부근에 집결하여 열차의 운행을 방해하고 있었기 때문이었다. 리지웨이는 미 제1 · 제9군단장에게 군수물자의 후송이 완료될 때까지 현진지를 고수토록 긴급명령을 하달했다. 이 조치로 수원에 축적되었던 보급품도 후방으로 후송되었다.

4) 평택으로 철수

국군과 유엔군이 서울에서 철수하였지만, 그때 미 제8군사령관은 미 합참본부에 "중공군의 신정공세로 아군이 잠시 어려운 상황에 처하긴 하였으나 미군은 아직 중공군을 대적할 수 있는 충분한 전력을 확보하고 있다."며 방어에 대한 자신감을 피력했다.

　　한강 남쪽으로 철수한 미 제1·제9군단은 1월 4일 인천과 수원 일대에서 진행 중인 군수물자 후송작전을 지원하기 위하여 지연전을 펼치면서 수원 북쪽으로 철수 중에 있었다. 미 제8군사령관은 저녁 무렵 추격하는 중공군에 대해 전차로 증강된 엄호부대를 편성하여 강력한 역습을 실시토록 지시하고 아울러 5일 정오에 D방어선으로 철수토록 명령했다. 미 제1군단은 주력부대를 안양 일대에 배치할 수 있었으나, 미 제9군단에서는 명령 전달과정에서 착오가 생겼다. 이때 미 제9군단에 배속중인 국군 제6사단은 선발대로 철수를 개시하였고, 이 명령은 사단이 수원 동쪽으로 진출할 무렵에 전달됨으로써 사단이 김량장리-양지리 도로에 배치되었다.

　　이후 접적이 없는 상황에서 미 제1군단과 미 제9군단이 평택-안성-장호원을 연하는 선을 점령함으로써 서부전선 부대들의 철수작전은 일단락되었다. 미 제1군단은 평택 남쪽의 1번국도 좌측 서해안 지역에 영연방 제29여단(태국대대 배속)을, 우측의 구릉지대에 미 제3사단을, 17번도로 우측 안성 일대에 국군 제1사단을 각각 배치하여 주저항선을 구축했다. 그리고 방어종심을 유지하기 위하여 미 제25사단과 터키여단을 군단예비로 했다. 미 제9군단도 국군 제6사단을 좌인접 국군 제1사단과 연결하여 죽산리 일대에, 영연방 제27여단을 법천리 일대에, 미 제24사단을 장호원 일대에 각각 배치하여 주저항선을 구축했다.

　　이 무렵 중공군사령관 펑더화이는 중공군이 한강 남쪽으로 국군과 유엔군을 추격하였으나 당초 기대와는 달리 대량 섬멸에 실패하자, 이를 적이 의도적으로 평택-안성-제천-삼척선으로 물러나 아군(중공군과 북한군)을 유인하기 위한 철수작전이라고 판단하고 1월 8일 추격작전을 중지시켰다.

5) 유엔군의 재반격

(1) 유엔군의 재반격 작전방침

유엔군의 조직적인 철수작전으로 유엔군 주력부대 격멸에 실패하여 공세기도에 차질을 빚은 공산군은 춘계공세를 준비하기 위하여 1월 8일 신정공세를 종료하고 방어작전으로 전환했다. 공산군은 북한군 제1군단을 인천 부근에, 중공군 제50군을 수원-김량장리 선에, 제42군을 여주-이천 선에 배치하여 한강 남쪽에 주저항선을 편성했다. 그 후방에는 중공군 제39군을 의정부 일대에, 제38군과 제40군을 서울 북동쪽의 수락산 일대에, 중공군 제66군을 양덕원리 부근에 집결시켜 휴식과 부대정비에 주력했다.

국군과 유엔군은 주저항선을 38선 부근에서 37도선 부근의 평택-안성-장호원-원주-주문진을 연하는 D방어선으로 조정하면서 서부전선의 미 제1군단과 제9군단이 북동쪽으로부터 적의 포위 위협에서 벗어날 수 있었다. 이 무렵 서부전선의 평택-안성 선에 배치된 미 제1군단은 영연방 제29여단을 1번국도 서쪽에, 미 제3사단을 1번국도와 17번도로(천안-안성-김량장리-경안리 사이에, 국군 제1사단을 안성 북쪽에 배치했다. 이때 국군 제1사단 장병들은 방어진지를 보강하면서 개전초기와 1·4후퇴로 두 번씩이나 서울 사수에 실패한 불명예를 씻기 위해 심기일전하여 교육훈련과 장비보충에 주력했다.

미 제8군사령관 리지웨이 장군은 아군이 일정한 방어선을 장기간 점령하는 것은 심대한 피해만 예상됨으로 지역의 확보보다는 적이 이동 중일 때 공격하는 것이 최대한의 피해를 주거나 공세를 지연시킬 수 있을 뿐만 아니라 아군의 전투력도 보존할 수 있는 최선의 방책으로 결론짓고 공세작전으로의 전환을 결심했다.

(2) 경지지역 위력수색작전

미 제8군사령관의 작전방침에 따라 서부전선에서는 공산군의 기도를 파악하기 위하여 정찰대를 파견하기 시작했다. 미 제1군단은 1951년 1월 7일 국군 제1사단 수색대가 김량장리부근에서 적과 경미한 접촉을 하였고, 그 후 군단은 오산과 그 남쪽의 진위천 부근을 정찰했다. 우인접 미 제9군단 정찰대도 이천과 여주 지역이 공백 지대임을 확인했다.

제8군사령관은 우군 전선의 근거리에 있는 오산-수원 간에 집결된 적을 공격목표로 선정하고 부대 규모와 방어력을 탐색하기 위해 미 제1군단으로 하여금 최소한 1개 전차대대로 증강된 부대를 투입하여 이틀 동안 이 지역을 정밀 탐색하도록 명령했다.

미 제1군단장은 군단예비인 제25사단에 임무를 부여했다. 사단장은 예하 제27연대에 1개 전차대대와 포병 및 공병을 증원시켜 정찰대를 편성하게 했다. 1월 15일 제27연대의 정찰이 시작되었다. 그러나 연대의 주력부대는 1월 15일 오산 북쪽에서, 그리고 제1대대도 발안장 부근에서 진출을 중지해야만 했다. 미 제15연대 1대대와 2개 전차중대도 천리 북쪽의 김량장리 부근에서 약 600~800명으로 추정되는 중공군으로부터 소화기 및 박격포 공격을 받아 수원으로 연결되는 20번 도로를 목전에 두고 진출이 중지되었다.

1월 16일 오전 군단의 철수명령이 하달되자 제27연대장은 철수하기 전에 수원에서 발견된 적에게 최대한의 피해를 가하기 위하여 수원으로 기동했다. 정찰대가 수원 남방 500m까지 진출할 무렵 배치된 적과 후방 시가지 옥상에서 기관총으로 화력 지원하는 중공군의 강력한 저항에 직면했다. 제27연대 정찰대는 항공 폭격의 엄호 아래 무사히 철수했다.

한편 우인접 미 제9군단은 국군 제6사단 제7연대 제3대대를 군단 전투지경선 전방의 김량장리에, 제2대대를 백암리 북쪽에 각각 배치했다. 군단은 접적이 없자 1

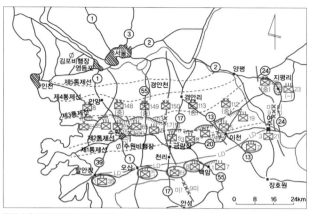

국군과 유엔군의 재반격작전 상황도

월 22일 제8기병연대에 제70전차대대와 포병 및 공병으로 증강된 특수임무부대(Task Force Johnson)를 편성하여 백암리 부근의 국군 제6사단 전초진지를 초월하여 양지리로 진출시켰다.

이 작전으로 수원-김량장리-양지리 선 이남에는 적의 대부대가 진출해 있지 않으나 소규모로 편성된 부대가 이 선을 따라 방어진지를 편성하고 있음을 확인하였고, 또 생포된 포로로부터 서울 이남에 북한군 제1군단 예하 제8사단이 배치된 것도 확인되었다.

(3) 수원-이천 진출 작전

평택 일대의 D방어선으로 철수하여 3주 동안 부대를 재정비한 미 제1군단은 1월 25일 좌전방 39번 도로와 1번 도로 사이에 미 제25사단 제35연대를, 우전방 55번 도로에 터키여단을 각각 공격제대로 편성하여 공격을 개시했다.

미 제25사단에 배속된 터키여단은 한강진출 작전의 우전방 공격제대로 신갈 남쪽의 151고지와 김량장리를 공격하게 되었다. 26일 여단이 고매리 부근에서 미처 피난가지 못한 주민들의 환호를 받으며 151고지로 접근하자 적의 저항은 의외로 완강했다. 여단은 17:30에 미 전차의 화력지원을 받아 총검이 부딪치는 치열한 백병전 끝에 151고지를 점령했다. 이로써 군단은 제2통제선까지 진출했다.

군단장은 최초 방어선에 배치된 미 제3사단을 적정이 강한 수원 동쪽의 55번 도로 축선에 우전방 공격제대로 투입하고 신갈-김량장리에서 혈전을 펼친 터키여단을 서해안으로 이동시켰다. 그리고 안성에서 군단예비로 주보급로를 경계중인 국군 제1사단 제15연대를 미제25사단에 배속시켰다. 그리고 사단이 2개의 기갑부대로 경부국도와 안양-소사-인천 도로를 따라 공격하여 한강선에 도착하기 전에 수리산 일대를 점령하여 중공군에게 최대의 희생을 강요토록 했다. 그러나 수리산 일대의 유리한 지형을 선점한 적의 완강한 저항으로 군단은 1월 31일에야 제3통제선에 도착했다.

한편 미 제1군단의 우인접에서 공격을 개시한 미 제9군단은 1월 26일 제8기병연대가 제1통제선의 양지리 부근에서 예상외로 적의 완강한 저항을 받았다. 28일 군단장은 제1기병사단이 제2통제선으로 진출할 무렵 작전을 확대하기 위해 미 제24사단을 군단의 우전방으로 투입했으나, 적의 저항이 완강하여 군단의 진출은 31일 이천을 점령하고 제2통제선을 조금 지난 상태에 머물렀다.

(4) 인천–곡수리 진출 작전

1월 공세 이후 중공군은 국군과 유엔군이 신속히 부대를 재정비하여 대규모의 공세작전을 펼칠 것으로는 전혀 예상하지 못했다. 국군과 유엔군이 한강으로 접근하자 당황한 공산군은 1월 27일 서둘러 휴식과 부대정비를 중지하고 유엔군의 공세에 대비했다.

미 제1군단 예하의 국군 제1사단 제15연대와 미 제25사단 제35연대, 그리고 터키여단으로 편성된 공격제대는 1월 31일부터 안양 남쪽의 수리산-모락산을 공격했다. 터키여단과 미 제35연대가 공격할 수리산은 영등포로 통하는 국도와 반월을 거쳐 소사 또는 인천으로 통하는 보조도로를 통제할 수 있는 중요한 감제고지였다. 공격제대는 첫날 수리산 부근에서 적의 강력한 저항을 예상하였으나 의외로 쉽게 무혈점령했다. 그러나 공격제대는 이때부터 중공군 제150사단과 주야로 수리산의 주인이 바뀌는 일진일퇴의 공방전을 펼치게 되었다. 미 제25사단은 적의 계속되는 증원과 야간공격, 수류탄공격은 물론 터키 여단과의 언어 소통장애로 인한 협조된 공격이 부진하자 사단예비인 미 제27연대를 터키여단 쪽으로 투입하여 수리산 일대의 일부 진지를 점령하고 작전의 주도권을 잡았다.

이때 국군 제15연대도 1월 31일 미 전차의 지원 아래 2개 대대 병진대형으로 모락산을 공격했다. 연대는 미 제35연대의 수리산 공격이 지연되어 일시 방어태세로 전환하기도 하였지만 공격개시 5일 만에 치열한 백병전을 치루며 이를 점령했다. 군단장은 좌전방 미 제25사단이 안양으로 진출하자 알렌특수임무부대를 편성하여 미 제25사단 전방의 적진지를 돌파한 후 한강으로 진출해 인천에서 영등포에 이르는 도로를 차단하고 김포공항 서쪽의 적을 공격토록 했다. 또한 우전방 미 제3사단에게 검단산과 청계산을 경유하여 한강까지 진출토록 했다. 이무렵 안양 선으로 후퇴한 적도 제47사단이 배치된 관악산에 합류하여 방어거점을 강화하였고 인천에 대기 중인 제17사단도 이 지역으로 증원되었다.

2. 중공군의 2월 공세와 38선 부근 전투

1) 중공군의 2월 공세와 지평리전투

1951년 2월 미 제10군단 예하 제2사단 제23연대전투단은 한강 진출작전을 진행 중인 좌인접 미 제9군단과 연결을 유지하기 위하여 쌍터널을 정찰한 후 지평리에 배치되었다. 제8군사령관은 적이 양평부근의 한강계곡으로 침투, 서쪽 지역의 유엔군 주력부대를 포위하려고 기도하여 지평리 고수를 요구했다. 횡성 전투에서 국군을 공격하여 작전의 주도권을 장악한 공산군은 전과를 확대하기 위하여 중공군 제39·제40·제42군의 총 8개 연대로써 2월 13일 저녁에 지평리를 점령하고자 했다.

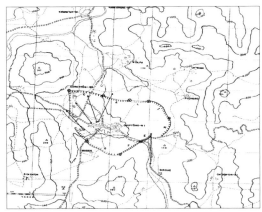

미 제10군단의 1951년 2월 지휘보고서(Command Report)에 수록된 제23연대전투단(프랑스대대 배속) 배치도

지평리는 서쪽으로 뻗은 경강국도(서울-양평-횡성), 북동쪽으로 뻗은 24번 도로(여주-지평리-홍천)와 남서쪽으로 연결되는 24A 도로(여주-곡수리-지평리)가 교차하는 전략적 요충지로 적이 이 지역을 점령하면 양평-충주 축선으로 진출, 군단의 후방지

역은 물론 미제9군단의 우측방을 공격할 수 있는 유리한 지형이었다. 반면 미 제8군이 지평리를 점령하게 되면 한강 이남에서 미 제1·제9군단에 저항중인 적군을 포위할 수 있는 전략적 요충이었다.

조그만 마을인 지평리는 북쪽의 봉미산과 남쪽의 망미산, 그리고 남서쪽의 248고지, 북서쪽의 248고지로 둘러싸여 있어 연대 규모가 방어하기에는 유리한 지형이었다. 당시 이 지역을 담당한 미 제23연대전투단은 미 제23연대와 프랑스대대, 제1유격중대, 제37야전포병대대, 제503야전포병대대 B포대, 제82고사자동화기대대 B포대와 제2공병대대 B중대로 구성되어 있었다.

연대는 2월 13일 낮 동안 포병사격과 항공폭격으로 진지에 접근하는 적의 공격을 저지하였으나 22:00부터 중공군이 자동화기와 박격포, 포병으로 공격 준비사격을 실시한 후 경적, 호각, 나팔 등을 불면서 C중대를 공격하였고 포위망을 압축하기 시작했다. 중공군은 지뢰·철조망과 연대 포병이 포 1문 당 250발을 집중 사격하는 상황에도 아랑곳하지 않고 분대 규모의 병력으로 간단없는 제파 공격을 펼쳐 수류탄을 투척했다. 이 와중에 중공군은 남쪽의 G중대를 돌파하였으나 F중대와 전차중대의 역습으로 격퇴되었다.

같은 시각에 중공군은 프랑스대대 진지에도 공격을 가했다. 13일 22:00경 중공군은 포위망을 압축하면서 프랑스대대 정면에서 돌파를 기도했다. 그러나 대대는 사격으로 이 적을 격퇴했다. 14일 02:00경 중공군의 제2제파가 피리와 나팔을 불면서 공격을 재개하자 대대는 이에 수동식 사이렌을 울리면서 대응했다. 순식간에 진지 전면에서는 피아를 식별할 수 없는 수류탄전과 백병전이 전개되었으나 수적인 열세에도 불구하고 포병의 조명지원에 힘입어 이 적을 격퇴하고 방어진지를 끝까지 고수했다.

이 무렵 중공군이 지평리로 향하는 24번 도로와 그 보조도로를 점령함으로써 미 제23연대전투단은 적중에 완전히 고립되었다. 제9군단장은 고립된 미 제23연대와 연결을 이루고 보급로의 확보를 위해 미 제5기병연대를 파견했다. 제23연대전투단은 증원부대의 도착을 기다리며 방어진지를 보강했다. 14일 어둠이 깔리자 중공군의 야간공격은 개시되었고 22:00경에는 절정에 달하여 이로부터 3시간 동안 지평리 상공에는 쌍방이 쏘아 올린 조명탄·예광탄·신호탄으로 불야성을 이룬 채 처절한 백병전이 지속되었다. 연대전투단은 수적인 열세에도 불구하고 완강하게 저항하였으나 15일 02:00경 서쪽의 G중대 지역이 돌파되었다.

곡수리-지평리 도로에서는 미군 전차의 화력과 기동에 맞선 중공군의 로켓포와 휴대장약에 의한 공방전이 치열하자 제5연대장은 전차의 신속한 기동을 독촉했다. 전차가 단독으로 이동함으로써 낙오된 보병들의 손실이 컸으나 연대는 17:00경 지평리 남쪽의 망미산을 공격중인 미 제23연대 전차와 연결했다. 망미산에 배치된 중공군은 제5연대의 증원으로 사기가 저하되어 철수하였고 특수임무부대는 지평리의 제23연대와 연결한 후 곡수리에서 지평리에 이르는 도로를 방호했다. 이 무렵 항공정찰에서도 중공군이 지평리에서 빠져 나가기 시작하였다고 보고했다. 16일 새벽에는 정찰대가 중공군의 퇴각을 확인했다.

이 전투에서 미 제23연대전투단은 고립방어 진지를 편성하고 진지고수 의지와 철저한 야간사격 통제, 예비대의 적절한 운용과 역습, 그리고 화력의 우세와 긴밀한 공·지협동작전으로 파도처럼 밀려오는 3개 사단 규모의 중공군을 격퇴하여 적의 2월 공세를 저지하는데 결정적인 역할을 했다.

2) 문산 공수투하 작전

　　미 제8군사령관은 서울을 재탈환하고 춘천을 점령하자 또 다른 공격 지역을 물색하던 중 북한군 제1군단과 중공군 제26군이 의정부를 연하는 선과 그 북쪽지역에 전개해 있음을 발견했다. 그리하여 그는 "제187공수연대가 문산 일대에 공중 투하하여 1번 도로를 봉쇄하면 군단이 즉시 공격을 개시하여 24시간 이내에 양 부대가 연결 후 임진강하구-문산 북쪽-의정부 북쪽을 연결하는 선으로 진출한 다음 제2단계 작전으로써 임진강에 연하여 설정된 선을 점령한다."는 계획을 세웠다.

　　이 계획에 따라 미 제1군단의 3개 사단이 3월 22일 08:00에 10~16km 전방의 선으로 전진하기 시작했다. 제187공수연대전투단(단장 Frank. S. Bowen 준장)은 문산 북동쪽 1마일 지점에 연대주력을, 그리고 남쪽 3마일 지점에 제1대대를 공중투하하기로 계획하고 23일 07:00에 대구비행장을 이륙했다. 아군이 낙하하는 동안 적의 반격은 낙하지점 북쪽 고지에 배치된 소규모 북한군의 간헐적인 박격포 사격이 있었을 뿐이었다. 작전과정에서 제1대대의 낙하지점 착오로 병력 밀집현상이 발생하여 제3대대의 집결이 순조롭지 못하고, 또 문산 남쪽에 투하된 대대지휘소가 적으로부터 공격을 받기도 했지만, 제187공수연대전투단은 부여된 모든 목표를 확보하는 데 성공했다.

　　문산 지역에 대한 공수작전이 개시되자 미 제1군단장은 그로우던 특수임무부대에 23일 오전 국군 제1사단을 초월하여 1번 도로를 따라 신속히 진출해 공수부대와 연결토록 했다. 특수임무부대는 1번 도로를 따라 진출 중 적과 조우하지 않았으나 150여 개의 지뢰를 제거하거나 폭파해야 했기 때문에 전진이 수시로 지연되었다. 그 과정에서 전차 6대가 파손되기도 했지만 선두부대는 끝내 23일 18:00에 문산에서 공수부대와의 연결을 성공했다.

3) 동두천–포천 진출전

미 제1군단의 좌전방 부대인 국군 제1사단은 문산을 목표로 그로우던 특수임무부대를 후속하여 1번 도로를 따라 공격을 개시했다. 이때 사단은 구파발 부근에서 경미하게 저항하는 적을 격퇴하고 동거리–금촌으로 진출했다. 이후 사단은 3월 24일 저녁 무렵 문산–법원리까지 진출한 다음 제187공수연대전투단의 작전지역을 인수했다.

국군 제1사단이 경미한 저항을 받으며 진출하는 동안 중앙의 미 제3사단은 제15연대와 미 제64전차대대, 제65연대의 전차소대로 편성된 호킨스 특수임무부대를 선두로 의정부에 진출하였으나 3월 24일 예상치 못한 중공군 제26군의 완강한 저항으로 일대 격전을 펼치게 되었다. 이때 적은 의정부 북서쪽의 468고지와 북동쪽 천보산에 견고한 방어진지를 점령하여 의정부–동두천, 의정부–포천 도로를 따라 진출하는 사단을 저지하려 했다. 사단은 24일 아침 공격을 재개할 무렵 적으로부터 맹렬한 포격을 받았다. 이날 공격에서 사단은 천보산을 점령하였으나 468고지는 중공군의 완강한 저항으로 점령에 실패했다.

군단장은 제3사단 정면의 적이 완강히 저항하자 포위격멸하기 위하여 문산 북방에 집결된 제187공수연대전투단으로 덕정리 북쪽의 228고지를 점령하여 적의 퇴로를 차단하려 했다. 제187공수연대전투단의 공격이 개시되면서 제3사단 정면에서는 적의 저항이 현저하게 줄어들고, 적이 후퇴하고 있다는 사실이 확인되었다. 중공군 제26군은 의정부–죽엽산을 탈환하기 위한 최후의 반격까지 실시하였으나 큰 피해를 입고 포천 북쪽의 종현산 부근으로 철수했다.

4) 38선 확보와 서해도서 확보작전

유엔군은 서부의 문산에서 임진강 상류지역을 거쳐 동두천-춘천-현리를 거쳐 양양 북쪽의 조산리에 이르는 선으로 진출할 계획을 세웠다. 서부는 38선에 연하고 중부는 이에 조금 못 미치는 선이었지만 사실상 38선을 통제할 수 있는 전술적 지형을 연하는 선이었다.

이무렵 공산군도 이미 38선 북쪽으로 후퇴하여 부대를 정비 중이었기 때문에 국군과 유엔군은 별다른 저항을 받지 않고 3월 말까지 이선에 도착했다. 즉 아군은 전선절단작전(3월 7일~31일)을 서울을 재수복하고 38선에 도달한 것이었다. 이와 같이 재반격작전이 순조롭게 진행되어 국군과 유엔군이 38선으로 진출할 무렵 유엔군 측에서는 이후 작전과 관련하여 새로운 전략을 모색하고 이에 따라 38선을 확보하기 위한 작전을 전개했다.

한편 국군 해병 제41중대는 3월 28일 801함 편으로 서해에 출동하여 교동도-백령도-서도 순으로 상륙하게 되었다. 중대가 상륙하는 동안 의외로 적의 저항이 없어 주로 행정 상륙을 했다. 중대는 4월 2일 오전에 교동도에 상륙했다. 교동도는 강화도 서측에 인접한 섬으로 아군 유격대가 활동하던 곳이었다. 중대는 20일간의 교동도 방어임무를 마치고 4월 23일 백령도에 상륙하여 이 섬의 군사시설을 방호하기 위하여 방어진지를 편성했다. 해병독립중대의 적 후방지역 도서 확보작전은 정보수집과 감시활동을 통하여 아군 해군작전을 방해하는 적의 기뢰부설과 해안포대의 활동을 억제하고 내륙 기습상륙으로 적의 후방을 교란하는 등의 작전효과를 가져왔다.

3. 중공군 4월 공세와 경기 북부 전투

1951년 4월 서부전선을 담당한 미 제1군단은 좌전방 김포반도에 해병 제5독립대대(국군 제1사단 배속), 임진강 남쪽의 오금리-마지리에 국군 제1사단, 마지리-도감포에 영연방 제29여단(미 제3사단 배속), 도감포-군자산에 미 제3사단을 배치하여 주저항선 방어와 임진강 북쪽지역에 대한 정찰활동에 주력하고 있었다.

4월 22일 어둠이 깔리자 중공군의 주력인 제19병단이 개성-문산 축선의 국군 제1사단과 영연방 제29여단을, 제3병단이 연천-전곡-동두천 축선의 미 제3사단과 터키여단을, 제9병단이 금화-포천-의정부 축선의 미 제25사단과 제24사단을 목표로 야간공격을 개시함으로써 4월 공세의 막이 올랐다.

미 제1군단은 중공의 대군을 맞아 우세한 항공 및 포병화력과 기동력을 이용하여 적에게 최대의 출혈을 강요하면서 축차적으로 계획된 통제선을 따라 단계적인 철수작전을 펼치게 되었다. 특히 이 대회전의 초기에 영연방 제29여단(배속: 벨기에대대)은 설마리 · 감악산 · 금굴산에서, 국군 제1사단은 파평산에서 최대의 혈전을 펼쳤다.

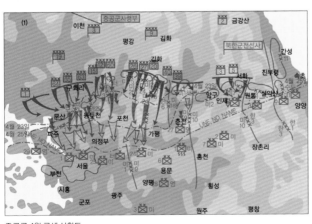

중공군 4월 공세 상황도

1) 금굴산 전투

영연방 제29여단은 적성과 금굴산 일대의 임진강을 방어하고 있었다. 여단은 1개 대대를 감악산 좌전방 적성 부근에, 1개 대대를 감악산 북쪽에, 그리고 배속 받은 벨기에 대대를 금굴산에 배치하고, 1개 대대를 봉암리에 예비로 확보하고 있었다. 이중 벨기에대대가 배치된 금굴산(194고지)은 임진강 북쪽에 위치한 돌출된 감제고지로 동쪽과 남쪽이 임진강으로 둘러싸여 도감포에 설치된 2개의 교량이 유일한 남쪽으로의 통로였다. 그러나 이 고지가 중공군에 탈취되면 여단의 방어지역이 감제 관측을 받게됨은 물론 우인접 미 제3사단의 주보급로인 연천-의정부 도로가 측방 위협으로 차단될 우려가 있었다.

이곳의 전투는 22일 자정 무렵 중공군 제188사단 정찰대의 침투를 알리는 조명지뢰가 폭발되면서 시작되었다. 대대는 수차에 걸친 중공군의 파상적인 공세를 격퇴하였지만, 적은 이 틈을 이용해 일부 부대를 우측방으로 우회 기동시켜 도감포로 진출했다. 대대는 새벽 무렵 차단된 철수로를 개척하기 위하여 1개 소대의 정찰대를 도감포로 파견하였으나 교량에 매복하고 있던 중공군의 기습공격으로 다수의 사상자만 낸 채 철수했다.

중공군의 포위망이 시시각각으로 압축되고 있을 무렵 미 전차소대의 도착으로 사기가 고조된 대대는 정오 무렵 보·전협동작전으로 피탈된 전방진지를 재탈환하였고, 이후 중공군의 공격도 주춤하여 대대는 재편성을 서두르는 한편 미 제3사단에서 지원된 헬리콥터로 부상자를 후송했다.

대대가 철수를 준비하는 동안 이 상황을 간파한 중공군이 15:00에 포위공격을 시도함에 따라 다시 격전이 전개되었으나 대대는 근접항공지원과 포병화력을 요청하여 격퇴했다. 적중에 고립된 벨기에대대는 17:00에 고대하던 사단의 철수명령을 받았지만 금굴산에서 중공군과 접적을 단절하고 철수하기란 용이한 일이 아니었다. 17:30부터 대대의 철수를 지원하기 위한 근접항공지원이 정확하게 개시되자 전차소대를 선두로 80대의 차량제대와 보병제대는 금굴산 방어진지를 이탈하기 시작했다.

벨기에대대는 공병이 단애를 폭파하고 통로를 개척하더라도 1주일 이상 소요되는 이 장애물지대를 필사적으로 기어올라 18:30에 전곡 서쪽 남계리 부근 미 제65연대의 진지로 복귀하는데 성공했다. 이때 차량제대도 아군의 화력 지원으로 중공군의 포격에 단 4대의 손실을 입은 채 무사히 철수하여 본대와 합류했다. 금굴산을 탈출하여 전곡에 집결한 대대는 영연방 제29여단의 상황이 악화되어 휴식도 취하지 못하고 20:30에 차량으로 동두천을 경유해 여단예비로 봉암리 일대에 재배치되었다.

2) 파평산 전투

국군 제1사단은 임진강 북쪽의 대덕산-백학산-강정리를 연하는 선에서 정찰 활동에 주력하면서 오금리-마지리간 주저항선의 방어진지도 강화했다. 사단은 좌전방 문산 북쪽의 고지군에 제11연대, 우전방 파평산(496고지) 일대에 제12연대, 그리고 제15연대를 사단예비로 대고령 일대에 각각 배치하고 있었다.

4월 22일 20:00에 중공군 제64군은 일부 병력으로 임진강 북쪽에 진출한 사단 수색대의 퇴로를 차단한 후 포위공격을 기도했다. 중공군은 23일 02:30을 전후하여 자지포 일대에서 2개 중대 규모로 도하공격을 개시했다. 아군은 적의 도하를 저지하였으나 수적인 열세로 주진지로 철수하였고, 적은 강 남쪽 장좌리 일대에 교두보를 확보했다.

이 무렵 우인접 영연방 제29여단을 공격하여 중성산을 장악한 중공군이 제12연대의 우측방 돌파를 기도하였으나 연대는 이들을 마지리 일대 개활지에

계획된 살상지대로 유인한 후 화력을 집중하여 격퇴했다. 국군 제1사단은 이날 항공폭격과 포병의 탄막사격, 보·전협동작전으로 중공군 3,000여 명을 사살하는 대전과를 올려 적의 공세작전에 차질을 빚게 했다.

중공군 제64군은 이틀째 국군 제1사단을 공격하였으나 사단의 완강한 저항으로 정면 돌파가 불가능하다고 판단하고 파평산을 방어중인 제12연대를 포위하려 했다. 적의 기도를 간파한 사단도 전방연대를 증원하기 위하여 봉일천 남쪽의 죽원리 일대에 대기 중인 제15연대를 법원리로 이동시켰다. 중공군은 제11연대의 퇴로차단과 제15연대의 보·전협동공격으로 인해 포위를 우려한 듯 철수했다. 다음날(24일) 제12연대는 중공군과 일진일퇴의 공방전을 펼쳤지만 파평산과 그 동쪽의 주저항선에서 물러나고 말았다.

4월 24일 저녁 무렵 임진강 철교를 중심으로 북한군의 도하 징후가 현저하게 나타나기 시작하였고, 자정에는 북한군 제1군단 선두인 제8사단이 철교로 도하하고, 제47사단 1개 연대가 청운동에서 우전방을 공격했다. 쌍방은 전초진지에서부터 수류탄과 총검이 난무하는 일진일퇴의 혈전을 펼쳤고, 제11연대는 진지 일부가 돌파되었으나 주저항선을 유지했다.

한편 제15연대는 포병화력의 엄호 아래 25일 06:00에 공격을 개시하였으나, 돌파구에서 철수한 적이 밤사이 증원을 받아 완강하게 저항하여 치열한 화력전만 펼친 후 주저항선으로 복귀했다. 우전방 제12연대도 06:00에 공격을 개시하여 근접항공지원과 전차의 화력지원을 받으며 마지리-금곡리 계곡으로 진출했다.

사단은 25일 오전에 상실한 방어지역을 회복하기 위하여 반격작전을 펼쳤으나 북한군 제1군단마저 가세하는 바람에 공격이 진척되지 않고 상황이 점차 악화되었다. 다행히 정오경에 하달된 군단의 철수명령에 따라 국군 제1사단은 3일간의 피의 공방전을 종료하고 제12연대의 엄호 아래 금촌 북쪽으로 철수했다.

3) 설마리 전투

국군 제1사단의 우인접 부대인 영연방 제29여단은 마지리-도감포 간 11km의 넓은 정면을 방어하고 있었다. 여단 정면에서는 4월 22일 22:00경 좌전방 글로스터대대의 정면에서 수미상의 중공군이 가여울 일대에서 도하를 기도하였으나 매복대의 집중사격과 포병화력으로 격퇴되었다. 그러나 탄약이 소진된 매복대가 철수하자 적은 즉시 1개 연대 규모로 도하공격을 개시했다.

글로스터대대는 방어진지를 사수하기 위하여 결사적인 저항을 하였으나, 가여울 도섭장을 통제할 수 있는 중요 감제고지인 중성산(148고지)을 방어한 A중대에서 중대장이 전사하는 등 전사상자가 속출하여 최악의 상황에 직면하게 되었다. 대대는 새벽 무렵 중공군의 공격기세가 둔화된 틈을 이용해 감악산 기슭의 주저항선으로 철수했다.

글로스터 대대는 314고지 부근에 방어진지를 편성하고 중공군의 야간공격에 대비하였으며, 우전방 푸실리아대대는 피탈된 257고지를 탈환하기 위하여 정오경 보·전협동으로 역습을 개시했다. 대대의 역습은 이미 이곳에 견고한 진지를 구축한 중공군의 완강한 저항에 밀려 실패했다. 여단장은 적의 후방 진출을 저지하기 위하여 예비인 얼스터대대를 398고지에 배치하여 도감포-봉암리 도로를 통제토록 했다.

글로스터대대는 중공군의 파상공격에 전투력이 약화되어 235고지(설마리고지)에 집결하여 사주방어 진지를 편성했다. 여단장은 적중에 고립된 글로스터대대를 구출하기 위하여 필리핀 제10대대와 영국군 제8전차대대 C중대의 보·전협동으로 연결작전을 실시토록 했다. 필리핀대대가 공격작전을 펼치는 동안 설마리고지에 고립된 글로스터대대는 근접항공지원과 포병의 지원사격에 의존한 채 증원부대와의 연결만 학수고대하였으나 공격제대가 연결에 실패하고 철수하게 되자 장병들의 사기는 급격히 저하되었다.

여단장은 글로스터대대장과 협의한 후 대대의 야간철수를 사단에 건의하였으나 사단장은 야간철수는 큰 희생을 감수해야 함으로 25일 06:30에 미 제65연대가 구출할 때까지 현진지를 고수토록 했다. 이에 글로스터대대는 야간철수의 기대마저 무산되자 설마리고지에서 최후의 일전을 각오하고 전면방어로 전환했다. 대대장은 미 제65연대 전차소대의 구출작전을 알지 못한 채 좌인접 국군 제1사단 지역으로 철수하기 위해 명령을 하달했다. 이때 대대장은 중대장을 모아 놓고 "본인은 부상자와 함께 고지에 잔류할 것이므로 대대의 안전한 철수"를 당부했다.

4월 25일 10:00경 A중대를 선두로 하산하기 시작했다. 이때 군목, 군의관 및 의무요원은 50여 명의 부상자와 함께 고지에 잔류할 것을 자원했고, 주력의 철수를 엄호한 D중대는 주력과 정반대 방향인 북쪽으로 철수했다. 철수과정에서 남쪽으로 철수한 대대의 주력과 설마리고지의 잔류요원들은 중공군에 포로가 되었다. 그러나 D중대는 북쪽으로 이동한 후 다시 국군 제1사단 지역으로 남진하여 탈출에 성공했다.

우전방 푸실리아대대와 얼스터대대도 지원 전차 8대에 200여 명의 부상자를 분승한 채 중공군의 포위망을 돌파하여 봉암리로 철수했다. 여단은 봉암리에서 벨기에대대의 엄호 아래 철수하는 도중에도 중공군의 공격과 추격작전으로 말미암아 다수의 인명 및 장비의 피해를 입고 분산 철수하여 의정부로 집결했다.

4) 포천 축선 전투

미 제1군단은 4월 22일 중공군의 완강한 저항으로 공격이 별다른 진척을 보이지 않자 좌전방 터키여단을 대광리 남쪽 고지군에, 중앙의 미 제25사단을 철원 남쪽의 금학산(947고지)일대에, 우전방 미 제24사단을 문혜리-신술리에 각각 급편방어진지를 편성하게 했다. 이날 야간에 중공군은 야음을 이용하여 공격을 개시했다.

중공군은 22일 19:00에 터키여단이 배치된 대광리 남쪽의 장승천 일대에 40분 동안 치열한 공격준비사격을 집중했다. 이로 인해 우전방 제1대대가 큰 피해를 입은 가운데 여단은 접적을 단절하고 한탄강 남쪽으로 철수했다. 좌인접 율동 부근에 배치된 필리핀 제10대대도 23:00부터 중공군 제12군 제34사단의 파상공격을 받아 진내에서 근접전투가 시작되었다. 대대는 새벽까지 진지를 고수하였으며, 먼동이 트자 중공군의 공격기세는 점점 둔화되었다.

서울 북방에서 중공군의 4월 공세 주공과 격돌한 미 제1군단은 임진강변에서 국군 제1사단과 영연방 제29여단이 3일 동안 적의 진출을 지연시킨 선전의 결과로 미 제3ㆍ제24ㆍ제25사단이 포위나 돌파를 당하지 않고 캔사스선으로 철수할 수 있었다. 적의 추격작전이 계속되자 군단은 항공폭격과 포병화력을 효과적으로 운용하여 적에게 큰 피해를 주면서 성동리-노고산-덕정-포천을 연하는 델타선으로 철수했다. 군단은 이 새로운 방어선에 좌측으로부터 국군 제1사단, 미 제3사단, 미 제25사단, 미 제24사단을 배치하고 적의 공격에 대비했다.

5) 가평 축선의 위기

가평에서는 영연방 제27여단과 국군 제6사단을 추격한 중공군 제118사단 간에 대결전이 전개되었다. 영연방 제27여단은 공세가 개시되기 직전인 4월 19일 사창리 서쪽에서 방어 지역을 국군 제6사단 제19연대에 인계하고 군단예비로 가평에 집결했다. 23일 미 제9군단장은 저녁까지도 사창리에서 철수한 국군 제6사단의 상황이 심상치 않자 여단 주력으로 하여금 가평천 계곡에 방어진지를 편성하여 적을 차단토록 했다.

이 명령에 따라 여단은 국군 제6사단을 지원하기 위하여 캐나다대대를 가평천을 감제할 수 있는 내촌 부근의 677고지에, 호주대대를 가평계곡을 통제할 수 있는 죽둔리의 504고지일대에 각각 배치하는 한편 아질대대를 예비로 가평 부근에 집결 보유했다.

사창리를 돌파한 중공군 제118사단이 23일 야간공격을 개시하자 국군 제6사단이 철수하기 시작하였고, 이어서 사창리 부근에서 사단을 지원한 제16포병연대도 경계부대인 미들섹스대대와 함께 철수하여 가평 북쪽 가평천변에 배치되었다. 22:00경 사단을 추격한 중공군 제118사단의 선두연대가 남진하자 호주대대가 대대의 화력은 물론 지원된 전차 및 포병화력을 기습적으로 집중하여 적을 격퇴했다.

그러나 중공군이 24일 01:00경 즉시 2개 제대로 포위공격을 가하면서 호주대대는 고립되어 최악의 상황에서 근접전투를 펼치게 되었다. 대대는 포위된 상황에서도 일부 진지가 피탈되면 즉시 역습으로 회복하면서 새벽까지 504고지 일대의 방어진지를 고수했다. 대대는 여단장의 명령에 따라 철수를 개시하였고, 중공군 제354연대는 호주대대의 추격을 포기하는 대신 좌전방 677고지의 캐나다대대를 공격하기 시작했다. 제16포병연대가 가평천을 도하하는 적을 집중 포격하고 대대가 전화력을 집중하자 적의 공격은 현저히 둔화되었고 자정 무렵에는 공격이 중지되었다.

중공군은 23일과 24일 양일 동안 기동이 용이한 가평천 골짜기를 따라 진출하여 서울-춘천 도로의 차단을 기도하였으나 여단의 강력한 저지작전과 포병의 화력지원에 많은 인명 피해를 입게 되자 25일 새벽에 공격을 포기하고 철수했다. 이로써 중공군의 유엔군 전선 분할 기도는 완전히 좌절되고, 아군은 북한강 남쪽에 새로운 방어선을 구축할 수 있는 시간적인 여유를 얻게 되었다.

6) 화전리 전투

서부전선에 투입된 중공군 제19병단과 북한군 제1군단은 임진강변에서 국군 제1사단과 영연방 제29여단의 강력한 저항과 항공폭격 및 포병사격으로 막대한 인명피해를 입었음에도 불구하고 조금도 추격의 고삐를 늦추지 않았다. 서울을 목전에 둔 이날부터 적이 과감하게 주간 공격작전으로 전환함으로써 쌍방은 서울 외곽에서 이번 공세의 분수령이 될 치열한 일전을 펼치게 되었다.

국군 제1사단은 북한군 제1군단 예하 제8사단과 금촌과 동거리 일대에서 치열한 지연작전을 전개하여 적에게 큰 타격을 주었으나 전선의 균형을 유지하기 위하여 서울 외곽으로 철수했다. 문산-서울 축선으로 진출한 북한군 제8사단은 일산 부근에서 재편성을 한 후 28일 새벽 1개 연대 규모를 행주나루터로 은밀히 침투시켜 김포비행장 방면으로 도하를 기도했다. 그러나 북한군 제8

사단은 국군 제1사단 수색대에 발견되어 2시간 동안 인천 외항에 대기 중인 순양함 톨레도(Toledo)호의 8인치 함포사격을 받고 다수의 사체를 유기한 채 북으로 철수했다.

적은 아군의 함포사격에 큰 피해를 입었음에도 불구하고 서울 탈취 야욕을 포기하지 않고 4월 28일 정오부터는 소규모 부대를 투입하여 전초대대를 공격했다. 적의 기도를 탐지한 국군 제1사단은 적을 유인하기 위하여 전초대대를 철수시켰다. 자정 무렵 적은 서울로 진출하기 위하여 증강된 1개 연대 규모로 경의선 철로와 국도를 따라 종대대형을 유지한 채 좌전방 제11연대 지역으로 공격을 개시했다. 잠시 후 그 선두부대가 철조망까지 접근하였음을 알리는 조명지뢰가 폭발하였고, 이와 동시에 연대의 전 화력은 물론 전차포와 군단포병의 집중사격이 개시되었다. 그들 중 일부는 철조망 전방에 위치한 화전역 부근의 철로 사이의 골짜기로 피신했다. 그러나 그곳은 사단공병이 지뢰를 매설하였을 뿐만 아니라 전방중대가 탄막을 계획한 살상지대였기 때문에 적은 엄청난 인명 손실을 입었다.

중공군은 북한군 제8사단의 공격을 지원하기 위하여 제64군 병력 일부를 국군 제15연대 지역으로 투입해 양공작전을 벌였다. 제15연대는 공격 초기에 완강하게 저항하였으나 계속된 중공군의 파상공격과 연대를 지원하던 아군 포병의 오폭이 겹쳐 주저항선의 일부와 사단 방어지역을 감제할 수 있는 앵봉을 피탈 당했다. 사단장은 피탈된 진지를 회복하기 위하여 30일 사단예비인 제12연대 제1대대와 미 전차중대를 투입하여 보·전협동으로 중공군을 격퇴했다. 이 작전으로 적은 소규모 병력만 남기고 주력부대를 금촌-앵무봉 선으로 철수시켰다.

4. 중공군 5월 공세와 용문산의 승전보

1951년 5월에 접어들어 국군과 유엔군은 중공군의 춘계공세를 저지하기 위하여 모든 전력을 경주하고 있었다. 국군과 유엔군은 4월 공세를 통하여 중공군이 공세초기에 주저항선의 돌파를 위해 집중적인 공격을 가한다는 것을 경험한 바 있어 서둘러 전초진지, 주진지, 저지진지 등 방어진지 보강에 주력하면서 원거리 정찰대를 파견해 정찰활동을 강화했다. 특히 미 제9군단은 적 병력이 북한강 서쪽에 집결 중이라는 정보를 입수함에 따라 적의 공세준비를 방해하고 그들에게 최대한의 피해를 주기 위하여 적의 예상집결지에 대하여 7일 동안 평소보다 5배 이상의 교란사격을 실시했다.

서울 외곽을 방어중인 미 제1군단은 문산 축선에 국군 제1사단을, 의정부 축선에 미 제1기병사단과 미 제25사단을 배치하고 영연방 제29여단을 군단예비로 확보했다. 북한강 계곡 통로를 방어 중인 미 제9군단은 덕소-예봉산-용문산-금학산을 연하는 선에 좌로부터 영연방 제28여단, 미 제24사단, 국군 제2사단, 국군 제6사단, 그리고 미 제7사단을 배치하였고 제187공수연대를 군단예비로 남한강변의 옥천 일대에 집결시켰다.

국군 제6사단은 사창리에서 4월 공세의 시련을 겪은 후 전선 조정에 따라 용문산(1157고지) 일대를 점령하고 방어에 주력했다. 제6사단은 제2연대를 홍천강 남안에 추진 배치하고 주저항선인 용문산에는 서쪽에 제19연대, 동쪽에 제7연대를 배치하여 강력한 방어진지를 구축했다. 특히 사창리 전투의 결과로 연대장과 일부 참모들이 해임되었던 제2연대는 비장한 각오로 방어진지를 준비했다.

5월 18일 야간에 적은 포위공격을 기도한 듯 좌전방 울업산에 대대 규모로, 우전방 장락산맥에 연대규모 이상을 투입하여 도하공격을 개시했다. 제2연대는 사단 및 군단에서 지원된 5개 포병대대의 조명 및 화력지원을 받아 백병전까지 펼쳐 자정 무렵에 이를 격퇴했다. 제2연대가 수적인 열세에도 불구하고 강력한 화력을 지원받아 완강하게 저항하며 진지를 고수하자 적은 이곳 전초진지를 주저항선으로 오판한 듯 19일 새벽부터 제187 · 제188사단의 주력을 투입하여 돌파를 기도했다.

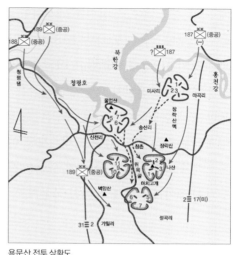

용문산 전투 상황도

적은 우전방 공격에 이어 이번에는 예비인 제189사단을 투입해 좌전방 제2대대의 울업산을 집중 공격하였다. 대대는 완강하게 저항하였으나 열세로 19:00에 항공폭격의 엄호 아래 427고지로 철수했다. 적은 20:00에 총공격을 재개하였고, 이때부터 제1대대는 나산에서, 제3대대는 353고지에서, 제2대대는 427고지에서 전면방어 진지를 구축하고 백병전으로 점철된 일진일퇴의 공방전을 펼쳤다.

한편 사단이 적중에 고립된 제2연대를 증원하기 위하여 절취부심하고 있을 무렵인 19일 밤에 미 제8군사령관은 중서부전선 문산-포천-춘천을 연하는 선으로 공격명령을 하달했다. 이에 따라 20일 05:00에 제7연대와 제19연대가 공격으로 전환했다. 제2연대를 포위하고 있던 중공군은 사단의 기습공격을 받게 되자 강북 쪽으로 철수를 개시하였고, 공격제대는 제2연대와 연결한 후 적을 추격했다. 이날 07:00부터 18:00까지의 전과만도 적 사살 4,912명, 포로 9명과 소화기 312정에 이르렀고, 아군은 5명이 전사하고 200명이 부상을 입었다.

적은 중부전선의 요충인 용문산을 탈취하기 위하여 중공군 제63군이 5일 동안 공세를 펼쳤으나 국군 제6사단의 용전분투와 항공 및 포병화력에 의해 치명적인 손실을 입고 21일 새벽 2시에 연대 규모의 전초부대를 두고 주력이 북으로 철수를 개시했다. 이로써 사단은 사창리 전투의 불명예를 씻고 용문산 전투의 대승이라는 기록을 세워 국군의 위용을 내외에 과시했다.

05
고지전과 휴전협상 그리고 정전

1. 전초진지 전투

1) 두매리 부근 전투

두매리 전투는 1951년 12월 말부터 1952년 1월 초 문산 정면의 임진강 북쪽 두매리 부근에서 국군 제1사단과 중공군 간에 벌어진 전형적인 전초진지 쟁탈전이었다. 당시 국군 제1사단은 주저항선을 임진강 북안의 사미천-백학산-사천을 연하는 선으로 추진하여 우전방 두매리 남쪽에 제12연대를, 좌전방에 제11연대를 일선에 배치하고 제15연대를 예비로 확보하고 적과 대치중이었다.

12월 28일 중공군 188사단 예하 제523연대는 16:00에 제5중대의 분견대가 확보한 철모고지 전방 300m에서 신호탄과 함께 104고지와 두매리고지 일대를 향해 포격을 개시하면서 공격을 감행했다. 29일 연대장은 차기자전을 위하여 감제고지를 확보할 것을 결심하고 상실한 전진거점을 역습으로 탈환하도록 명령했다. 제2대대는 무명고지와 두매리 고지를 공격하여 일시 점령하였으나 적의 역습을 받아 철수하고 말았다.

두매리 부근에서의 전투는 1952년 초로 이어졌다. 사단장은 두매리고지가 주요 감제고지이며 차후 공격의 전진발판이므로 반드시 확보되어야 함을 역설하면서 12월 31일 제12연대에 탈환명령을 하달했다. 탈환임무는 제12연대 제3대대에게 부여되었다.

1952년 1월 3일 08:00에 105mm야포 18문과 155mm야포 6문, 그리고 4.2″박격포 8문이 일제히 포문을 열어 두매리고지 일대를 집중 사격하였고 곧이어 전폭기 4대가 항공지원을 하는 가운데 제3대대는 적진을 향해 공격을 개시하여 고지를 장악했다. 그러나 곧 이은 적의 역습으로 철수했다. 좌일선인 제10중대도 무명고지를 공격하여 목표를 점령하였으나 계속되는 적의 역습을 받고 철수할 수밖에 없었다.

사단에서는 반격작전이 부진한 원인과 적전의 추이를 분석하고 제15연대에 다시 공격명령을 하달했다. 이에 따라 1월 5일 여명에 제15연대는 제3대대를 우일선으로, 제1대대를 좌일선으로 하여 공격을 개시했다. 제3대대는 격전 끝에 89고지를 확보하고 배후에서 두매리고지로 공격을 계속하여 마침내 목표고지를 탈환는 데 성공했다. 좌일선인 제1대대도 병진 공격을 실시하여 무명고지를 탈취했다.

그러나 적은 곧이어 아군의 집중포격에도 불구하고 두매리고지로 전력을 집중하여 반격을 개시했다. 대대는 전 화력을 집중하여 적을 물리치려 하였으나 89고지가 무너지고 이어 두매리고지마저 상실하고 말았다. 다음날 1월 6일 제3대대는 대덕산과 두매리고지의 적화력을 포병의 집중사격으로 제압한 다음 공격을 개시하여 목표고지를 다시 탈환하였으나 곧 이은 적의 역습으로 적에게 고지를 다시 내주었다.

사단장은 적에게 많은 출혈을 강요하였음에도 불구하고 탈취한 고지를 유지하지 못한 이유가 두매리고지 서남쪽 무명고지로부터의 측방사격 때문이라

판단하고서 먼저 이를 탈취하도록 명령했다. 이에 제12연대 제3대대가 다시 공격을 재개했다. 대대는 특공대를 양측으로 투입하여 적을 교란하면서 일제돌격을 감행하여 16:20에 무명고지를 탈취하는데 성공하였지만 이 역시 적의 역습을 받고 다시 고지에서 물러서고 말았다.

사단은 군단의 명령에 의하여 1월 8일 전투를 종료했다. 이 작전에서 사단은 비록 두매리고지를 상실하였지만 적에게 치명적이 타격을 주었다. 기간 중 국군 제1사단은 중공군 1,611명을 사살하고 4명의 포로를 획득하는 전과를 올렸다. 반면 사단은 전사 129명, 부상 585면, 실종 2명의 인명손실을 입었다.

2) 사천강 전투

1952년 봄의 전선 상황도 여전히 대규모 공격작전을 보류하고 계속해서 정찰과 기습을 통하여 적과 접촉을 유지하고 있었다. 이리하여 대진 상태는 1951년 말과 비슷하였을 뿐만 아니라 오히려 쌍방의 방어진지는 더욱 굳어져 있었으며, 다만 아군의 경계선 및 주저항선의 주요 지점에서 소규모 전투만이 전개될 뿐이었다. 이 무렵 실시된 대표적인 전초진지 전투 중의 하나가 사천강 전투였다.

1952년에 접어들어 국군 해병 제1연대는 미 해병 제1사단과 함께 3월 17일 서부전선으로 이동하여 임진강-사천 및 한강하류와 서해안 일원의 주저항선을 인수하여 서울에 이르는 적의 주요 접근로인 개성-서울 간 도로의 방어를 담당하게 되었다.

해병 제1연대는 국군 제15연대로부터 사천강 동쪽의 진지를 인수하여 제3대대를 좌일선, 제1대대를 우일선, 제2대대를 예비로 하여 좌인접 미 제1장갑수륙양용대대와 우인접 미 해병 제5연대와 연계하고 있었다. 연대 지역은 백연

리의 155고지를 정점으로 하여 사천강을 따라 소능선을 형성하고 있는 지역 외에는 대부분 개활지로서 적에게 노출되어 있었다. 이에 따라 연대는 진지를 인수한 후 적의 기습에 대비하여 야간정찰과 진지보강작업에 주력했다.

이때 연대 정면에 대치한 적은 중공군 제65군 제195사단으로 사천강 부근의 전술상 양호한 고지군을 점유하여 강 동쪽의 아군 전초진지와 주저항선 일대의 개활지를 감제하고 있었다. 지형은 대체로 횡격실을 이루고 있어 적에게 유리할 뿐 아니라 휴전회담이 진행되는 동안 그들의 풍부한 인적자원을 동원하여 진지와 화력을 보강하여 모든 진지가 거점화되었다.

부대교대 후 포격과 더불어 야간기습을 감행하던 적은 4월 1일 22:00에 일제히 포문을 열고 2개 대대 규모의 병력으로 대대 전투지경선 부근에서 사천강을 건너 기습공격을 감행했다. 연대는 밀려드는 적을 향해 사격을 집중하면서 2시간여에 걸친 일진일퇴의 혈전을 전개하였으나, 아군의 포진지가 파괴되고 시간이 갈수록 밀리게 되어 일단 후방능선으로 철수했다.

연대장은 주저항선을 회복하기 위해 예비 제2대대에 역습명령을 하달했다. 적이 예상치 못한 역습을 받아 우왕좌왕하면서 흩어지기 시작하자 제2대대는 좌우 측방으로 분산된 적을 소탕하기 시작하였고 주저항선과 전초진지를 회복했다. 적은 이번 작전에서 많은 손실을 입어 이후 정찰 및 기습활동이 현저히 약화되었다. 반면 연대는 여세를 몰아 몇 차례의 적의 전초진지를 공격하여 확고한 주도권을 장악했다.

3) 임진강 부근 전투

서부전선을 담당한 미 제1군단은 1952년 7월 중순 미 해병 제1사단-영연방 제

1사단-국군 제1사단-미 제2사단 순으로 전방에 배치하고 미 제3사단을 예비로서 확보하여 임진강 하구에서 철원에 이르는 전선을 담당하고 있었다.

이때 군단 정면에는 중공군 제65군이 개성에, 제40군이 구화리에, 제39군이 삭녕에, 제38군이 마장리 일대에 각각 배치되어 있었고, 제60군과 제63군이 곡산과 배천에 각각 예비로 집결해 있었다. 적은 전초진지 방어작전을 펴면서 아군의 국부공격에 대비해 하달된 조·중연합사령부의 전술적 반격계획에 따라 추계공세를 준비한 후 9월 18일부터 공격을 시작했다. 이 공격은 2단계로 계획되었으며, 제1단계 작전이 9월 18일~10월 5일까지, 제2단계 작전이 10월 6일~31일까지 실시될 예정이었다.

미 제1군단은 지난달까지 우익인 미 제45사단으로 소위 카운터작전을 전개하여 철원 서쪽 역곡천변의 주요 고지군을 확보한 뒤로 적의 반사적인 역습을 받아 고지쟁탈전을 반복하기에 이르렀다. 주로 미 해병 제1사단이 벙커(Bunker)고지에서, 미 제2사단이 불모(Old Baldy)·포크찹(Porkchop)·티본(T-Bone)고지에서, 국군 해병 제1연대가 사천강 일대의 전초진지에서, 국군 제1사단이 텟시(Tessie)와 닉키(Nickie) 양고지의 쟁탈전에 이어 베티(Betty)와 노리(Nori)고지에서 각각 쟁탈전을 수행하게 되었다.

불모고지, 포크찹고지, 티본고지 일대에서의 전투는 7월 중순 미 제2사단이 진지를 인수한 이후 여름 내내 계속되었다. 특히 포크찹고지(234고지)에서는 미 제2사단에 배속된 태국대대가 11월 1일부터 11일까지 중공군 2개 연대의 공격을 격퇴하고 고지를 확보하는데 성공했다. 이 전투로 태국대대는 그 용감성을 인정받아 '작은 호랑이'라는 별칭을 얻게 되었다.

반면, 임진강 일대에서의 전선은 장마로 인하여 7월까지 비교적 소강상태로 유지되었으나, 장마가 끝나자 전초고지에서는 다시 전투가 격화되었다. 8월에 들어서 미 해병 제1사단은 적의 공격에 맞서 분전 끝에 벙커고지를 확보했다. 9월에는 국군 해병연대가 다시 사천강 연변에서 11월 초까지 격전을 벌였다. 이 기간에 해병연대는 전투단으로 개편되었다. 이 무렵 임진강 북방 고왕산(355고지) 지역을 방어하고 있던 캐나다 제25여단은 중공군의 공격을 받아 한때 위기를 맞았으나 돌격부대의 역습으로 적을 격퇴하는데 성공했다.

　　1952년 11~12월 미 제1군단 정면은 대체로 소강상태를 유지했다. 12월 초에 국군 제1사단이 적의 침공에 맞서 노리와 베티고지에서 적을 격퇴하는 상황이 전개되기도 했지만 대체로 전투가 전초진지를 놓고 쟁탈전을 반복하는 양상이었기 때문에 군단의 주진지는 큰 변동 없이 그대로 유지되었다.

4) 벙커고지 부근 전투

1952년 7월 초 미 해병 제1사단이 점령한 주저항선은 적이 점거한 대덕산(236고지) 일대의 고지군에서 대부분이 감제되는 표고 150m 정도의 고지가 대부분이었는데, 그 가운데에서 판문점 동남쪽 5km 지점에 위치한 백학산(229고지)이 유일한 고봉으로 주진지상의 요충이었다. 사단은 이를 방어하기 위해 그 전방에 견고한 전초진지의 유지가 필요했다. 적도 백학산을 목표로 공격을 집중하게 됨으로써 대덕산과 백학산에 이르는 지역 즉, 사단의 중앙 전초진지인 벙커고지(122고지), 56고지, 58고지가 격전장이 되었다.

　　중공군 제40군 제118사단은 제352·제354연대를 207-망해(272고지)-대덕산 일대 진지에 배치하고 있었으며, 우익의 중공군 제65군 제194사단 제180연대와 연계하고 있었다. 이들은 아군의 제한공격기간을 이용해 보급을 추진하여 양호한 사기와 전력을 유지하고 있었으며 8월부터 점차 특정 지점에 대하여 공격을 시도하는 공세방어로 전환하고 있었다.

8월 9일 01:00에 적은 미 해병 제1연대의 전초진지 일대로 기습공격을 개시했다. 적은 58고지 일대로 기습공격을 감행하여 고지를 일거에 유린한 다음 계속해서 주저항선으로 밀어닥쳤다. 해병 제2대대는 이를 탄막사격과 집중사격으로 격퇴함과 아울러 E중대로 하여금 역습을 전개하도록 했다. 역습부대는 목표고지 남쪽으로 진출하여 치열한 총격전을 전개했다. 공격부대는 일진일퇴를 거듭한 끝에 마침내 11:05에 전초진지를 탈환하는데 성공했다. 그러나 증원부대가 도착하기 전에 적의 맹렬한 포격과 반격을 받아 다시 주저항선으로 철수하고 말았다.

이에 연대에서는 새로운 전초진지로 58고지 서남방 1Km지점에 위치한 벙커고지(122고지)를 선정하고 이 고지를 확보하기로 계획했다. 이에 8월 11일 주공부대인 B중대는 58진지에 대한 양공과 동시에 제2대대장의 작전지휘 아래 122고지에 대한 기습을 감행했다. 적은 예상치 못한 공격으로 분산되었으며, 공격 선두 1개 소대가 적의 경미한 저항을 제압하면서 고지정상으로 돌진하고, 다른 1개 소대가 고지 우측 기슭의 적과 격돌 끝에 격퇴했다.

이때 사단은 벙커고지의 효율적인 방어를 위해 1개 정찰소대를 122고지 서남쪽 1Km 지점에 위치한 124고지에 배치하고 사단 보충대 전 병력을 제1연대 지역에 투입했다. 8월 13일 자정 무렵 적의 공격이 재개되어 벙커고지 동측 제2대대 F중대의 전초와 주저항선에서도 격전이 전개되었다. 해병들은 박격포 등의 지원을 받으며 주저항선을 돌파하려는 적의 공격을 진전에서 물리치면서 끝내 진지를 확보했다.

한편 01:30 무렵 또 다른 1개 대대 규모의 적이 벙커고지 서남쪽 경사지에 위치한 제1연대 제3대대 I중대 진지에 포격을 가한 다음 공격을 감행했다. 중대는 우일선과 중앙에서 치열한 접전을 전개하였지만 시간이 갈수록 불리해져 갔다. 날이 저물자 적은 판문점 동쪽 700m 지점의 제3대대 좌일선 전초진지와 벙커고지에 대해 공격을 재개했다. H중대는 협조된 저지사격으로 증강된 1개 중대 규모의 적을 저지했다. 적은 곧 122고지 동쪽으로 우회공격을 시도하였으나 대대의 적절한 탄막 및 조명탄 사격에 이은 공격으로 대부분 포착 섬멸되었다.

다음날 미명 적은 아군의 방어망을 돌파하고자 집요하게 공격을 계속하였으나 강력한 화력에 밀려 04:00 무렵 완전히 격퇴되었다. 8월 16일 자정 무렵 적은 다시 1개 대대 규모로 122고지 북쪽으로부터 협공을 시도하였으나, 미 해병은 03:15까지 백병전을 전개하는 치열한 전투 끝에 마침내 적을 격퇴하는데 성공했다.

5) 혼비고지 전투

미 해병 제1사단이 판문점 동남방 임진강 유역에서 전투를 벌이고 있을 때 사단의 좌일선 사천강에서는 국군 해병 제1연대가 지난 4월에 이어 재차 격전을 벌였다. 사천강을 사이에 두고 국군 해병 제1연대는 중공군 제65군 제194사단과 대치하였는데, 중공군은 천덕산(203고지)을 경계로 삼아 제194사단(제582연대)을 아군 우일선 대대 정면에, 제195사단(제584연대)을 아군 좌일선 대대 정면에 배치하고 있었다.

해병 제1연대가 점령하고 있는 사천강 동쪽은 155고지를 제외하고 모두

표고 50m 미만의 구릉과 전답으로 된 개활지이며 배후에 임진강을 두고 있었다. 적이 점령한 사천강 서안일대는 여니산(241고지)–김장산(278고지)–천덕산(203고지)–덕물산(288고지) 등의 횡격실 고지군으로 되어 있었다. 따라서 지형상 아군은 적의 감제 하에 놓여 있게 되었다.

9월 6일 18:00에 중공군은 포격을 집중하면서 대대 규모가 사천강을 도하하여 마산동 전초진지를 포위했다. 적의 일부가 교통호까지 돌입하자 피·아간에는 수류탄 투척에 이어 총검의 백병전이 전개되었다. 중대장의 요청으로 진내사격이 개시된 후 해병들이 일제히 돌격하여 적을 격퇴했다.

해병연대는 적이 양개 전초진지를 점령하지 못하고 퇴각하려는 기색이 보이자 역습을 실시토록 했다. 역습부대는 잔류부대와 함께 잔적을 소탕하는 한편 36고지 전방까지 진출하여 사천강 일대로 분산 퇴각하는 적에게 위협사격을 가했다. 이후 이 고지는 적을 혼비백산시켰다하여 '혼비고지'라 불렸다.

적은 그 후 치밀한 계획을 수립하고 주간에 기만전까지 벌이면서 9월 19일 18:00에 다시 대대 규모의 병력으로 파상공격을 감행했다. 혼비고지에는 또 한 번의 VT탄 진내사격이 실시되었으며 진지를 점령하고 있던 적은 많은 손실을 입고 분산되었다. 그러나 잠시 후 적은 포기하지 않고 다시 병력을 증원시켜 진내 벙커를 파괴하면서 공격했다. 해병은 8시간 이상의 치열한 전투 끝에 결국 역부족으로 진지를 적에게 내어주고 말았다.

이때 전폭기가 2차에 걸쳐 적의 진지와 도하지점에 네이팜탄과 VT탄을 작열시켜 적의 증원부대를 차단하고 포진지를 침묵시켰다. 공격부대는 14:00에 진지의 철조망을 넘어 마침내 혼비고지를 재탈환했다. 해병연대는 사천강의 전초진지를 확보하여 사단 주저항선을 위협하려던 적의 기도를 끝내 좌절시켰다.

이후에도 연대는 10월 초부터 2차에 걸친 적의 대공세를 물리쳤다.

국군 해병 제1연대가 점령하고 있는 장단지역은 임진강 북안에서 개성-서울 간 1번국도의 방어에 요지일 뿐만 아니라 휴전 시 접촉선을 군사분계선으로 정하도록 되어 있어 아군으로서는 수도권의 방어에 전초가 되었다.

6) 불모고지 부근 전투

1952년 7월 미 제2사단의 전초진지인 불모고지(266고지)-포크찹고지(255고지)-에리고지(191고지)에서는 매일 공방전이 되풀이되고 있었다. 특히 불모고지는 역곡천 바로 남안의 주요 감제고지로 북·서·남쪽의 삼면을 모두 통제할 수 있어 피·아 모두에게 중요했다. 중공군 제38군은 제113사단 제338·제339연대와 제117사단 제349·제350연대 및 제115사단 제344연대를 주진지에 배치하고 나머지 연대 및 제116사단을 예비로 둔 가운데 포병 10개 대대 이상의 지원을 받고 있었다.

적은 아군의 부대교대를 틈타 7월 17일 야간 공격을 개시했다. 적은 대규모 공격준비사격을 실시한 후 제23연대 전초진지인 불모고지에 접근했다. 이에 제23연대는 불모고지의 적에 대한 대대적인 반격을 계획, 제3대대 K중대가 전차의 지원 하에 E·F중대와 합세하여 반격을 개시하였으나 이 또한 적의 집중적인 포화를 받아 실패하고 말았다. 연대는 이날 야간에 다시 1개 대대 규모의 공격부대를 편성하여 재반격을 개시하였으나 역시 진출이 지연되었으며 설상가상으로 비까지 내려 더 이상 공격할 수 없었다.

다음날 아침부터 대대는 I·L중대로 공격을 재개하여 몇 차례 반격을 실시하였으나 마찬가지로 적의 집중포화를 받아 많은 병력손실을 입은 채 실패했다. 이날 제2사단 제38연대 제1·제2대대가 인천에서 전곡 일대로 집결함으로써 최종적으로 제45사단과의 진지교대를 완료했다.

제23연대는 불모고지 탈환을 위해 계속 반격을 시도하지 않을 수 없었으나, 연일 계속되는 강우로 인하여 도로·교량이 유실되어 병력 일부가 고지 동남쪽 일부를 차지한 채로 비가 그치기를 기다렸다. 그 사이 공격부대로 선정된 제1대대가 1주일간 계속되는 우중에도 불구하고 리틀 조(Little Joe)라고 명명된 반격작전 훈련(예행연습)에 주력했다.

마침내 7월 31일 22:00에 비가 개이자 제1대대는 공격을 개시했다. A·C중대는 병진하여 목표로 진격했다. 양 중대는 적의 포격이 집중되는 가운데 고지 양면으로부터 적의 방어진을 압축했다. 다음날 04:25에

전투 후 진지를 재정비하고 있는 미 제2사단 장병들. ⓒ 국사편찬위원회

양 중대는 고지 정상까지 약진하여 수류탄을 투척하고 백병전을 전개하여 마침내 적을 격멸하고 09:10에 정상에서 합세함으로써 10여일 만에 다시 불모고지를 탈환하는데 성공했다.

연대는 적의 역습에 대비하여 주간 동안 항공지원 아래 참호작업과 지뢰

매설, 그리고 통신망 가설에 주력했다. 이후 미 제2사단은 간헐적인 적의 공격을 격퇴하고 소규모 수색·정찰전을 전개하면서 불모고지를 방어했다.

7) 임진강 부근 전투

국군 제1사단은 1952년 10월 1일 군단예비에서 군단의 중앙 미 제3사단의 작전임무를 인수하여 좌로는 영연방사단, 우로는 미 제2사단과 병행하여 임진강 동서안과 역곡천 남안을 연한 주저항선을 방어하게 되었다. 사단은 신촌-264고지-고작동-양지촌을 연한 선에 주진지를 확보하고 텟시고지-닉키고-소^小노리고지-199고지-250고지-168고지 일대의 전초진지를 점령했다.

당시 제15연대는 취약한 전초진지인 텟시고지와 닉키고지에 대한 적의 공격에 대비하여 준비를 갖추면서 진지를 보강하고 있었다. 정면의 적은 중공군 제39군 제116사단으로 부대원의 대부분이 국부군 투항병으로 편성되어 있었다.

사단이 교대한 지 6일째인 10월 6일 중공군 제116사단은 사단 작전지역에 맹렬한 포격을 가한 후 19:55경 제348연대가 예비대인 제2대로 국군 제15연대 제3대대 전초고지인 텟시고지와 닉키고지를 공격했다. 제3대대장은 병력을 증원 받아 역습을 전개하였으나 적의 수류탄 투척과 강력한 저항으로 공격에 실패하고, 다음날^(8일) 미명에 포병·전차·항공의 지원 아래 다시 역습에 나섰으나 이마저도 성공하지 못했다.

국군 제1사단장은 그 동안의 탈환전이 거듭 무위로 끝나게 되자 다시 사단 예비인 제11연대 제3대대를 제15연대에 배속하여 집중적인 역습을 감행토록 명령했다. 제15연대장은 기필코 닉키와 텟시고지를 탈환키로 결의하고 일부

부대로 포병의 집중 지원 아래 텟시고지로 양공을 전개하고 주력으로 닉키고지를 공격했다. 주력부대는 F-80전폭기의 공중공격과 포병의 제압사격에 뒤이어 미 제72전차대대 A중대의 지원을 받아 돌격을 재개했다. 그러나 6차례의 역습에도 불구하고 목표를 점령하지 못했다.

이때 사단을 방문하여 전투상황을 보고 받은 군단장으로부터 "일단 역습을 중지하고 현재의 진지를 확보하라."는 명령을 받고 현진출선에서 전초진지를 재편하기에 이르렀다. 제15연대는 3일간의 혈전에도 불구하고 전초진지인 텟시와 닉키고지를 잃은 상황에서 그 남쪽 약 500m지점의 105고지-베티고지를 연한 선에 전초진지를 새로이 편성했다.

11월에 접어들어 다시 좌전방 방어를 맡은 제15연대는 105고지-베티고지-소노리고지를 연하는 선에 전투전초를 설치하고 정찰을 활발하게 전개했다. 특히 소노리고지는 배수의 진에 3면이 적에게 노출되는 취약성을 안고 있었다. 12월 11일 01:00에 적은 소강상태를 깨고 제15연대 방어전면으로 공격을 재개했다. 이때 제3대대는 베티고지를 고수하였으나 소노리고지를 상실하게 되었다. 대대는 소노리고리로 수차례 역습을 시도하였으나 실패했다.

노리고지와 임진강. ⓒ 국방부 군사편찬연구소, 『6·25전쟁사』, 391쪽.

제1사단장은 사단예비인 제11연대를 투입하여 고지를 탈환하도록 했다. 공격임무를 맡은 제3대대장은 사단장과 미 제1군단장의 배석 하에 계획을 보고했다. 협소한 공간에 대규모 부대투입은 회피하고 그 북쪽 대노리고지를 확보하겠다는 것이었다. 대대는 12일 오후 12개 포병대대와 유엔 공군의 B-26폭격기 6대의 지원을 받고 공격을 개시했다. 대대는 일시 대노리고지를 확보하였으나, 적의 역습을 받아 다시 물러났다.

다음날 대대는 계속하여 공격을 재개했다. 전폭기 편대가 40분간에 걸쳐 적에게 집중폭격을 가하였으며, 뒤이어 약 100문에 달하는 포병의 공격준비사격이 실시되었다. 이때 대대는 가까스로 소노리고지를 확보하였으나, 대노리고지 공격은 실패했다. 결국 사단은 대노리고지를 포기하고 혈전 끝에 탈환한 소노리고지에 대한 방어태세를 강화했다.

2. 정전협정 조인과 경기도

1) 정전협정 조인

유엔군사령관 클라크(Mark W. Clark) 장군은 1953년 7월 유엔군 측이 공산군 측의 석방 포로 재수감 요구, 한국의 태도에 대한 확실한 보증 요구 등을 더 이상 받아들이지 않을 것이라고 결정하고, 성명을 발표하면서 공산군 측의 휴전회담 휴회 제의에 동의했다. 그리하여 조인식은 휴전회담 수석대표들 간에서 거행하기로 합의되었으며, 쌍방의 군사지휘관들의 서명은 그 후에 받기로 결정되었다. 조인 시각은 7월 27일 오전 10시 정각으로 하되 발효는 이날 22:00로 결정되었다.

7월 27일 09:57에 본회의를 주관하던 대표들이 냉담한 분위기 가운데 입장하여 전열에 착석했다. 해리슨 장군과 남일은 서로 반대 측에서 들어와 자리에 앉았다. 두 사람은 조인 문서에 서명하기 시작하면서도 상호간에 인사말 한마디 교환하지 않았다. 10:12에 조인을 마치고 해리슨은 헬리콥터를 타고 문산리로 출발하였으며, 남일과 그 일행은 소련제 지프차에 분승한 후 그 지역에서 떠나갔다.

휴전 조인 몇 시간 후 클라크 장군은 문산리에서 테일러 장군, 극동해군사령관 클라크 제독과 공군사령관 웨이랜드 장군이 참석한 가운데 정전협정문에 서명했다. 클라크 장군은 오후 문산리에서 고위 군사고문관들과 국군 대표들이 참석한 가운데 이번의 휴전 조인이 정치적 해결책을 모색하는 동안 전투를 중지하려는 군사협정에 불과하다는 사실을 강조했다. 휴전 조인 직후 정각 22:00가 되자 한국 전역에 걸쳐 포성이 멎고 마침내 열전은 종막을 고하게 되었다. 공산군 측도 북한의 김일성이 27일 오후 10:00에 평양에서 서명하고 중공군의 펑더화이가 다음날(28일) 오전 09:30에 개성에서 서명함으로써 휴전 조인 절차는 모두 끝나게 되었다.

2) 포로 송환

정전협정 조인 후 포로송환이 1953년 8월 5일 09:00부터 판문점에서 중립국송환위원회(NNRC)의 감독 하에 실시되었다. 첫날 유엔군 측에서는 국군과 유엔군 수뇌부 그리고 수많은 장병들이 판문점에 나와 있었다. 최초 유엔군 측 포로들이 2대의 앰뷸런스와 4대의 트럭에 실려 판문점에 도착하자, 양측의 실무 장교들이 송환될 포로명단을 교환했다. 이날(8월 5일) 정오까지 네 차례에 걸쳐 국군 포로 250명과 유엔군 포로(미군 포로 70명 포함) 150명 등 총 400명이 남쪽으로 귀환했다. 이날 유엔군 측도 2,758명의 공산군(북한군 포로 2,158명과 중공군 포로 600명) 포로들을 북쪽으로 보냈다.

한편 포로송환 첫날(8월 5일), 문산리에 위치한 유엔군 측 포로인수본부에서는 한미상호방위조약 체결을 앞두고 한국을 방문한 미국의 덜레스(John F. Dulles) 국무장관과 수행원들이 자유의 품안으로 돌아오는 유엔군 측 포로들을 환영했다. 유엔군 측이 수용하고 있던 병들거나 부상당한 포로와 여자포로들은 8월 5일부터 15일까지 한 번에 120명씩, 매일 3회에 걸쳐 공산군 측으로 보내졌다. 이후 유엔군 측은 매일 약 2,400명의 포로들을 판문점으로 수송하여 공산군 측에게 넘겨주었고, 공산군 측도 그들이 억류하고 있던 유엔군 측 포로들을 매일 약 400명씩 남쪽으로 보냈다.

3) 송환불원포로 처리

유엔군 측과 공산군 측은 9월부터 송환불원포로들의 포로수용시설 및 설득장소 설치, 그리고 포로이송 업무를 시작했다. 유엔군이 수용하고 있던 공산군의 포로수용소는 장단역 인근에 설치되었고, 공산군이 억류하고 있던 유엔군 포로수용소는 판문점 인근에 설치되었다. 이를 감독할 중립국송환위원회(NNRC)는 판문점 남쪽에 설치했고, 포로들을 설득할 장소는 장단역 북쪽의 군사분계선상에 설치했다.

중립국송환위원회는 9월 9일 첫 회합을 갖고 향후 문제를 논의했다. 유엔군 측은 다음날인 9월 10일부터 송환불원포로들을 인계하기 시작한 이후, 9월 23일까지 총 2만 2,604명의 송환불원포로들을 인도군에 넘겼다. 공산군 측은

24일까지 359명을 인도군에 넘겨주었다. 이때부터 이들 포로들은 인도군의 관리를 받는 제2의 포로생활을 시작했다.

인도군은 시간이 지남에 따라 친공적인 성향을 보이기 시작했다. 인도군의 친공적인 언행이 노출되어 송환불원포로들의 분노를 자아냈다. 이 과정에서 인도군의 총탄에 반공포로가 사살되는 불상사가 초래되기도 했다.

인도의 결정에 따라 2만 1,000여 명의 반공포로들이 1954년 1월 20일부터 21일까지 이틀간에 걸쳐 중립지대의 포로수용소로부터 유엔군 측에 인도되어 23일 오전 0시를 기해 민간인의 자격으로 복귀하게 되었다. 1월 23일에는 한국과 자유중국(대만), 그리고 유엔군 관계관의 참석 하에 반공포로 인수식이 정식으로 거행되었다.

대한민국을 선택한 반공포로들은 1954년 1월 20일 10:33에 비무장지대의 남방한계선을 넘어오기 시작했다. 이때 반공포로들은 국군과 유엔군사령부의 수뇌들로부터 열렬한 환영을 받았다. 그들이 탄 첫 열차는 12:14에 자유의 다리를 출발한 후 그 다음날(21일)인 02:25에 마지막 열차가 대전에 도착함으로써 끝났다. 자유중국(대만)으로 돌아가는 반공포로들을 수송하기 위해 15척의 LST가 투입되었다. LST를 호송하기 위해 4척의 구축함이 동원되었고, 경비를 위해 미 해병 제3사단 제4연대가 군함에 탑승했다. 중국인 반공포로는 인천에서 대만으로 송환되었다.

한편 송환불원포로에 대한 업무가 종결됨에 따라 인도군(5,500명)은 1954년 2월 7일부터 철수를 개시했다. 인도군의 최종 부대는 2월 23일, 인천항을 출발함으로써 한국에서 철수를 완료했다. 또한 포로송환임무를 위해 설치된 중립국송환위원회(NNRC)도 2월 16일에 해산되었다.

4) 실향민의 귀향

1953년 12월 11일, 실향민귀향협조위원회가 판문점에서 첫 회합을 갖고 실향민 처리에 대한 업무를 시작했다. 교전 양측은 실향민을 자유의사에 따라서 상호 교환하도록 규정했다. 실향민 문제는 대한민국 정부 입장에서는 중요한 사안이었다. 왜냐하면 전쟁 중 공산군 측에 납치당한 애국인사만 해도 정부에서 밝힌 바와 같이 8만 4,523명에 달했다. 따라서 교환에 대한 움직임이 구체화되자 피랍인사의 가족은 물론이고 온 국민이 이에 주목하게 되었다.

실향민 문제를 협의하기 위해서 1953년 12월 11일, 실향민귀향협조위원회가 판문점에서 첫 회합을 가졌다. 이때 양측은 교환지점, 시간, 동반 가족범위, 그리고 소지품 휴대 허용 문제에 대해 합의를 보았으나, 가장 중요한 교환인원에 대해서는 합의를 보지 못했다. 유엔군 측이 1일 500명을 주장한 반면, 공산군 측은 1일 100명을 주장했다.

결국 12월 29일에 열린 제2차 회합에서 유엔군 측이 교환인원을 양보하게 됨에 따라 양측은 1일 100명씩 교환하기로 합의했다. 이로써 1954년 3월 1일부터 실향민 귀향문제에 합의를 보게 되었다. 양측이 실향민 교환에 합의를 보게되자, 정부에서도 이에 대한 구체적인 대책을 마련했다. 정부에서는 실향민 신고기간을 1954년 1월 5일부터 2월 17일까지로 설정하고, 이를 국민들에게 공지했다.

한편 북한은 1954년 2월 15일, 북한 내에 남한으로 가기를 원하는 피난민이 1명도 없다고 방송했다. 북한의 발표가 있은 지 3일 후인 2월 18일, 유엔군 측은 남한에서 등록을 마친 30여 명의 명단을 공산군 측에 제시했다. 이때 공산군 측은 남한으로 귀향을 희망하는 한국인은 1명도 없고, 다만 외국인 10여 명이 귀향을 희망한다고 통고해 왔다.

공산군 측은 3월 1일, 그들이 통고한 바와 같이 한국인을 제외한 외국인 19명(터키인 11명, 백러시아인 8명)을 유엔군 측에 인도했다. 유엔군 측은 다음날인 3월 2일, 37명의 한국인을 공산군 측에 인도했다. 최초 접수한 귀향인원은 39명이었으나 교환직전에 남파간첩으로 판명된 2명이 한국 수사당국에 의해 체포됨에 따라 제외되었다.

공산군 측은 실향민은 물론이고 납북인사들조차 돌려보내지 않고 억류함으로써 자유세계에 실망과 분노를 안겨 주었다. 그들은 실향민들에게 귀향할 수 있는 권리가 부여되었음을 충분히 알리지 않았고, 귀향을 원하는 사람들에게도 자유의사 표시를 보장하지 않았다. 결국 실향민 문제는 유엔군 측에게 또 다시 희망을 실망으로 안겨 주었다.

3. 경기도의 전쟁 피해와 전후 복구

전쟁은 모든 것을 파괴하였고 모든 사람에게 고통을 주었다. 많은 수의 경기도민들이 죽거나 부상을 당하였고 가장을 잃은 가족들은 당장 호구지책을 마련하기가 어려웠다. 그리고 산업시설이 파괴되어 실업자가 대량으로 발생했다. 학생들은 여러 사정으로 학업을 중단하기도 했다. 어지러운 사회분위기 속에서 사람들은 절제력을 상실하기도 했다.

경기도는 전쟁기간 다른 도보다 훨씬 많은 피해를 입어 12만 8,740명의 민간인 인명피해와 2,071만 1,469채의 건물이 파괴되거나 피해를 보았으며, 자산 및 시설피해도 4억여 원에 달했다. 우리나라 최대의 경공업지대였던 경인공업지역은 전화로 인해 대부분 파괴되었고, 이로 인해 이 지역 경제는 완전히 붕괴되었다. 또한 분단의 고착화는 접경지역의 경제를 극히 위축시켰을 뿐만 아니라 지역 간의 교류가 불가능하게 되어 유통 기반도 심각하게 파괴되었다. 이렇게 피해가 컸던 것은 북한군 주력 공격선이 모두 경기도를 통과했고 두 차례에 걸친 양군의 진격과 후퇴로 거듭되는 전쟁의 추이와 관계가 있었다. 또한 1951년 이후 정전협정이 체결될 때까지 경기도에서 많은 진지전과 고지전이 반복되었기 때문이었다.

경기도민은 전재민과 피난민도 다수 발생하여 기아와 질병 속에 많은 고초를 겪어야 했다. 인천상륙과 수복으로 대부분의 피난민들이 원거주지로 복귀하였으나 곧 이은 중공군의 개입과 1·4후퇴로 다시 경기지역 상당지역은 전장이 되었다. 경기 남부지역은 피난민들의 왕복통로 내지 집결지가 되면서 고통이 가중되었다.

전쟁 이후 경기 지역은 집과 생업을 잃어버린 전재민들과 10만 명에 달하는 피난민들로 식량, 의복, 주거 등 많은 어려움이 있었다. 피난민들은 주로 인천과 같은 도시 또는 교통이 발달한 지역에 정착하였지만 농촌지역에도 상당수가 정착했다. 경기도 내 각 군에서는 우선 난민수용소를 설치하여 이들을 수용한 뒤, 도내 유휴지와 간석지 등을 최대한 개발 이용하게 했다. 경기도는 피난민 정착사업을 전개하여 귀향불능 피난농민 정착개간 및 염전사업장을 확대하였으며, 전재를 당한 노인과 어린이들에 대해 다양한 기관과 사업가들로부터 지원을 받아 응급구호에 전력했다. 경기도는 구호대를 조직하여 식량배급과 의료 등 구호에 노력했다. 난민에 대한 응급조치가 끝나고 정국도 조금씩 안정되어 가자 원주민에 대한 주택건설도 시작되었다. 운크라에서 무상원조로 보내 온 자재로 후생주택이라는 이름의 주택을 건설했다. 이밖에도 주민 스스로의 힘에 의해 주택을 복구하려는 노력이 시작되어 큰 성과가 있었다. 경기도는 1953~54년 총 4,700여 호를 건축하여 재해주민에게 제공했다. 1955년 7월 현재 경기도 전체 전재호수 9만 5,000여 호 가운데 36%가 자력으로 복귀한 것으로 집계되었다.

경기도는 휴전선 북방에 위치한 개성, 개풍, 장단, 옹진, 연백군 출신 피난민을 포함하여 여러 사정으로 복귀가 불가능한 피난민을 위한 항구적인 생활대책을 마련하기 시작했다. 경기도 내에 모두 57곳의 정착촌을 건설하고, 이들 정착민에게 정착이 가능하도록 지원했다. 또한 경기도 내에 운영되던 급식소가 10여 개소가 설치되어 1만 2,000명에게 급식을 제공했으며, 이후 점차 안정화됨에 따라 그 숫자가 감소하여 수원을 비롯하여 인천, 교동, 백령도 등 네 곳만 운영되었다. 경기도 곳곳에는 자력 또는 국가의 지원으로 주택, 점포, 공장, 사무실 등이 복구되었다. 도로마다 가로수가 심어졌고 농촌에는 영농개선에 열중하고 수리시설을 확충했다. 도시에서는 녹화운동에 호응하여 구공탄과 토탄을 연료로 하는 가구가 점차 증가했다. 전기사정도 좋아져 전쟁 이전을 능가하였으며 공장 생산량도 날로 증가되었다.

한편 동두천을 비롯한 경기도 여러 지역에는 주한미군이 집중적으로 배치되어, 미군에 의한 토지·건물 강제수용 및 기지시설 사용상의 특혜, 미군 주둔으로 인한 개발제한 등이 지역의 균형적 발전을 저해하는 한편 환경오염 문제 등을 야기하기도 했다.

4. 전쟁 속의 영웅 : 경기도를 지켜 낸 사람들

1) 권동찬 중령

1950년 11월 7일 제2사단 32연대장에 임명된 권동찬 중령은 신편연대의 교육 훈련을 실시함과 아울러 공산군 패잔병에 대한 소탕전을 전개했다. 그러나 제 3군단사령부가 12월 13일을 전후하여 양평에 도착하자 작전을 일단 종결하고 군단장 이형근 소장의 명령에 의거 가평 북쪽에 배치되어 주저항선을 구축했 다. 당시 제2사단은 명지산 북쪽의 고지군에 배치되어 있었다.

12월 31일 자정이 지나면서 제2사단과 제5사단은 중공군의 집중적인 공 격을 받기 시작했다. 특히 제2사단의 좌전방 만세교리 동쪽에 배치되었던 제17 연대와 우전방 화악산 일대에 배치되었던 권동찬 중령의 제32연대는 가평 북 방 38B 방어진지에서 방어임무를 수행하던 중 막대한 병력과 중화기로 무장한 중공군의 정면공격을 받고 치열한 전투를 전개했다. 그러나 주저항선이 돌파되 어 철수를 개시하던 중 좌우인접 사단과의 전투지경선 부근으로 침투한 적에 의해 퇴로가 차단되어 부득이 분산철수를 할 수밖에 없었다.

이에 사단장은 즉시 예비인 제31연대를 가평 북쪽의 목동리로 진출 중인 적을 차단하도록 투입하였으나 이후 연대와 사단은 물론 사단과 군단 간에도 지휘통신이 마비되어 상황파악이 불가능하게 되었다.

한편 전투과정에서 제32연대장은 가평군 북면 도대리의 한 민가에 설치 된 제3대대 CP에서 진두지휘했다. 그러던 중 적군에게 포위되어 통신망이 단절 되고 실탄과 보급품의 부족으로 사면초가에 몰린 연대장은 퇴로를 확보하기로 결심하고 "우리에게는 아직도 체온이 남아있고 총검이 있지 않느냐. 우리는 우

를 배치하여 강력한 방어진지를 구축했다. 제2연대는 홍천강 일대에 전진 배치하여 적의 공세에 대비했다.

중공군이 19일 20시에 총공격을 개시함에 따라 제1대대는 나산에서, 제3대대는 353고지에서, 제2대대는 427고지에서 전면방어진지를 구축하고 접근해 오는 적과 백병전을 전개하면서 방어에 성공했다. 이날 밤 미 제8군사령관으로부터 문산-포천-춘천 선으로 진격하라는 명령이 하달되자 사단장은 주저항선을 방어중인 제7연대와 제19연대로 20일 05:00를 기해 공격을 개시했다.

북한강 남안에서 제2연대를 포위하고 있던 적은 전혀 예상하지 못한 사단의 기습을 받고 퇴로 차단을 우려하여 강 북안으로 철수를 시작했다. 아군은 제2연대와 연결한 후 적의 추격에 나섰다. 중부전선의 요충인 용문산 탈취를 위해 3개 사단이 5일 동안 공세를 펼친 중공군은 제6사단 전 장병의 용전분투와 항공 및 포병화력에 치명적인 손실을 입고 북으로 철수하였으며, 제6사단은 사창리에서 실추된 명예를 회복할 수 있었다.

이후 사단은 패주하는 적에게 시간 여유를 주지 않고 완전히 섬멸하기 위해 5월 24일 공격을 재개, 제7연대와 제2연대는 각각 청평강과 홍천강을 도하하여 가평으로 진격했다. 이로써 제6사단은 청평강-홍천강선에서부터 38선까지 공격하는 전투에서 적 추정사살 2만 명, 포로 3,200명과 막대한 장비 및 전리품을 노획하는 대전과를 올렸다.

5) 김만술 소위

휴전협정 체결을 목전에 둔 1953년 7월은 전 전선에서 치열한 고지쟁탈전이 전개되고 있었다. 경기도 연천군 임진강 북쪽에 위치한 베티(Betty)고지는 제1

사단의 전초기지로 최대의 전략적 요충지였다. 1953년 7월 15일 소대원 35명과 함께 베티고지를 지키고 있던 제1사단 11연대 2대대 6중대 2소대장 김만술 소위는 야음을 이용하여 인해전술로 공격해오는 중공군 제1군 예하 제1사단 2개 대대 규모의 적을 맞아 5차례의 공방전을 벌이면서 13시간 동안 치열한 혈전을 전개했다.

이 전투에서 그는 죽음을 각오하고 포병의 진내사격을 요청하여 적을 제압하는 한편 선두에서 육탄전을 벌여 적 314명을 사살하고 450명을 부상시키는 전공을 거둠으로써 미국 십자훈장에 이어 1954년 7월 6일 국군 최고의 영예인 금성태극무공훈장(훈기번호 제188호)을 수여받았다.

중공군 제19병단 예하 제1군 제1사단은 7월 13일 임진강 서안 고양대 부근의 국군 제1사단 11연대 전초인 베티(Betty)고지를 공격했다. 이 고지는 중대 규모로 설정된 전초진지이나 고지를 유지함에 있어 상대적으로 병력의 손실을 줄일 수 있도록 제1사단 11연대 2대대장은 제7중대 1개 소대만을 잔류시키고 나머지는 철수시켰다.

그러나 7월 13일부터 15일까지 적의 공격을 받은 제7중대 1소대는 많은 피해를 받아 전력이 반 이하로 감소되어 더 이상 버틸 능력이 없는 것으로 판단되어 제6중대 2소대장인 김만술 소위에게 진지교대 명령이 하달되었다. 제2소대는 이미 서봉을 장악한 적과 교전하며 진지를 보수하고 경계를 강화하던 중 야간이 되자 대대규모의 적으로부터 공격을 받았다. 제2소대는 유개호에 의지하여 진내사격을 요청해가며 백병전을 전개한 끝에 적의 파상적인 공격을 격퇴하고 이 전초를 고수했다.

특무상사에서 육군소위로 현지임관 한 김만술 소위는 7월 15일 12:30에 제2소대원 34명을 이끌고 베티고지를 향해 적의 포격이 빗발치는 임진강을 단정으로 도하했다. 제1사단 주 전선에서 가장 북쪽에 위치한 베티고지는 적의 제일 공격목표가 되어 있었다.

중과부적으로 전세가 불리함을 판단한 김 소위는 소대원을 유개호 속으로 대피시키고 진내사격을 요청했다. 김만술 소대는 베티고지 전투에서 적의 공격을 수차례의 사투 끝에 격퇴하고 진지를 사수하였지만 소대원 역시 많은 인명 피해를 입게 되었다. 소대장을 포함한 총 35명의 소대원 중 생환자는 경상자를 포함한 12명에 불과했다.

6) 김석범 대령

해병 제1연대장으로 부임한 김석범 대령은 1952년 9월 5일부터 20일까지 서부 전선 사천강 부근의 전진진지인 일명 혼비고지에서 전투를 전개하여 임진강선으로 진출하려는 적의 기도를 분쇄했다. 인해전술과 포격으로 사천강의 교두보 역할을 하는 전진진지를 점령하여 주저항선을 위협하려던 적의 기도는 해병 제1연대가 36전진진지를 재 확보함으로써 끝내 좌절되고 많은 병력의 손실만 입게 되었다. 이 전투의 승리로 임진강 북안에서 개성-서울 1번 국도의 방어요지이자 수도권 방어의 전초인 장단지역을 고수하게 되었고, 임진강 이남으로 진출하려던 적의 기도는 수포로 돌아갔다.

김석범 연대장은 전방지휘소를 파주군 임진면의 벌판말에 두고 2개 대대를 전방에, 1개 대대를 예비로 하여 연대본부와 '자유의 다리' 일대를 정찰하여 측후방을 경계했다. 사천강을 사이에 두고 해병 제1연대와 대치한 적은 중공군 제65군으로서 천덕산을 경계로 삼아 제194사단을 배치하고 있었다.

9월 6일 18시 중공군 제582연대 2대대의 증강된 1개 중대가 기습적으로 사천강을 도하하여 적진으로부터 1km, 연대 주저항선에서 2.5km 떨어져 있는 제10중대 전초진지를 포위했다. 적이 혼비고지 진지를 포위하자 중대장은 도섭지점에 배치된 잠복정찰조를 철수시켜 사주방어로 진지를 고수하는 한편 진내사격을 요청하였다. 잠시 후 전초진지 상에 VT탄의 탄우가 집중되자 진내를 장악하려던 적은 순식간에 많은 사상자를 내고 산개하기 시작하였고, 이 때 지하호 속에 대기하고 있던 해병들이 일제히 돌격을 감행하여 적을 격퇴했다. 적은 여러 차례에 걸친 파상공격에도 36진지를 점령하지 못하였다.

9월 19일 18시 중공군은 대대 규모의 병력으로 공격을 재개했다. 이에 김석범 연대장은 제3대대에 접근중인 적에게 일제사격을 실시토록 했다. 그러나 처참한 백병전이후 수차례 파상공격을 받아 결국 진지를 내어주고 말았다. 결국 진지에는 VT탄 진내사격이 실시되어 진지를 점령했던 적은 많은 손실을 입고 분산되었다. 이후에도 수차례 이와 비슷한 양상의 전투가 반복되었으나, 김석범 연대장은 마지막까지 전초진지를 고수하여 적의 기도를 끝내 좌절시켰다.

2부

전쟁 속 경기도민의
삶과 사회변동

01
피난 및 구호, 동원, 희생

1. 피난 및 구호 활동

1) 제1차 피난 및 구호활동

짐 보따리를 이고 진 수많은 피난민 행렬은 전쟁의 비극을 가장 잘 보여주는 한 장면이다. 약 3년간의 전쟁 동안 자의적이든 강제적이든 삶의 터전을 등지고 남북을 오고간 수많은 피난민 행렬은 처절한 전쟁의 아픔을 안고서 빛바랜 사진으로 오늘날까지 전해져 오고 있다. 전쟁의 형태를 두고서 '톱질전쟁'이라 부를 만큼 전선의 이동이 빈번했던 특성상 6·25전쟁 기간의 피난민 숫자는 상상을 초월하여 대략 600만 명 이상으로 추산되고 있다.

전쟁 기간 남북한 주민들은 크게 2차례의 피난을 경험했다. 우선 전쟁이 발발하면서 북한군이 남쪽으로 진격함에 따라 38선 인근 주민과 서울·경기 지역의 주민들이 대거 대구와 부산 등을 향해 이동했다. 그리고 이후 1950년 10월 19일 중공군의 참전으로 유엔군이 수세에 몰리면서 많은 북한 주민들이 월남하고, '1·4후퇴'로 서울과 그 이남 지역의 주민들이 대규모로 피난하게 되었다. 전쟁 발발과 함께 시작된 피난을 '제1차 피난'이라 하고, 중공군 참전으로 북한지역과 서울·경기·충청지역 주민의 대규모 피난을 '제2차 피난'이라 한다.

전쟁 발발 직후 제1차 피난민들은 서울을 비롯한 38선 이남의 주민들이 대부분이었다. 그 숫자는 약 150만 명으로 추산되었다. 이들은 고향이 수복되면 즉시 귀향할 준비가 되어 있는 사람들이었고, 실제로 그들은

남쪽으로 향하는 피난민 행렬(1951. 1. 5.)

'9·28수복'과 함께 대부분 귀향했다.

제2차 피난은 1950년 10월 중공군 참전 이후 전황이 완전히 바뀌어 유엔군이 북한지역에서 전면 철수하고 서울을 다시 공산군에게 내주는 상황에서 발생했다. 이른바 '1·4후퇴'에 따른 피난이었다. 한 차례 전쟁을 경험한 주민들은 전쟁의 참화에서 조금이나 벗어나고자 대규모의 피난행렬을 이루었다. 그 결과 서울을 비롯한 경기도와 강원도 지역의 인구가 급속히 감소했으며, 1차 피난보다 그 규모가 크게 확대되었다. 제2차 피난 시기의 피난민 규모는 자료마다 약간의 차이가 있지만 대략 480만 명으로 추산되고 있다.

피난은 1950년 6월 25일 전쟁 발발 당일부터 시작되었다. 이때 경기도에서는 파주·연천·포천 등 38선 접경지역의 주민들이 서울로 집결했다. 1950년 6월 27일자 〈자유신문〉과 〈동아일보〉는 6월 25일부터 38선 일대의 주민들 약 6,000명이 피난길에 올라 26일 서울로 집결하여 서울문리대와 동대문교회 등 56개소에 수용되었다고 보도했다. 이것이 경기도에서 최초의 피난이었다. 26일

이후에도 북한군의 남하가 계속되면서 피난민의 수는 급격히 늘어났다. 1953년 11월에 작성된 미군의 한 보고서에는 1950년 6~7월에 서울과 경기도민 약 100만 명이 피난길에 올랐다고 기록하고 있다.

　　피난민들은 도보와 열차편으로 남행길에 올랐다. 서울-시흥-과천으로 이어지는 도로는 피난민들과 군인들로 혼잡했으며, 6월 26일 오후부터 서울역의 열차운행이 중단되자 수원역이 남행열차를 타기 위한 피난민들로 북새통을 이루었다. 특히 임시수도 대전에서 전쟁을 지도하던 대통령 일행이 7월 1일 새벽에 이리-목포를 거쳐 부산으로 향하고, 정부요인들도 피난을 갔다는 소문이 퍼지면서 경기도민들의 동요가 크게 일었다.

　　많은 피난민들이 발생하면서 피난민 구호대책은 정부가 시급히 해결해야 할 문제가 되었다. 그러나 전쟁 발발 전에 피난 비상계획이나 구호 대책을 전혀 수립하고 있지 않았던 정부는 상황변화에 따른 임기응변에 치우칠 수밖에 없었다. 시간이 흐르면서 피난민의 수가 계속 증가하자 정부에서는 시급히 각 도에 수용소를 설치해 이들을 수용하고자 했다. 그 첫 번째 조치가 7월 10일 충청·전라·경상남북도 지사 앞으로 사회부, 농림부, 국방부, 내무부, 교통부, 보건부 장관명의의 〈피난민 분산에 관한 통첩〉이었다. 대전-대구-부산을 중심으로 밀집되고 있는

도로를 따라 남쪽으로 향하는 피난민(1950. 7. 7. 평택 부근).
ⓒ 국사편찬위원회

피난민들을 분산 수용하라는 것이 주요 내용이었으며, 이는 피난민들이 전투지역에 몰려 작전에 장애가 될 수 있다는 판단에 따른 것이었다.

〈피난민 분산에 관한 통첩〉에는 피난민과 관련한 정부 각 부서의 소관업무를 밝히고 있는 '피난민 분산계획 요령'을 포함하고 있었다. 이에 의하면, 사회부는 피난민 수용소시설, 피난민 증명서 교부, 인솔, 수용, 급식, 경리 등을, 농림부는 식량공급을, 국방부와 내무부는 피난민 신분조사 및 피난민 증명서 교부 협력, 인솔, 경비 등을, 교통부는 피난민 증명서 소지자에 한해 무상수송을, 보건부는 보건을 각각 담당하도록 규정했다. 그러나 행정관서와 군경의 검문과 안내에도 불구하고 피난민들 대부분은 대전-대구-부산으로 이어지는 도로를 메웠다.

이 무렵 정부에서는 피난민들에게 신분조사 후 증명서를 교부했다. 〈피난민 증명서〉로 명명된 이 증명서는 사회부에서 발급하는 것이 원칙이었지만, 도지사나 군수 등의 명의로 발급되기도 했다. 정부가 신분을 보장한다는 의미를 지닌 〈피난민 증명서〉를 지닌 피난민들만이 피난민 수용소에 수용될 수 있었다. 〈피난민 증명서〉는 1950년 7월 10일부터 교부된 것으로 현재 확인되고 있다.

피난민 구호 대책이 법률로 제정된 것은 1950년 8월에 이르러서였다. 1950년 8월 4일 법률 제145호로 공포

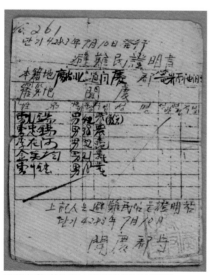

1950년 7월 7일 문경군수가 발생한 〈피난민 신분증〉
ⓒ 국립민속박물관

된 〈피난민 수용에 관한 임시조치법〉이 그것이었다. 임시조치법은 사회부장관이 귀속재산(대한민국 정부에 이양된 8·15광복 이전 일본인 소유의 재산) 중 주택·여관·요정을 비롯해 피난민 수용에 적합한 건물을 대상으로 그 관리인에게 피난민의 인원과 피난기일을 지정하여 피난민 수용을 명령할 수 있도록 규정하고 있었다. 또한 이 법에서는 피난민들의 빈약한 경제사정과 귀속재산이란 특수성을 고려해 피난민에게 임대료를 징수하지 못하게 하였고, 대신에 영업용 시설의 경우에 귀속재산의 관리인이 국가에 납부하는 임대료를 경감 또는 면제할 수 있도록 했다. 그리고 이러한 정부의 지시에 불응할 경우 귀속재산의 임대차계약을 취소할 수 있도록 했다. 나아가 정부는 1950년 9월 18일 법률 제146호 〈피난민 수용에 관한 임시조치법의 개정법률〉을 통하여 귀속재산이 아닌 주택·여관·요정 및 기타 수용에 적합한 건물의 소유자나 임차인에게도 피난민의 수용을 명령할 수 있도록 그 대상범위를 확대했다.

피난민 수용에 관한 임시조치법 (법률 제145호, 1950년 8월 4일 공포)

제1조 : 본령은 비상사태 하에 있어서 임시로 피난민을 수용 구호함을 목적으로 한다.
제2조 : 사회부장관은 귀속재산 중 주택, 여관, 요정 기타 수용에 적당한 건물의 관리인에 대한 피난민의 인원과 피난기일을 지정하여 수용을 명령할 수 있다.
제3조 : 전조(前條)의 명령을 받은 관리인은 피난민에 대하여 임대료를 징수할 수 없다.
제4조 : 피난민을 수용함으로서 영업상 지장이 있는 귀속재산의 관리인에 대하여는 관재처장이 임대료의 경감 또는 면제를 할 수 있다.
제5조 : 규정에 위반한 자는 귀속재산의 임대차계약을 취소한다.
제6조 : 본 법은 단기 4283년 8월 1일부터 시행한다.

출처 : 국방부 전사편찬위원회, 『한국전란 1년지』, 1951, C56쪽.

〈피난민 수용에 관한 임시조치법〉 원문. ⓒ 국가기록원

　피난민 관련 임시조치법이 공포된 후에 많은 피난민들이 몰려든 대구에서는 시내에 설치된 각 도·시·군 피난민 연락사무소 현황에 대한 조사를 실시했다. 1950년 8월 14일자 〈대구일보〉는 '이재동포 경북자치회'가 조사한 대구 시내의 각 도·시·군 피난민 연락사무소 현황을 발표했는데, 이에 의하면 경기도는 도道 연락소가 자유극장 2층, 인천시가 태평로 2가 대구피치공장 앞, 수원시가 시정동 3번지 대구금융조합 옆 등에 연락사무소를 설치하고 피난민들의 편의를 도모했다.

　당시 피난민들에 대한 식량배급은 피난민 수용소를 위주로 이루어졌다. 일례로 경상북도의 경우에는 피난민의 원래 주소지 시장·군수가 피난민의 명부를 작성하여 피난지 시장·군수에게 이를 제출한 후 5일마다 식량을 배급받도록 규정했다. 그리고 피난민의 원래 주소지 시·군이 직접 식량배급을 주선할 수 없을 때는 피난지 시장·군수가 직접 식량배급 업무를 취급하도록 했다. 그러나 이러한 배급방식은 피난민 수용소에 수용되어 있는 피난민들을 대상으로 하였기 때문에 그 외 산재한 많은 피난민들은 적용받지 못했다. 1950년 8

월 22일 윤영선 농림부장관의 다음과 같은 언급은 이를 잘 보여주고 있다. 그는 "현재 피난민 중 공무원과 피난민 수용소에 수용되어 있는 사람들은 식량배급을 하고 있으나 기타 피난민 약 40만 명 정도는 배급을 받지 못하고 있다. 농림부에서는 아직 수배하지 못한 일반 피난민을 군별郡別로 등록시켜 하루에 2홉씩 배급할 준비를 하고 있다."고 했다.

이렇듯 이 시기 정부로부터 식량을 배급받지 못하는 피난민이 최소한 40만 명에 이르렀다. 이는 정부의 추정치로써 그 숫자는 더욱 많았을 것으로 짐작할 수 있다. 이들에 대한 식량배급의 어려움을 정부도 시인하고 있었다. 8월 29일 이윤영 사회부장관은 "수용소에 수용되지 않은 피난민들에 대한 식량문제가 매우 곤란하며, 그럼에도 수용소와 동일하게 하기는 어렵다."는 담화를 발표하기도 했다.

1950년 8월~9월 낙동강방어선 전투가 치열하게 전개되던 시기에 피난민 구호는 광범위하지도 체계적이지도 못했다. 피난민들이 가장 많이 모여든 대구와 경북지역은 무허가 건물과 판잣집들이 밀집하고 사회범죄가 증가하는 등 전시풍조가 만연했다. 수용시설에 수용된 피난민들도 식수문제, 배급식량의 부족, 빈약한 의료품 등 버거운 삶의 나날을 보내야만 했다. 9월 6일자 〈민주신보〉는 특히 경기도와 강원도지역 피난민들의 고통에 대해 다음과 같이 기사화 했다. "중부지방의 피난민들은 조금 덜하더라도 경기도와 강원도 등 38선 인접지대의 피난민이나 격전지역의 피난민들은 전부 벌거벗다시피 내려와 무엇보다 시급한 것이 의복이다. 그렇다고 해서 구입할 능력은 전혀 없고 다만 당국의 온정을 갈망하고 있는 실정"이라고 했다. 타향에서 피난 생활의 비참함이 어느 정도였을지 미루어 짐작케 한다.

피난민에 대한 구호사업이 본격적으로 시작된 것은 인천상륙작전의 성공과 북진작전이 시작된 10월에 이르러서였다. 10월 1일 정부의 피난민 귀향조치 발표가 있은 후 피난민들의 귀향과 행정기관의 행정기능 복구 작업이 본격화되었다. 경기도의 행정복구는 10월 28일까지 완료되었다. 피난민 구호사업과 관련해 경기도는 사업의 양대 축이라 할 수 있는 경기도청과 한국통일부흥위원회(UNCURK : United Nations Commission for the Unification and Rehabilitation of Korea) 간의 원활한 업무협조를 위하여 경기도청 내에 '경기도구호위원회'를 설치했다. 구호위원장은 도지사가, 부위원장은 도 문교사회국장이 맡았으며, 위원은 도 관련 국·과장, 그리고 UNCURK 직원과 지방 유지들로 구성되었다. 피난민 구호사업은 구호위원회의 결의를 거쳐 경기도 각급 행정기관에서 집행하는 형식을 취했다.

피난민과 이재민에 대한 정부의 구호정책 기본방침은 노약자나 자력으로 생계유지가 불가능한 자를 우선 대상자로 하였고, 구호에 관한 일체의 경비와 물자는 원칙적으로 지방행정기구를 통하여 요구 대상자에게 분배하며, 중앙 직배나 단체 분배는 실시하지 않고, 지방행정기관의 장이 구호책임을 맡도록 했다. 그리고 구호대상자에게는 양곡 3홉과 부식비 및 연료비 50원, 그밖에 의료 및 기타구호 물자를 분배하기로 했다. 양곡은 구호미를 지급하나 교통사정 등으로 수송이 곤란할 경우 소재지 행정기관 보유양곡으로 충당하며, 의료 등 구호물자는 유엔 구호물자가 도착하는 즉시 각 도를 통해 지급하기로 했다. 경기도는 11월 15일까지 정부로부터 구호비로 1억 3,404만원을 지급받았다.

피난민과 이재민 구호과정에서 정부의 구호정책 기본방침과는 달리 여러 가지 어려움도 존재했다. 무엇보다도 식량수급의 문제가 컸다. 전쟁으로 경작지가 피폐화되어 곡물생산량이 줄어들고 유엔 구호물자도 10월 이후에 들어오기 시작하면서 식량수급이 원활하지 못했다. 경기도가 파악한 1950년 11월 23일 현재 도내 피난민 수는 약 11만 명이었으며, 식량을 배급받아야 할 전재민까지 합치면 약 30만 명에 달했다. 이에 따라 구호대상자에게 1일 양곡 3홉을 지급하기로 한 계획이 제대로 이루어지지 않고 1951년 1월 10일까지 1인당 1일 2홉만이 지급되었다. 이와 더불어 경기북부지역에는 북한군 패잔병들의 잦은 출몰로 강원도 지역주민들까지 이 지역으로 피난해 오는 경우가 많아 구호사업에 어려움을 더욱 가중시켰다. 일례로 1950년 11월 16일자 〈경향신문〉에는 "공산군 패잔병들이 농가에 출몰하여 농민들을 괴롭히는데, 지난 주말에는 강원도 철원을 비롯하여 여러 군에 출몰하여 이를 피해 약 2만 명의 피난민들이 포천 근방에 집결하였다. 이들 피난민 중에는 식사와 갑자기 추워진 날씨로 인해 약 1할 가량의 환자가 발생했다."고 하며 이들에 대한 구호가 시급하다고 보도하기도 했다.

전선이 북쪽으로 올라가면서 피난민과 전재민에 대한 구호대책도 10월부터 시작되었지만, 그리 오래가지 못했다. 중공군의 참전으로 전쟁이 새로운 국면에 접어들면서 또다시 대규모의 피난 행렬이 이어졌다. 이른바 '1·4후퇴'에 따른 제2의 피난이었다.

2) 제2차 피난 및 구호활동

1950년 10월 중공군의 참전으로 유엔군이 수세에 몰리면서 북한지역에서 전면 철수를 단행함에 따라 북한의 많은 민간인들이 월남하고, 또 1951년 '1·4 후퇴'를 계기로 서울과 이남 지역의 주민들이 대거 피난했다. 이 시기의 피난은 전쟁 발발 초기 상황과는 달리 비교적 사전 준비된 상황에서 이루어졌다.

경기 북부지역 피난민들과 서울시민들은 대부분 열차를 이용하여 남쪽으로 이동했다. 당시 서울역장이었던 신순우는 1950년 12월 10일부터 1951년 1월 25일까지 객차 7천여 량에 126만 7천명을 수송했다고 회고했다. 서울과 경기 북부지역의 경우 1950년 12월 말까지 약 40%의 주민이 피난을 떠났으며 1951년 1월 3일까지 마지막으로 30여만 명의 주민들이 한강을 건넜다. 제2차 피난의 규모가 컸던 것은 전쟁초기 피난가지 못하고 잔류하여 온갖 시달림을 받은 경험 때문이었다.

정부에서는 국군과 유엔군이 북한지역에서 전면 철수하던 1950년 12월 중순경에 사회부, 내무부, 국방부가 협의하여 피난장소를 선정하고 피난민들을 소개시켰다. 이때 38선 이북지역의 피난민은 충청남도와 전라남·북도에, 서울과 경기도 지역의 피난민은 둘로 나눠 일반시민일 경우 전라남·북도에, 그 외 피난민은 경상남·북도에 각각 수용하기로 계획되었다. 전국적으로 약 200만 명의 피난민이 발생할 것으로 정부는 판단했다.

그러나 정부의 계획과는 달리 유엔군이 평택-삼척선에 방어선을 형성하고 피난민들의 체계적인 이동도 한계에 다다르면서 경기도 평택과 오산지역에는 방황하는 피난민들로 넘쳐났다. 이들 가운데는 식량부족과 추위 등으로 아사자와 동사자들이 빈번하게 발생했다. 이와 관련해 국회에서는 정부의 피난정책을 전면 비판하면서 그 대책을 촉구하기도 했다. 1951년 1월 17일 국회 제8차 본회의에서는 "1·4후퇴로 인한 100만 이상의 피난민이 금강 이북에서 비참한 실정 하에 있다. 그들을 구출해야 한다."는 이진수 국회의원의 발언이 있었다. 그는 민주국민당 소속으로 양주군에서 당선된 국회의원이었다. 국회에서는

1월 20일 피난민대책특별위원회를 설치하고 1월 27일부터 2월 11일까지 15일 동안 전국 각지의 피난민 실태를 조사했다. 특별위원회의 조사 결과에 의하면, 1월 말에는 약 100만 명 이상의 피난민이 노상에서 동사·아사 직전에 있으며, 조사완료 시점인 2월 11일 경에는 약 50~60만 명이 구출되어 이중 약 15만 명 정도가 귀향했다고 했다. 이 결과를 보더라도 1951년 2월 중순 경에 최소한 약 40만 명의 피난민이 노상에서 방황하고 있었음을 알 수 있다.

허정 사회부장관은 기자회견을 통해 경기도지역에서 방황하는 피난민들에 대한 대책의 시급함을 밝히기도 했다. 1월 18일 기자회견에서 허정은 "오산지역에 약 30만 명의 피난민이 존재하며, 하루 3회에 걸쳐 약 3,000명씩을 전북방면으로 이송하려는데, 수송력을 확보하기가 매우 어렵다."고 했다. 유랑 피난민들에 대한 대책으로 사회부, 경기도, 서울시는 합동으로 긴급 구호대를 조직하여 2월 7일부터 기차·선박·트럭 등으로 구호물자를 수송했다. 이를 계기로 정부에서는 전국적으로 50여 개의 구호대책반을 설립했다.

경기도는 2월 18일 50여 명으로 구성된 '경기도 구호대'를 편성하여 평택에 파견, 현지에서 구호활동을 펼치게 했다. 이어 2월 24일에는 구호대를 수원으로 이동시키고 안성·평택·화성·용인·여주·수원·광주에 집결해 있는 피난민에 대한 구호활동을 활발하게 전개했다. 1951년 2월 말의 경기도 상황은 사회부차관이 1주일간 경기도를 둘러보고 나서 밝힌 시찰담視察談에 잘 나타나 있다. 그는 경기도의 수원·안양·용인·시흥이 거의 폐허가 되었으며, 원주민과 피난민을 합쳐 약 33만 명이 살고 있는 것으로 추산된다고 했다. 그러나 당시 항간에는 경기도에 약 60만 명의 피난민들이 산재해 있다는 소문도 파다했다. 이해익 경기지사도 3월 6일 기자간담회에서 약 60만 명에 달하는 피난민에 대한 구호가 선결문제라고 하여 60만 명을 기정사실화 했다. 또한 경기도지사는 도내의 가장 큰 피해지역으로 안양·여주·이천·용인·오산 등을 꼽았다. 경기도는 2월 20일부터 3월 10일까지 쌀 1만 9,399가마와 벼 6,607가마를 도내 피난민과 전재민들에게 배급했다. 그 결과 1만 2,000~3,000원이었던 수원·인천·평택·시흥 지역의 시중 쌀값이 7,000원대로 떨어지는 현상이 나타나기도 했다.

이무렵 피난민 구호대책에서 가장 큰 걸림돌 중의 하나가 수송문제였다. 당시 구호물자는 외자청이, 구호양곡은 농림부가 각각 현지까지 수송하기로 되어 있었다. 그러나 수송난으로 구호물자와 구호양곡이 현지 피난민에게 도착하기까지 상당한 시일이 걸렸다. 이에 따라 경기도의

피난민 집결지에서 피난민들이 쌀을 배급받는 모습(여주, 1951. 6. 4).
ⓒ 국사편찬위원회

경우에는 육상교통수단보다 선박편으로 부산항에서 인천항으로 물자를 수송했다. 1951년 3월 11일 경기도에 할당된 양곡 4,800톤 중 3,000톤이 부산항에서 인천항으로 향했다.

이 시기에 경기도는 구호사업을 당면한 중점 도정과제로 정하고, 도청 및 각 시·군청 직원을 피난민 구호 업무에 배치하여 난민 구호에 총력을 기울였다. 3월에는 부산에 있는 경기도청 직원 전원이 수원으로 복귀했으며, 5월에는 경기남부지역 주민의 95%가 귀향했다. 하지만 1951년 4~5월 중공군의 대규모 공세

(일명 '춘계공세')로 경기도에는 북부지역의 피난민들이 다시 몰려들기 시작했다.

1951년 7월 31일 현재 경기도의 피난민 수는 125만 6,712명으로 집계되었다. 이중 120만 8,859명이 구호가 절실한 것으로 파악되었다. 이는 경기도지역 피난민의 약 96%에 해당하는 수치였다. 여기에는 월남한 약 10만 명의 피난민도 포함되어 있었다. 당시 정부에서는 1951년 7월 31일까지 194만 2,490톤의 양곡과 2억 2,015만 원의 구호금을 경기도 일대에 배당했지만, 120만 여명의 피난민과 260만 여명의 주민들에 대한 구호에는 턱없이 부족한 것이었다. 한 일간지에 실린 다음과 같은 기사는 피난민들의 비참한 생활을 잘 보여준다.

"가장 일선에 가깝고 또 어느 지방보다도 많은 피난민이 모여든 경기도 내의 피난민 구호 상황은 당국의 발표와는 너무나 동떨어져 있다. 당국의 한층 더한 노력과 각성이 요구된다. 현재 당국이 피난민의 남하를 권유하고 있는 지점 중의 하나인 발안수용소를 찾으니 창고와 천막 등 6개소에 피난민 1,800여 명을 수용하고 있다. 가마니 한 겹으로 겨우 땅바닥을 면한 피난민들은 그간의 고된 생활에 얼굴이 모두들 창백하다. 오랫동안의 시달림으로 모든 것에 마비된 그들은 전국戰局에 대해서도 그리 큰 관심이 없는 것 같았다. 그들은 지난 3월에 굶어 죽은 18명의 동포와 함께 했던 사람들로 다가오는 아사餓死의 그림자와 싸우고 있다. 한편 수원에서 발안으로 가는 중에 봉담면 왕림리수용소를 찾으니 이곳에는 학교와 민가 등을 이용하여 936명의 피난민을 수용하고 있었다. 여기는 당국에서 잊어버리고 있는지 1주일 동안 불과 2일분의 배급을 받았을 뿐이며, 예방주사조차 실시되고 있지 않았다."(조선일보 1951. 5. 8)

경기도내 피난민 집단수용소는 14개소가 있었으며, 수용인원은 약 14만 명이었다. 나머지 약 100만 명의 피난민은 수용소가 아닌 도내 각 지역에 산재했다. 이들에 대한 구호가 무엇보다 절실했다. 특히 겨울을 나기 위한 방안이 필요했다. 경기도는 한국민사원조사령부(CAC)가 제공한 구호물자로 천막들을 가설하고 파손된 건물과 주택을 수리하여 피난민들을 수용했다. 그리고 비교적 따뜻한 남쪽지방으로 피난민을 이동시키는 방법도 활용

피난민 천막촌(1951. 8. 20). ⓒ 국사편찬위원회

했다. 그러나 많은 피난민들은 얼기설기 지은 움막 형태의 주거지에 머물렀다. 다음과 같은 기사들에서 이들 피난민의 비참한 생활 단면을 엿볼 수 있다.

"경기도 광주군 구천면 일대에는 여름에 노숙하며 지내오던 피난민들 중 8,000여 명의 노약자가 서부면·돌마면·낙생면에 각각 분산하여 원주민 주택과 움집에 수용되고 나머지 1만 8,000여 명의 피난민이 구천면에 그대로 체류 중에 있다. 엄동을 맞아 그들도 면내 원주민 주택과 움집 등에 간신히 수용되고 있으나 수송난과 물자결핍으로 인하여 식량을 비롯한 모든 구호물자가 원활하지 못하여 극도의 생활난에 빠져있다. 그들은 1951년 8~11월 4개월 동안 1일 3홉 배급도 한 달에 20일분 밖에 받지 못하고, 1인당 의류 1.5점, 광목 0.5마, 솜 0.5근, 소금 0.5근, 4개월치 부식비 500원, 가구당 담요 0.5매, 비누 0.7개의 비율로 배급받고 있는 실정이다."(자유신문 1951년 12월 13일)

"소위 휴전협정에 따라 이 휴전선을 중심으로 남북 2*km* 폭의 완충지대가

원조식량을 먹고 있는 한국인 가족들(1951. 9. 11, 동두천).
ⓒ 국사편찬위원회

설치될 것임에 비추어 유엔군 측에서는 이 완충지대에 속하는 지역에서 주민을 소개시키고 있다. 피난에 지쳐 고향으로 돌아와 헐어진 움막을 다시 일으키고 월동을 위한 몇 단의 나무와 양곡을 준비하여 이제 한숨을 넘긴 현지 주민들에게 소개라

는 말은 그대로 청천의 벽력이 아닐 수 없다. 그러나 흙에 대한 애착이나 고향에 대한 낡은 정을 이제 되살릴 사이 없이 그들은 다시 찬바람을 안고 임진강을 건너야만 되었으니 눈에 닥친 추위를 어찌 넘길 것인가? 젊은이, 늙은이, 어린애들을 업고 몇 닢 이불과 쪽박만을 등에 지고 오는 서글픈 행렬은 오늘도 북녘하늘을 바라보며 불우한 겨레의 운명을 한탄한다. 피난민들이 제일 먼저 트럭에 실려 내리는 곳은 금촌이다. 이곳에 피난민 임시대피소가 있어 국군과 경기도 CAC 당국의 알선으로 약 하루 동안 그곳에서 지어주는 밥을 먹고 예방주사가 끝난 후 오열에 대한 심사가 끝나는 대로 3일분 식량을 얻어가지고 파주군 임진강 이남 장단·고양군 일대의 각 농가에 할당 수용되며, 그렇지 못한 사람들은 빈집과 허물어진 집을 수리하여 살고, 또 모자라는 그들의 살집을 마련하고자 집단적인 천막촌과 움집이 이 산기슭 저 밭 등 바람이 채이지 않는 아늑한 골짜기마다 널려 있다. 임진강 이남으로 소개해 온 사람들은 약 2만 여명이었으며, 이들 중 노약자들이 과반수에 달했다. 도당국에서는 소개민이 임진

강 이남에 도착하는 대로 각 군에 분산 수용케 하는 한편 파주군에 천막(20명 내지 25명 수용가능) 175개, 고양군에 천막 5개를 발송하였다. 그리고 파주군에 움집 1,040집과 고양군에 반영구적인 가막사 105개를 설립 중에 있으며, 소개민들 중 일부를 호남지구에 전송할 계획도 가지고 있다."(〈경향신문(전선판)〉 1951년 12월 18일)

전쟁으로 인해 모든 피난민이 어려움을 겪고 있는 상황에서도 정부와 경기도는 기존 건물이나 일반 주택을 최대한 활용하고 가천막이나 천막 확보를 통해 수용인원을 늘리는데 주력했다. 민간에서도 적십자위원회가 피난민의 수용, 구제물자 배급지원, 의용간호부 지원, 부상자 치료 등의 활동을 수행하였으며, 구국총력동맹 등이 노력봉사를 제공하기도 했다. 또한 유엔과 세계 각국에서는 건축자재를 비롯해 식료품, 의류, 연료, 의약품 등 각종 물자를 지원하였으며 세계보건기구, 국제피난민기구, 적십자사연맹 등에서는 전문가를 파견하여 구호사업을 계획하고 실행하는데 도움을 주었다.

1952년에 들어서면서 경기도는 피난민들에게 좀 더 안정적인 거처가 될 수 있는 피난민수용소의 설치에 주력했다. 경기도의 중심인 수원시에는 1952년 11월 말까지 모두 12개소의 수용소가 설치되어 3만 1,516명의 피난민을 수용했다. 피난민수용소에는 남녀 노약자 및 부녀자, 무의탁자 등 자력으로 생활이 불가능한 피난민이 우선 수용되었다. 그리고 무주택 피난민도 수용되었다. 이들 피난민수용소는 경기도청에서 운영하였으며, 기존 학교·극장·공장, 기타 공공시설을 이용하여 설치되었다.

전황이 점차 안정적으로 접어들자 정부는 응급 구호조치보다는 장기적인 안목에서 구호대책을 추진했다. 수원의 경우 유엔의 원조자재로 반영구적인 간이주택 200호와 월동수용소 40호를 건축하여 피난민을 수용했다. 그리고 UNCURK의 무상원조 자재로 국민후생주택을 건축했다. 수원시에는 1952년에 220호, 1953년에 350호가 건축되었다. 이어 1953년에는 유엔한국재건단 (UNKRA : United Nations Korean Reconstruction Agency)에서 제공한 원조자재로 지어진 9평 내지 12평 규모의 재건주택 200호가 축조되었다. 공사비는 입주자가 부담하였으며, 자재는 8개년 분할상환 하도록 했다.

2. 인적·물적 동원

1) 대한민국 정부의 동원

6·25전쟁이 발발한 후 대한민국 정부는 1950년 7월 8일 전라남·북도를 제외한 전국에 비상경계령을 선포하고, 7월 22일 〈비상향토방위령〉을 공포하여 만 14세 이상의 남자에게 향토방위의 의무를 지게 했다. 또한 7월 26일에는 대통령 긴급명령 제6호로 〈징발에 관한 특별조치령〉과 〈징발에 관한 특별조치령 시행규칙(국방부령 임시 제1호)〉을 공포하여 전쟁에 필요한 자원을 동원할 수 있는 법적 근거를 마련했다. 이 같은 병역법과 임시법령조치에 근거하여 '제2국민병'을 소집하였으나 그것이 제대로 실행되지 않아 가두소집이나 강제 모병 등의 형태로 병력을 보충하

훈련소로 향하는 훈련병들(1950. 7. 10). ⓒ 국사편찬위원회

기도 했다. 모집된 장정들은 약 일주일간의 훈련을 마치고 곧바로 전선에 투입되었으며, 또 전투배치가 곤란한 경우에는 보급품이나 장비·탄약 등을 운반하는 노무자로 배치되었다.

6·25전쟁 기간 국가동원 관련 주요 법령

법령명	공포일	내 용	근 거
비상시향토방위령	1950. 7. 22.	14세 이상 남자 향토방위의무	대통령령 제7호 긴급명령
징발에 관한 특별조치령	1950. 7. 26.	전쟁에 필요한 자원 동원	대통령령 제6호 긴급명령
전시 육군장교보충규정	1950. 8. 16.	전시 간편 절차로 육군 장교 임용	국방부령 임시 제2호
육군보충장교령	1950. 8. 28.	전시 간편 절차로 육군 장교 임용	대통령령 제382호
국민방위군설치법	1950. 12. 21.	만 17세 이상 40세 이하 남자는 지원에 의하여 국민방위군 편입	법률 제172호
국민방위군 설치법 폐지	1951. 5. 12.	국민방위군 설치법 폐지	법률 제195호
병역법 중 개정법률	1951. 5. 25.	대통령이 병력 소집을 실시할 때는 병종(兵種)과 연령(年齡)을 공고	법률 제203호
학생군사훈련 실시령	1951. 12. 1.	고등학교 이상 학생 군사훈련 실시	대통령령 제577호
지원병령	1953. 4. 8.	전시 상황 고려 현역복무지원자의 연령을 남녀 만 17~55세로 규정	대통령령 제771호
민병대령	1953. 7. 23.	생업에 종사하면서 군사훈련을 받고 향토방위에 협조	대통령령 제813호

출처 : 병무청, 『병무행정사』(上), 병무청, 1986, 36~184쪽 ; 박동찬, 『통계로 본 6·25전쟁』, 국방부 군사편찬연구소, 243쪽 재인용.

가두소집이나 강제모병에 의한 인적동원과는 달리 6·25전쟁 기간에는 자발적으로 전투나 구호활동에 참여한 사람들도 많았다. 대표적인 사례가 학도의용군이었다. 학도의용군은 6·25전쟁 때 학생의 신분으로 자진하여 참전했던 의용병들이었다. 이들은 계급과 군번도 없이 각 부대에 배치되어 전투 및 전투지원 임무를 수행했다. 학도의용군은 1950년 6월 29일 수원에서 결성된 '비상구국학도대(이하 '학도대')'가 그 모체였다. 학도대의 구성원은 서울과 경기지역에서 모여든 전국학련·이북학련·반공학련 출신들과 학도호국단 학생간부들이었다. 여기에는 수원농림고등학교^(현 수원농생명과학고등학교)와 수원중학교^(현 수원고등학교) 학생들도 포함되어 있었다.

학도대는 국방부 정훈국장 명의의 신분증을 발급받았으며, 모두 3개 소대로 편성되어 전투에 투입되었다. 그들 중 일부는 학도전투대를 편성하여 노량진 전투에 참여했다. 훗날 한강방어선 전투로 알려진 이 전투에서 수많은 학도병들이 전사하였는데, 학도대의 이와 같은 활동은 이후 전세가 더욱 어려워진 상황에서 대한민국의 많은 학생들이 직접 무기를 들고 참전하도록 자극하는 촉진제 역할을 했다. 그리고 학도대 소속의 몇몇 학생들은 '학도선전대'를 조직하여 국민들을 대상으로 전황을 보도하는 등의 가두선전과 피난민 구호, 남하하는 학생들 규합 등의 임무를 자발적으로 수행했다. 이들 학도대는 북한군이 7월 3일경 수원을 점령할 무렵에 피난민과 후퇴하는 국군 대열에 휩쓸려 남하했다.

응급조치 방식으로 병력충원을 진행하던 정부는 1950년 9월 중순 전황이 반전된 후 전국의 각 시·도에 병사구사령부^{兵事區司令部}를 재설치하여 예비병력의 수급을 원활히 하고자 했다. 병사구사령부는 제2국민병 등록을 비롯해 징병제 실시에 필요한 업무를 수행하기 위해서 1949년 9월 1일 각 시·도청 소재지에 창설되었다가 징병제가 필요하지 않아 전쟁 발발 직전인 1950년 3월 15일에 폐지되었던 기구였다. 국방부는 1950년 9월에 이 기구를 다시 부활시킨 것이다. 경기도에는 1950년 10월 18일 〈국방부 일반명령 제199호〉로 경기도청 내에 경기도 병사구사령부가 설치되었다.

경기도 병사구사령부는 1950년 11월 19일부터 도내 청·장년들을 대상으로 제2국민병 등록사업을 시작했다. 1950년 11월 20일자 〈경향신문〉에 따르면,

경기도 병사구사령부는 만 17세 이상 40세 미만(1910년 9월 1일~1933년 9월 2일생)의 남자를 대상으로 본적지 또는 거류지 시·읍·면사무소에서 등록하며, 등록기한은 수원시와 인천시가 11월 19일부터 25일까지, 기타 시·군이 11월 21일부터 30일까지 실시하기로 계획했다.

시·도별 병사구사령부 설치 현황(1950. 9. 20.~1951. 4. 20.)

설치 연월일	병사구사령부	관련 법령	비 고
1950. 9.20.	경남지구 병사구사령부	국방부 일반명령 (육) 제75호	부산에 설치
1950. 9.20.	경북지구 병사구사령부	국방부 일반명령 (육) 제75호	대구에 설치
1950. 9.26.	서울지구 병사구사령부	국방부 일반명령 (육) 제81호	1950.12.29. 부산 이동, 1951.3.15. 서울 복귀
1950.10. 3.	충북지구 병사구사령부	국방부 일반명령 (육) 제82호	청주에 설치
1950.10.16.	충남지구 병사구사령부	국방부 일반명령 (육) 제81호	대전에 설치
1950.10.16.	강원지구 병사구사령부	국방부 일반명령 (육) 제82호	원주에 설치
1950.10.18.	경기지구 병사구사령부	국방부 일반명령 (육) 제199호	경기도청→인천('50.11.12)→ 마산('51.1.4)→인천('51.4.25)
1950.10.19.	전남지구 병사구사령부	국방부 일반명령 (육) 제82호	광주에 설치
1950.12.16.	제주지구 병사구사령부	국방부 일반명령 (육) 제124호	제주읍에 설치
1951. 4.20.	전북지구 병사구사령부	국방부 일반명령 (육) 제96호	전주에 설치

출처 : 병무청, 『병무행정사』(上), 1986, 197~198쪽.

1951년 12월까지 전국적으로 약 200만 명 이상의 장정들이 제2국민병으로 등록되었다. 이들 제2국민병은 중공군 참전으로 전황이 급변하면서 일부가 국민방위군으로 전환되었다. 정부는 12월 21일 병력동원을 신속하게 한다는 목적으로 법률 제172호로 〈국민방위군설치법〉을 공포했다. 국민방위군설치법안은 미국의 예비병 제도와 같은 것으로, 이전에 설치된 청년방위대를 국민방위군으로 전환시키고 추가로 제2국민병을 편입시킬 수 있는 법적 근거를 마련하기 위한 것이었다. 그러나 정부는 국민방위군설치법이 국회를 통과하기 전인 12월 16일에 서울과 경기·인천 북부지역의 제2국민병을 남하시키기 시작했다.

국민방위군은 1950년 12월 말까지 전국에서 약 50만 명이 소집되었다. 이들의 나이는 만 17~40세였다. 경기도에서는 각 군·면·리 단위로 장정들이 국민방위군 소집영장을 받고 1차 집결지인 각 지역 초등학교에 집결한 후 수천 명의 장정들과 함께 남행길에 올랐다. 그들의 최종 목적지는 경상남·북도에 분산 설치된 51개 교육대였다. 처음 출발 당시에는 그 누구도 이 대열이 '죽음의 행렬'이 될 것이라고는 생각하지 못했다. 정부가 방위군을 위해 마련한 것은 고작 양곡권이었다. 이는 장정들의 인솔책임자가 남하해 가면서 현지 군수나 경찰서장에게 급식을 요청할 수 있도록 한 것이었다. 그러나 행정이 거의 마비된 상태에서 군인도 아닌 장정들에게, 그것도 타향인에게 숙식을 제공하는 군수나 경찰서장은 극히 드물었다. 더욱이 이동과정에서 방위군사령부의 고위 간부들이 방위군이 사용할 국고금, 양곡, 피복, 의류, 기타 보급자원을 부정 착복하여 수많은 이들이 병들거나 도망가고, 심지어 아사·동사·병사자들이 부지기수로 생겨나는 대사건이 발생했다.

당시 육군본부가 국회에 제출한 보고서에 따르면 1951년 2월 말까지 행방불명·동상·질병 등으로 낙오한 장정이 27만 3,000명에 이르렀다. 목적지에 무사히 도착했다 하더라도 그들 중 20%는 환자들이었다. 교육대에서의 생활은 더욱 힘들었다. 고된 훈련은 차지하더라도 교육대에서 지급한 것이라고는 2명에 한 장씩 이불을 대신하여 지급한 가마니와 하루에 한 번 내지 두 번 정도 지급하는 주먹밥 한 개씩이 고작이었다. 결국 정부에서는 1951년 2월 17일 만 20세 이하와 36세 이상의 장정들에 대해서 귀향조치를 내렸다. 그러나 국민방위군에 편입되었던 경기도민들 사이에서는 "고향으로 돌아오지 못하거나 병들어 돌아온 수가 이루 헤아릴 수 없었다."는 이야기들이 많이 회자되었다. 현재까지 정확한 숫자는 밝혀지지 않고 있지만, 국민방위군에 소속된 인원 중 전국적으로 약 5만 명 정도가 사

국민방위군 행렬(1951. 1. 8). ⓒ 국사편찬위원회

망한 것으로 추정되고 있다. 훗날 '국민방위군사건'이라고 불리게 된 이 사건은 당시 국회는 물론 전 사회적으로 상당한 논란을 불러일으켰다.

　이밖에도 6·25전쟁 기간에는 노무인력으로 동원되는 경우가 많았는데, '지게부대'로 더 잘 알려진 인력동원이었다. 지게부대는 미 제8군사령부에서 운영한 민간인운반단(Civil Transportation Corps)의 별칭이었으며, 지게를 지고 가파른 산악지형에 위치한 최전선까지 보급품을 운반하는 것이 주요 임무였다. 민간인 운반단은 1951년 3월까지 1개 중대를 240명으로 하여 82개 중대가 편성되었다. 이러한 민간인운반단 외에도 '보국대', '작업대' 등의 이름으로 노무인력 동원이 이루어졌으며, 이들 모두는 민간인 노무자라는 공통된 특징을 갖고 있었다.

　6·25전쟁 기간에 활동한 민간인 노무자들은 동원시기와 역할, 그리고 동원형태에 따라 몇 가지 유형으로 분류해 볼 수 있다. 우선 노무역할에 따라 구분하면, 첫째 북한군 남침 이후 국군이 후퇴하는 시기에 각 부대별로 모집·동원하여 운영한 노무자들이 있으며, 둘째 유엔군 참전 이후 부두 하역에 종사한 노무자, 셋째 보급품을 전방까지 운반하기 위해 조직·동원된 노무자 등이었다.

그리고 동원형태에 따라서 구분하면, 첫째 국군에 동원된 '보국대保國隊'라고 일컬어지는 노무자, 둘째 민간인운반단처럼 유엔군을 지원하기 위해 동원된 계약 및 직고용 노무자, 셋째 한국 정부가 조직하여 주로 국군과 유엔군을 지원한 준군사적 조직체인 '노무단勞務團' 등으로 구분할 수 있다.

노무인력 동원이 보다 체계화 된 것은 1951년 6월 '노무단'이 정식 창설되면서였다. 노무단은 국민방위군 일부 인원과 민간인운반단을 토대로 만들어진 조직이었다. 이 조직은 예비군단인 제5군단 예하에 제101·제103·제105사단 등 3개의 노무사단과 각종 기술지원을 위해 제100·제200여단 등 2개의 노무여단으로 편성되었다. 노무부대는 작전에 필요한 탄약과 보급품 수송, 전상자 후송, 참호구축과 교량보수 등의 작업에 인력을 제공하는 것이 임무였다. 파주·연천·포천 등 경기북부지역에서는 제101노무사단이 서부전선의 미 제1군단을, 제105노무사단이 중서부전선의 미 제9군단을 각각 지원했다. 노무인력은 1951년 말에 약 7만 명, 1952년 말에 약 8만 명, 1953년 초에 약 9만 명으로 증가했다.

현재 정확한 숫자는 알 수 없지만 경기도 지역에서도 많은 수의 청장년들이 노무인력으로 동원되었음이 다양한 증언들을 통해 확인되고 있다. 일례로 경기도 광주에서 노무자로 동원된 사람들의 증언 사례를 소개하면 다음과 같다.

"보급로 건설에는 한국인 노무자 1,000여 명이 동원되어 완벽한 지원을 제공했어요. 노무자들은 도로건설 뿐만 아니라 고지전투가 벌어질 경우에 군인들을 위해 보급품과 탄약을 운반하고, 전사자들과 부상자들을 후송하는 일도 담당했어요."

"나는 노무대로 편입되어 앵자봉에 올라갔어요. 올라가면서 군인들이 내려오는데, 태극기가 덮여서 내려오는 사람은 죽은 사람들이에요. 머리가 없는 군인들도 많았어요. 처음에는 너무 놀랐지만 나중에는 놀랄 겨를도 없었어요.

우리가 내려올 때는 부상병 한 명이라도 함께 내려와야 했어요. 노무대는 우리 마을을 비롯해 여러 마을에서 왔어요. 동네에 남아 있던 사람들은 다 가서 탄약 운반하는 사람, 식사 운반하는 사람들로 나누어졌어요. 탄약은 젊은 사람들이 운반하고, 식사는 조금 나이가 든 사람들이 했지요. 운반하다 보면 중공군과의 거리가 얼마

수원비행장에서 점심식사를 하는 한국인 노무자들
(1951. 2. 14). ⓒ 국사편찬위원회

되지 않았어요. 단가를 만들어서 사상자들을 데리고 내려왔는데, 노무자 중에는 사상자 운송을 담당하는 사람들이 있었어요.”(『광주시사』1권, 2010, 475쪽)

전쟁 당시 연대장이었던 한 참전자는 노무자들에 대해 “당시 대대장과 중대장들은 한결같이 말하기를 어떤 의미에서 전투의 절반은 그분들이 치렀다.”고 증언했다. 그 정도로 노무자들이 전투에 기여한 공로는 매우 컸다. 미군 장성들도 한국인 노무자들의 공로를 극찬했다. 미 제8군사령관을 역임한 밴플리트(James A. Van Fleet) 장군은 1953년 5월 18일자 〈라이프(LIFE)〉지에 ‘칭송 못 받는 6·25전쟁의 영웅-한국인 노무단원들’이라는 글을 실었다. 이 글에서 그는 “우리 미군과 유엔군에게 귀중한 지원을 하고 있는 한국인 노무자들이 있다. 내가 알기로는 이러한 조직의 군부대는 군대 역사상 존재하지 않았다. 그들은 한국정부에 의하여 징용된 민간인 신분의 인력으로 구성되었으며, 총기사용을 제외하고 전쟁에서 승리하기 위해 무슨 일이든지 수행하고 있다.”고 했다. 또한 1970년대 주한 미 제8군사령관을 역임한 스틸웰(Richard G. Stilwell) 장군은 훗날

고지 정상으로 보급품을 운반하는 노무자들 모습. ⓒ 국가기록원

노무사단의 업적에 대하여 "한국의 노무사단에 소속된 노무자는 무기만 없었을 뿐이지 군인과 다름이 없었다. 그들은 전투지역 후방에서 그리고 작전지역에서 화기火器도 보유하지 못한 채 유엔군 병사들과 병참보급소를 연결해 주는 인간 가교 역할을 수행하였다."고 평가했다.

한편 6·25전쟁 기간 인적동원과 더불어 물자동원도 함께 이루어졌다. 이른바 '징발徵發'이라고 불리는 동원이었다. 전쟁 발발 초기에는 무엇보다도 병력과 군수물자를 운반하는 수송수단의 징발이 시급했다. 전쟁 발발 당시 군에서 보유하고 있던 차량은 모든 종류를 합쳐 4,217대 뿐이었다. 이 가운데 각 사단이 보유한 차량은 1,566대로 1개 사단 평균 196대에 불과했다. 그리고 육군본부 직할부대가 1,081대를 보유하고 있었으며, 부평의 육군기지창(ASCOM)에 1,570대의 정비대기차량이 등록되어 있었다. 그런데 육군기지창에 정비대기로 등록된 차량 중 965대는 폐차 직전이거나 이미 폐차된 상태였다. 그리고 당시 군에서 사용할 수 있는 차량들도 약 60%가 노후차량이었다.

수송능력이 열악한 상황에서 정부는 군의 수송소요를 충당하기 위해 민간 소유의 각종 차량과 선박 등을 징발했다. 1950년 6월 25일부터 군과 경찰, 그리고 특수기관 등에서 민간인 소유의 트럭과 승용차를 징발하기 시작했다. 특히 6월 27일 한강교 폭파로 군이 보유한 차량 726대와 트레일러 589대가 한강 북쪽에 유기되면서 민간인 차량 징발이 더욱 절실해졌다. 당시 민간인들이 보유한 차량은 9,675대에 불과하여 민간수요에도 절대량이 부족했지만, 군은 병력 수송과 군수품 후송을 위해 현지 부대장이 인근 마을에서 차량을 징발하여 사용했다.

정부에서는 원활한 징발 업무 수행을 위해 1950년 7월 26일 대통령 긴급명령으로 〈징발에 관한 특별조치령〉을 공포했다. 이것은 전쟁수행에 필요한 군수물자와 시설 등을 징발하기 위한 긴급조치였다. 징발과 관련한 행정절차 및 대상물 등이 명시된 특별조치령에서는 징발 대상물로 차량과 말馬을 비롯해 식량·식료품·음료수, 의료기구와 의약품, 통신기기와 부속품, 연료, 건물과 토지 등 군사작전에 필요한 모든 자원이 포함되었으며, 징발관이 발령한 증명서에 따라 집행관들이 이를 집행하도록 규정했다. 특별조치령을 위반할 때 적용되는 규제 사항도 포함되었다.

〈징발에 관한 특별조치령〉 주요 내용
1. 군사작전에 필요한 군수물자·시설의 징발과 인적자원의 징용을 목적으로 함
2. 징발과 징용은 징발관이 발행하는 영장에 의해 이루어짐
3. 징발관은 국방부 제1국장, 특별명령을 받은 사령관, 육·해·공군 총참모장, 군단장, 사단장, 위수사령관, 통제부사령관, 경비부사령관, 해병대사령관, 비행단장 등임
4. 징발과 징용 영장은 대상 목적물과 인원의 관할 주소지 도지사, 시장, 경찰서장, 읍장, 면장, 선박회사사장에 교부하여 이를 집행하게 함. 다만 긴급 시에는 헌병사령관과 그 예하 부대장, 그리고 국방부장관이 임명하는 국군 장교가 영장을 집행할 수 있음
5. 징발관은 대상 목적물과 인원에 대하여 증명서를 교부함
6. 징발관은 징발과 징용 상황을 국방부장관에게 수시로 보고해야 함
7. 징발과 징용대상은 식량·식료품·음료수, 수송기관과 부속품, 의료기구와 약품, 통신기기와 부속품, 연료, 보도선전 물자와 시설, 건물과 토지, 인적자원 등
8. 징발 면제 차량은 대통령과 부통령의 승용차를 비롯한 각종 관용 차량
9. 징발 면제 건물은 대통령과 부통령의 관저를 비롯한 각종 관사 및 관공서 등
10. 징발 대상물의 경우 그 조업자도 함께 징용할 수 있음
11. 숙소와 축사 징발 대상자는 사람과 말(馬)의 식량사료도 공급하여야 함. 단 군 주둔이 3일 이상일 때는 제4일차부터 식량·사료를 해당 부대가 담당함
12. 징발 대상물은 별도로 대통령령이 정하는 바에 따라 원상회복 또는 보상함
13. 위반사항에 대한 처벌 기준:
· 징발과 징용에 응하지 않거나 도피·은닉·방조하는 자 : 2년~5년 징역
· 징발집행관이 징발·징용의 집행을 제대로 하지 않을 경우 : 5년~10년 징역
· 징발·징용의 집행권한이 없는 자가 집행할 경우 : 5년~10년 징역
· 징발관의 직권 남용, 징발관의 영장 없이 징발·징용한 자 : 5년~10년 징역

출처 : 국방부 전사편찬위원회, 『한국전란 1년지』, 1951, C54~55쪽.

전쟁 초기 육군본부에서 징발한 차량은 총 2,874대였다. 그러나 이는 군 기동력을 보충하기에 대단히 미흡한 것으로 정상적인 보충이 아니고는 군 전체의 기동력을 확보할 수 없는 수준이었다. 이에 군에서는 임시조치로 1950년 9월 16일 일본차량을 도입하는 조치를 취하기도 했다. 정부에서는 1951년 2월에 민간 징발차량을 차주에게 반환하도록 했지만 일부차령의 경우 전쟁이 끝날 때까지 징발 차량으로 운행되었다.

학도의용군 출신 이문규 씨와 6·25전쟁 당시의 징발트럭.
© 〈경향신문(2009. 6. 22)〉

왼쪽의 사진은 경기도 성남시에 거주하는 이문규 씨(1932년생)가 소유한 미국 포드사의 1938년식 트럭으로, 현재 국내에서 유일하게 보존된 6·25전쟁 당시의 징발차량이다. 1950년 당시 이 트럭은 이문규 씨 아버지 소유로, 광업소에서 석탄을 나르는 데 사용되고 있던 중 전쟁 발발 당일 오전 11시에 징발되었다. 운전을 할 줄 알았던 이문규 씨도 학도의용군으로 입대하여 트럭과 함께 원주에 있는 육군 제6사단 19연대에 배속됐다. 이후 이문규 씨와 이 트럭은 1953년 정전협정 체결로 전쟁이 멈출 때까지 춘천, 홍천, 다부동, 영천, 원산, 포항 등 격전지를 누비면서 부상병과 수많은 병력 및 식량을 수송했다.

차량 이외에도 민간에서 보유한 우마차 등이 보조수송수단으로 징발 사용되기도 했다. 1950년 11월 10일자 〈동아일보〉는 경기도 연백군에 저장된 토탄

(땅속에 매몰된 기간이 오래지 않아 탄화 작용이 제대로 이루어지지 않은 석탄)을 운반하기 위해 우마차 약 1,000여 대를 동원할 것이라는 기사를 실었다. 이 기사에서는 농림부가 경기도 연백군을 비롯하여 6개소에 저장된 약 10만 톤의 석탄을 운반할 예정인데, 농림부 소유의 토탄 운반 트럭이 1대에 불과해 연백 일대에서 우마차 1,000여 대를 동원해 운반할 것이라고 했다. 1950년 12월에는 서울시에서 민수물자 수송에 대비하여 우마차의 등록을 실시하고 동원계획을 수립한다는 시정방향을 발표하기도 했다.

차량·우마차 등과 더불어 또 하나의 중요한 수송수단인 선박의 경우에는 민간인 소유의 선박 337척과 해운공사 소유의 선박 30여 척이 징발되어 병력과 보급품 해상수송에 사용되었다. 2019년 발표된 영화 〈장사리 : 잊혀진 영웅들〉에 나오는 문산호도 징발된 대표적인 선박이었다. 문산호는 6·25전쟁 발발 전에 대한해운공사 소속으로 밀가루나 석탄을 운송하다가 전쟁이 발발하자 대한민국 해군 묵호경비부에 의해서 징발된 선박이었다. 문산호는 1950년 9월 14일 학도병으로 구성된 제1독립유격대대의 장사상륙작전을 위해 출항했다가 태풍 케지아(Kezia)로 인해 장사리 해안가에 좌초되었다. 간신히 상륙한 제1독립유격대대는 많은 사상자를 내면서도 1주일간 동해안으로 남하하는 북한군의 주의를 끌었다. 생존자들은 9월 19일 미 해군의 지원을 받으며 대한민국 해군의 LST 조치원호를 타고 철수했다. 조치원호도 대한해운공사에서 징발한 선박이었다. 조치원호는 전쟁기간 미국 군수품 수송 업무를 담당했으며, 장병 및 유격대원, 경찰·의사·피난민·포로 등 총 1만 6,223명을 수송했다. 이 밖에 목재·탄약·피복·포·차량·전차·가솔린·오일 등 군수품을 일선에 지원하면서 전세를 유리하게 만드는데 기여한 것으로 6·25전쟁사는 전하고 있다.

선박 및 차량 징발

구분	서울	경기	강원	충북	충남	전북	전남	경북	경남	해운공사	계
차량(대)	720	309	280	124	138	120	100	553	530		2,874
선박(척)		68				27	108	4	130	30	367

출처 : 국방군사연구소, 『점령정책 · 노무운용 · 동원정책』, 1995, 266쪽.

그리고 부동산의 경우에는 국군이 약 1,569만 평, 유엔군이 약 2억 2,339만평을 징발 사용했으며, 건물의 경우에는 국군이 1,074동, 유엔군이 2,074동을 징발 사용했다. 전쟁 중 징발된 토지와 건물의 현황은 다음 표와 같다.

토지 및 건물 징발

구분		징발	해제
토지	국군	15,699,314평	423,759평
	유엔군	223,397,009평	143,632,111평
건물	국군	1,074동	348동
	유엔군	2,704동	1,332동

출처 : 국방군사연구소, 『점령정책 · 노무운용 · 동원정책』, 1995, 266쪽.

2) 북한군 점령시기 동원

북한군 점령시기 북한에 의한 경기도 지역의 인적 · 물적자원 동원은 선전과 조직사업이 병행되어 이루어졌다. 이 시기 경기도 지역 사회는 그물망 같은 통제와 조직화 속에 놓여 있었기 때문에 적극적 협력자가 아니더라도 의용군, 자위대, 소방대, 노력동원, 사회단체, 군중대회 등을 피할 수 없던 상황이었다. 북한군이 경기도지역을 점령한 후 빠른 시일 내에 시행한 '사회와 경제개혁'이라는 일련의 조치들은 북한의 전시 총동원 체제를 구축하기 위한 토대마련과 밀접한 연관성을 갖고 있었다.

북한은 경기도를 비롯한 남한의 점령지역에서 노동당과 각종 단체를 조직하고 정책집행기관으로서 인민위원회를 조직해 토지개혁 등을 추진했다. 그리고 이를 기반으로 인적·물적 자원을 전쟁에 동원했다. 북한이 경기도를 점령한 뒤 우선적으로 추진한 일은 노동당과 당의 각종 조직들을 조직하는 것이었다. 이를 위해 북한은 노동당의 핵심요원들을 남한에 파견했는데, 이들은 주로 남조선노동당 출신의 당원들이었다. 당조직 재건방식은 북조선노동당을 중심으로 남한 내의 지역당을 복구·흡수하는 형식으로 이루어졌으며, 행정구역에 따라 중앙(서울)·도·시·군·면 순서로 당위원회를 조직해 나갔다. 경기도에는 7월 말까지 도당·군당위원회가 조직을 완료했으며, 도당 위원장에 박광희, 부위원장에 방충길이 임명되었다. 당 간부 인선은 대부분 중앙당의 지시에 의해 이루어졌으며, 군당까지 중앙당이 당책을 임명했다. 당원 충원방식은 신규당원의 확보보다는 이전에 당 활동을 했던 남조선노동당원을 재심사해 등록하는 방식으로 이루어졌다. 그리고 당 간부의 부족을 보충하기 위해 각 도에는 도당학교道黨學校가 설치되었는데, 각 도당학교에서는 약 100명을 수용하여 1개월간의 교육 후 간부들을 배출했다.

북한은 남한 점령지역에서 노동당 재건과 함께 다양한 사회단체들도 조직했다. 민주청년동맹, 여성동맹, 직업동맹, 농민동맹, 문화단체총연맹 등이 그것이었다. 이중 북한이 가장 중시하고 그에 걸맞게 활동도 활발했던 것이 민주청년동맹(민청)이었다. 청년들을 집단화 하는데 목적을 두고 조직된 민청은 파주와 시흥에서처럼 면 단위까지 조직되었으며, 선전부에 배치된 청년들은 마을을 돌면서 북한군의 승리와 북한체제의 우월성을 선전하고 전쟁 동원에 주민들의 적극적인 동참을 선동했다.

당 및 사회단체 조직과 함께 북한은 남한 점령지역에서 당의 정책을 집행하는 행정기관으로서 인민위원회를 조직했다. 북한군이 점령한 직후에는 예외 없이 '임시인민위원회'가 조직되었다. 개전 직후인 6월 26일 개성시 인민위원회를 필두로, 27일 황해도 연백군 임시인민위원회가, 28일에는 옹진군과 서울시 임시인민위원회가 조직되었다. 경기도의 경우에는 7월 7일 시흥군 임시인민위원회가 조직된 것으로 보아 6월 26일부터 7월 7일까지 도내 각 군의 임시인민위원회 구성이 완료된 것으로 보인다. 그러나 임시인민위원회는 문자 그대로 임시적인 조직에 불과했기 때문에 북한정권은 '대중적 지지'라는 측면에서 선거를 통한 합법적인 인민위원회의 구성을 계획하고, 1950년 7월 14일 북한 최고인민회의 상임위원회 명의로 〈남한 점령지역에서의 군·면·리^(동)의 인민위원회 선거 실시에 관한 정령〉과 16개 조로 된 선거규정을 발표했다.

인민위원회 선거 실시에 관한 정령과 규정에 따라 김원봉 외 8명으로 구성된 중앙선거지도부가 구성되고, 각 도에는 임시인민위원회 안에 도 선거위원회가 설치되었다. 각 군·면·리에서는 7월 25일부터 9월 13일까지 선거를 실시하여 인민위원회를 설치했다. 경기도는 7월 25일부터 8월 6일까지 각 군·면·리 단위로 선거를 실시했다. 경기도 리인민위원회 선거의 경우 7월 25일 시작하였지만, 이에 앞서 7월 19일부터 경기도 임시인민위원회는 500명의 선거지도원을 각지에 파견하여 선거준비사업을 지도했다. 19개 군, 199개 면, 2,078개 리에서 실시된 경기도 인민위원회 선거에서는 군 인민위원 699명, 면 인민위원 3,484명, 리 인민위원 11,358명이 군·면·리 인민위원으로 선출되었다. 전국적으로는 군 인민위원회가 108군에 3,878명, 면 인민위원회가 1,186개 면에 2만 2,314명, 리 인민위원회가 1만 3,645개 리에 7만 7,716명이었다.

경기도 군 · 면 · 리 인민위원회 선거 결과

투표현황 \ 지역	경기도		
	리	면	군
선거가 실시된 리 · 면 · 군의 수	2,078	199	19
투표자 수	693,962		
찬성 투표자	95.5%		
후보자 수	12,960		
선출자 수	11,358	3,484	699
선출자 비율	87.6%		
여성위원 수	1,535		
선출된 대표 수	13,266		
위 중 여성 수	1,515		

출처 : 기광서, 「6 · 25전쟁기 북한 점령하의 남한 인민위원회 선거」, 『통일연구』제16권 제2호, 47쪽.

　　경기도 인민위원회 위원의 계급별 구성은 농민과 노동자가 압도적 우위를 차지했다. 이 두 계급을 합하면 전체 인민위원 총수의 90%를 상회하는데, 이는 대체로 당시 인구와 계층 분포도를 반영하는 것일 뿐 아니라 북한 체제의 지향성을 엿볼 수 있다. 사무원의 비중이 그 뒤를 잇고 있는 점도 눈여겨볼 만하다. 흥미로운 것은 농민의 비중이 리→면→군으로 갈수록 줄어들고, 반대로 노동자와 사무원은 증가하고 있는 점이다. 노동자의 비중 증대는 노동계급의 헤게모니 장악이라는 이념적 목표를 반영한 것이며, 사무원의 경우 상급 기관일수록 고등 인력의 수요가 커지는 것과 맞물려 있다고 할 수 있다.(기광서, 50쪽)

경기도 군 · 면 · 리 인민위원회 선거 결과

투표현황 \ 지역	경기도		
	리	면	군
노동자	769 (6.77)	332 (9.52)	156 (22.31)
농민	10,126 (89.15)	2,790 (77.49)	412 (58.94)
사무원	233 (2.05)	258 (7.40)	90 (12.87)

투표현황＼지역	경기도		
	리	면	군
인테리	34 (0.29)	9 (0.25)	4 (0.57)
상인	49 (0.43)	28 (0.80)	15 (2.14)
기업가	16 (0.14)	9 (0.25)	12 (1.71)
종교인	9 (0.07)	6 (0.17)	－
기타	122 (1.07)	52 (1.49)	10 (1.43)
총계	11,358 (100)	3,484 (100)	699 (100)

출처 : 기광서, 「6 · 25전쟁기 북한 점령하의 남한 인민위원회 선거」, 『통일연구』제16권 제2호, 49～50쪽.

　　인민위원회의 주된 활동은 크게 두 가지였다. 하나는 남한 토지개혁의 총괄 지도기관인 '중앙지도위원회'의 훈령에 따라 토지개혁의 업무를 주관하는 것이었으며, 또 하나는 사회개혁의 일환이라는 명목 아래 경찰 · 군인 · 공무원 · 지주 · 반공청년단원들을 색출 · 검거하고, 주민들에 대해서 사상교육을 강화하는 것이었다.

　　북한은 개전 직후인 1950년 7월 4일 최고인민회의 상임위원회 명의로 〈조선 남반부지역에 토지개혁을 실시함에 관한 정령〉을 발표했다. 정령의 주요 내용은 "남한에서의 토지개혁은 무상몰수와 무상분배의 원칙에 의거한다. 미국과 한국 정부 및 그 예하 기관이 보유한 토지와 소작지는 몰수하고 자작농의 토지는 5～20정보까지 허용한다. 몰수된 토지는 고용농민, 토지 없거나 토지가 적은 농민에게 무상으로 분배한다. 토지 분배 방법은 농민총회에서 결정한다. 현물세를 납부한다. 토지개혁을 실시하기 위해 리(동)에 농촌위원회를 조직하고 그 위원은 농민총회에서 피선된 7～9명으로 구성한다. 농촌위원회는 몰수대상의 토지를 조사하고 토지분배안을 작성하여 농민총회를 통과한 후 지방 인민위원회의 승인을 얻어 분배한다."는 것이었다.

이처럼 토지개혁은 경작자 소유원칙, 무상몰수·무상분배 원칙이 그 골간을 이루었으며 북한당국은 이러한 토지개혁을 주관할 토지개혁 지도위원회를 조직했다. 이들 지도위원들은 7월 15일에 서울에 도착하였으며, 7월 16일에는 경기도의 각 인민위원회를 비롯한 정당 및 사회단체 관계자회의를 소집하여 토지개혁실행위원회를 구성할 책임자를 선임하고, 7월 17일과 18일 이틀 동안 이들에 대한 교육을 실시했다. 또한 전국농민총연맹으로 하여금 7월 16일과 17일에 경기도 각 군단위 대표자를 소집하여 강습회를 실시하게 했다. 이와 같이 토지개혁실행위원회 책임자와 농민대표를 교육시킨 후 경기도임시인민위원회는 7월 19일 지도선전대원 500명을 각 군에 파견했다. 그리고 각 직능단체들도 토지개혁 사업을 독려하고 효과를 내기 위해 각지에 파견되었다. 예를 들어 7월 중순에서 8월 초순까지 민청 중앙에서는 서울시 민청원들을 두 차례에 걸쳐 각각 200명씩 경기도 일원에 보내 토지개혁을 지원하고 선전사업을 수행하게 했다.(기광서, 「6·25전쟁기 북한의 남한지역 토지개혁」, 『6·25전쟁기 남·북한의 점령정책과 전쟁의 유산』, 선인, 2014, 164쪽)

경기도에서 북한식 토지개혁이 완료된 것은 8월 10일경이었다. 밭 6만 2,258정보, 논 8만 8,110정보, 기타 6,466정보로 총 15만 6,834정보의 토지가 몰수되었으며, 이것이 고용농민에게 4,611정보, 토지 없는 농민에게 5만 4,032정보, 토지를 적게 보유한 농민에게 8만 9,383정보가 분배되었고, 나머지 8,789정보를 국유화하였다고 한다.

토지개혁에 중점을 두던 인민위원회의 활동은 8월 초순 북한군의 전력이 급격히 저하되면서 의용군모집과 전선지원사업에 박차를 가하는 방향으로 전환되었다. 의용군 동원은 점령 후 토지개혁을 실시하면서 본격적이고 대대적으로 실행되기 시작했다. 토지를 받은 대가로 의용군에 지원하고, 현물세를 납부하고, 증산경쟁에 돌입하라는 것이었다.

의용군 동원을 비롯한 북한의 인적·물적 동원에 관해서는 정병준 교수의 연구가 돋보여, 여기서는 이를 정리하여 소개하고자 한다.

북한은 1950년 7월 1일자로 최고인민회의 정령으로 전 지역 동원을 선포해 1914~1932년간 출생한 만 18~36세를 대상으로 동원령을 내렸다. 이에 따라 7월 초부터 본격적으로 북한 점령 하 남한지역은 전시 총동원 태세로 전환했다. 그리고 북한은 군사위원회 결정 제14호^(1950. 7. 14)를 통해 〈군사동원에 대한 규정〉을 공포했는데, 이에 따르면 군인 적령자^(1914~1932년생 남자), 각종 기술자·직능자, 각종 운수용구(자동차·선박·우마차·우마필) 등이 군사적 동원 대상이 되었다. 〈군사동원에 대한 규정〉은 원칙적으로 북한 공민증을 소지한 북한 '공민'에게 해당되는 것이었지만, 이는 남한 내 '인민의용군' 사업에도 그대로 적용되었다. 북한 점령 초기에 의용군은 대학생·중학생 등 학생층과 노동자·여성 등의 지원·자원이라는 형식으로 선전되었지만, 점차 시·군·면·리로 내려가면서 행정조직에 의한 강제 징발의 형식을 취했다.

경기도 지역에서는 1950년 8월 초순부터 대상자명부 작성에 의한 본격적인 강제동원이 이루어졌다. 현재 연백, 고양, 시흥, 평택 등의 강제동원 자료가 남아있는데, 연백과 고양은 면단위 자료가 남아 있으며, 시흥과 평택은 군단위 자료가 남아 있다.

연백군에서는 해성면의 의용군지원자 명부가 남아 있다. 이 지역은 원래 황해도 남연백군 해성면으로 해방 후 경기도에 편입된 지역이었다. 해성면에서는 비교적 이른 시기인 8월 3일에 271명이라는 상당히 많은 인원이 동원되었다. 고양군에서도 8월 3일부터 동원인원이 점차 늘어났음을 〈원당면 의용군 명단〉을 통해 확인할 수 있다. 원당면의 경우 9월 10일까지 총 347명의 대상자 중 195명이 의용군에 차출되었다.

경기도 시흥군의 경우에는 8월 이후 본격적으로 강제적인 의용군 '모집사업'이 진행되었다. 시흥군 내무서는 8월 4일 각 면마다 의용군 조직위원회를 조직하라 지시하며 18~37세의 남자 중 반동단체 간부 등을 제외한 면별 할당량을 지시했다. 각 면별로 안양면 500명, 수암면 400명, 서면 300명, 과천면 350명, 신동면 400명, 남면 350명, 동면 350명, 군자면 400명 등 총 3,100명이 시흥군에 배정되었다.

시흥군 내에서는 의용군 해당자에 대한 완벽한 파악작업이 진행되었다. 동면의 경우 1950년 9월 13일자로 각리·각지구별로 〈의용군적년자명단〉이 완성되었다. 이에 따르면 적령자는 총 1,335명이었고, 같은 날짜의 〈의용군합격자명단〉에 따르면 합격자, 즉 의용군 출전자는 총 210명이었다. 의용군 대상자의 15.7% 정도가 의용군에 선발되었음을 의미한다. 이는 동면의 전체 성인 남녀인구 중 4.2%에 해당하는 것이었다.

의용군 조직동원 사업에서는 당정리·산본리의 일부 청년들이 의용군을 도피하는 현상을 보였고, 의용군 연령해당자에 속해 총동원된 보도연맹관계자들 중에서도 도피하는 경우가 발생하기도 했다. 군자면의 경우 8월 초순부터 청년들이 의용군을 회피하여 도피·피난하는 현상이 많았다. 수암면에서도 정치공작원의 보고(1950. 8. 7)에 따르면 양상리·물왕리 청년들이 의용군에 가는데 공포를 가지고 낮에는 산으로 도피했다가 밤에는 집에 와서 자는 사례들이 있었다.

평택은 서울에 인접한 지역으로 호남과 영남으로 이동하는 병력이 분기되는 지점이었으며, 서울·경기지역에서 모집된 의용군이 결집하는 곳이자 반드시 통과하는 이동 지점이었다. 평택의 경우 1950년 9월 중순의 의용군 동원 현황과 일부 면단위 통계가 남아 있다. 이에 의하면 평택군의 의용군 숫자는 최소 469명에서 최대 808명이었던 것으로 확인된다.(정병준, 「북한의 남한 점령기 의용군 동원과 운용」, 『이화여자대학교 한국문화연구원 학술심포지엄 자료집 : 6·25전쟁기 남북한의 점령정책과 그 유산Ⅱ』, 2013, 70~79쪽 : 정병준, 「6·25전쟁기 북한의 점령지역 동원정책과 '공화국 공민' 만들기 : 경기도 시흥군의 사례를 중심으로」, 『6·25전쟁기 남·북한의 점령정책과 전쟁의 유산』, 선인, 2014, 222~233쪽)

의용군 강제동원 외에도 북한 점령기간 경기도민들은 노력동원에도 참여해야만 했다. 특히 유엔 공군의 폭격으로 파괴된 도로와 교량을 복구하는 작업은 전적으로 주민들의 몫이었다. 노력동원에 응하지 않을 경우 내무서의 감시 및 관리 대상자로 분류되어 여러 불이익을 당했다. 인민위원회를 중심으로 민청, 여맹, 농맹 등 각 단체들이 나서서 주민들을 동원했다.

인력동원 이외에 북한은 농민들에게 증산경쟁, 현물세 납부, 북한군 원호사업 등의 대가를 요구하는 물적동원도 함께 했다. 농업현물세, 양곡수매, 성금 등의 형태가 대표적이었다. 북한은 남한 점령지역에서 토지개혁을 실시함과 동시에 지세를 비롯한 농업 관련 세금을 현물로 납부하게 하는 세제개편을 시도했다. 북한은 1950년 8월 18일 내각 결정 제148호로 〈공화국 남반부에 있어서 농업현물세를 실시함에 관한 결정서〉를 채택했다. 북한은 남한의 점령지역에 각급 농작물 판정위원회를 조직하고 농업현물세제 실시를 위한 책임위원과 지도요원을 선발, 교육시켜 8월 30일까지 각 도에 파견했다. 파견된 판정지도요원의 지도하에 판정위원회가 조직되고 수확고의 판정과 현물세 징수가 이루어졌다. 평균 수확이 이루어진 한 곳을 선정하여 조, 벼 등의 낟알을 한 알씩 세고 과일 수를 헤아려 현물세를 부과하는 방식에 대해 농민들의 비난과 불만이 증대했다.

현물세뿐만 아니라 양곡수매에도 경기도민들은 적극적으로 부응해야 했다. 쌀은 전쟁을 위한 필수물자였으며, 미군의 폭격으로 북한으로부터 보급이 어려운 상황이었다. 더군다나 남한은 곡창지대였다. 표현은 양곡수매였지만, 각도·군별로 할당량이 배정되었으며, 이를 채우기 위한 지방권력기관의 조직적 동원과 선전활동이 강력하게 전개되었다. 아직 가을 추수가 전개되기 전이었으므로 농민들은 식량과 자가축적분을 제공해야 했다. 양곡수매는 토지개혁의 대가라는 선전활동이 행해졌다. 1950년 8월 말 경기도의 양곡수매사업 실적은 다음과 같다.

경기도 양곡수매 실적(1950. 8. 29 현재)

지역	킬로그램(kg)	퍼센트(%)
가평군	61,551	78.9
강화군	174,364	73.0
개풍군	260,806	77.6
고양군	35,507	134.5
광주군	211,160	68.8
김포군	131,266	65.7
부천군	66,000	24.9
수원시	3,209	–
시흥군	159,529	72.5

지역	킬로그램(kg)	퍼센트(%)
안성군	528,702	104.9
양주군	301,038	65.4
양평군	126,465	50.9
여주군	302,656	37.7
연백군	618,669	209.7
용인군	286,354	74.3
이천군	339,516	96.2
인천시	26,200	-
장단군	118,877	69.5
파주군	259,400	90.4
평택군	515,049	101.3
포천군	171,849	95.4
화성군	788,200	69.5
총계	5,771,741	82.5

출처 : 정병준, 「6·25전쟁기 북한의 점령지역 동원정책과 '공화국 공민' 만들기 : 경기도 시흥군의 사례를 중심으로」, 6·25전쟁기 남·북한의 점령정책과 전쟁의 유산』, 선인, 2014, 238쪽.

한편 전쟁초기부터 북한군 원호를 위한 물자 수집과 성금 모집이 대대적으로 진행되었으며, 전쟁이 지속되면서 비행기·땅크 헌납을 위한 금액이 각면 단위로 할당되었다. 또한 전쟁은 사람과 물자를 둘러싼 전쟁이었다. 미공군의 폭격으로 북한으로부터 군수보급이 어렵게 되자, 남한에서 군수물자를 조달하는 것이 긴급한 과제가 되었다. 점령지에서 조달할 수 있는 가장 중요한 물품은 식량, 기름(휘발유, 중유, 경유, 모빌유), 의약품, 운송수단(자동차, 우마차, 자전거) 등이었다. 식량은 양곡수매와 북한군 원호·지원사업의 명목으로 공개적이고 대대적으로 진행되었다.

운송수단인 자동차, 선박, 우마차, 우마필 및 그 운전자는 점령 직후 군사위원회 결정 제14호^(1950. 7. 14)를 통해 군사적 동원 대상이 된 바 있다. 시흥군의 경우 상시적 교통단속을 통해 자동차를 확보하려 하는 한편, 우마차·자전거 대수를 꼼꼼이 조사해 군에 보고했다. 일상생활 속에서 전쟁에 쓸모 있는 인력·물자는 모두 총동원 대상이 된 것이다. (정병준, 「6·25전쟁기 북한의 점령지역 동원정책과 '공화국 공민' 만들기 : 경기도 시흥군의 사례를 중심으로」, (234~240쪽). 이러한 현상은 비단 시흥군에서만 나타난 것이 아니었다. 북한군이 점령한 대부분의 지역에서는 이와 유사한 형태의 인적·물적 동원이 이루어졌다.

02
민간인 희생과 납북

1. 민간인 희생

1) 예비검속 관련 민간인 희생사건

6·25전쟁 기간 경기도 지역에서는 다양한 성격의 민간인 학살사건이 발생했다. 특히 1950년 6월 28일부터 1951년 1월까지 경기도는 물론 전국적으로 민간인 집단학살사건이 발생했다. 이러한 학살은 정부수립 전후 시기의 좌우갈등과 전쟁 초기 보도연맹원 학살, 그리고 이후 좌익에 의한 보복과 예방학살 등의 악순환 구조에 의해 발생했다.

전쟁 초기에 발생한 민간인 학살사건은 국민보도연맹과 밀접하게 관련되어 있었다. 정부는 1949년 여순10·19사건 이후 대대적인 좌익색출로 형무소에 사상범이 넘쳐나자 좌익관련자들을 무조건 수감할 것이 아니라 이들을 적극적으로 전향시키는 방안을 모색했다. 또 이들 전향자들을 관리 통제할 수 있는 별도 조직의 창설을 모색했다. 이런 문제를 해결하기 위해 만들어진 것이 국민보도연맹이었다. 당시 정부는 국민보도연맹을 좌익전향자단체라고 규정했다. 보도연맹원들은 전향여부가 의심되는 '좌익혐의자' 또는 '요시찰인'으로 취급되었다. 보도연맹원은 가입이후 경찰에 의해 '요시찰 대상자'로 분류되어 정기적으로 동태를 감시당했다. 이들에게는 당시의 '공민권'이었던 도민증이 지급되지 않았고 대신에 '보도연맹원증'이 지급되었으며, 거주 이전의 권리가 제한되었다. 6·25전쟁 직전까지 보도연맹은 시·군지부 결성을 마치고 읍·면지부가 계속해서 결성되던 중이었다. 보도연맹의 가입자 수는 현재까지 전국 규모를 추산할 자료가 존재하지 않지만, 가입과 운영을 주도한 인사들이 약 30만 명이라는 주장이 있어 그 규모가 대단히 컸음을 짐작할 수 있다.

1950년 6월 25일 전쟁이 발발하자 내무부 치안국은 전국 도 경찰국에 치안국장 명의로 〈전국 요시찰인 단속 및 전국 형무소 경비의 건〉이라는 비상통첩을 발령했다. 통첩의 주요내용은 전국 요시찰인 전원을 경찰에서 구금할 것, 전국 형무소는 형무관과 경찰이 합동으로 경비할 것, 주요시설 건물과 요인 경비에 만전을 기할 것 등이었다. 이날 비상 국무회의에서도 대통령 긴급명령 제1호인 〈비상사태하의 범죄처벌에 관한 특별조치령〉을 선포했다. 뒤이어 치안국은 6월 29일 〈불순분자 구속의 건〉, 6월 30일 〈불순분자 구속처리의 건〉을 잇따라 각 도 경찰국에 하달했다. '보도연맹 및 기타 불순분자를 구속 지시가 있을 때까지 석방을 금한다'는 것이 주요 내용이었다.

정부는 7월 8일 전라남북도를 제외한 전국에 비상계엄을 선포하여 군사상 필요할 때에 한하여 체포와 구금이 가능하게 했다. 7월 9일에는 계엄하 군사작전에 수반되는 대민업무를 신속히 처리하기 위해 육군본부에 계엄사령부를 편성했다. 7월 12일에는 〈체포·구금 특별조치령〉이 선포되었다. 이 특별조치령은 치안국 통첩을 통해 이미 전국적으로 시행된 보도연맹원과 요시찰인에 대한 예비검속을 계엄사령부 명령으로 공식화 한 것이며 이로써 예비검속에 대한 법률적 근거가 마련되었다.

전국적으로 단행된 보도연맹원 등 요시찰인 소집 및 연행, 구금 등 일련의 예비검속 과정은 대동소이했다. 전쟁 발발 직후부터 보도연맹원이나 요시찰인들이 연행되어 지서 경찰서, 유치장, 창고 등에 구금되었는데, 인근에 형무소가 있는 경우에는 형무소에 구금되었다. 이들은 구금기간 동안 좌익활동 경력과 사상 심사를 통해 분류되었고 전황에 따른 후퇴시기에 상당수의 인원이 희생되었다. 예비검속의 시기와 형태, 구금장소, 심사와 분류과정, 예비검속의 주체에 대해서는 전선의 상황에 따라 약간의 차이점이 있었다.

'진실화해를위한과거사정리위원회(진실화해위원회)'의 조사보고서에 의하면, 전쟁 발발 후 북한군에 의해 곧바로 점령된 한강이북의 경기 북부지역에서는 보도연맹원 등 요시찰인들에 대한 예비검속이 광범위하게 이루어지지 않은 것으로 파악되었다. 진실화해위원회는 2005년 5월에 제정된 '진실화해를 위한 과거사 정리법'에 근거하여 설립된 기관으로 2010년 12월까지 우리 현대사 전반의 반민주적·반인권적 사건 등에 대한 진실을 밝혀내기 위한 활동을 전개한 독립적인 국가기관이었다.

진실화해위원회에서는 38선 인근 지역 요시찰인들이 사살되었다는 진술, 경기도 양주지역에서 연행되었다가 곧바로 풀려났다는 증언, 강원도 춘천지역 보도연맹원들이 연행되었다가 살해되었다는 증언 등을 근거로 전쟁 발발 초기 군경의 후퇴가 긴급한 상황에서는 체계적인 예비검속이 불가능했을 것으로 추정했다. 반면에 한강 이남의 경기남부 지역인 시흥과 수원, 평택 등에서는 예비검속 후 2~3일 정도 구금되었다가 심사나 분류과정 없이 희생되었다고 했다. 그리고 영등포형무소 수원농장에서는 수원농장 재소자와 서울 서대문, 마포, 부천, 영등포, 인천소년형무소 등 서울과 경기지역 형무소에서 출소하여 내려

오다가 수원에서 검거된 재소자와 춘천형무소에서 수원농장으로 이감된 재소자들이 수원에서 집단 희생되었다고 진실화해위원회는 결론짓고 있다.

또한 진실화해위원회는 북한의 남침으로 혼란상태에 빠진 정부가 보도연맹원 등 요시찰인들이 수도권 일부지역에서 북한군을 환영하는 행동을 보인 예가 있고 또 나머지 지역의 요시찰인들이 장차 북한에 동조하여 정부에 위협이 될 것을 우려해 이들을 곧바로 연행·구금하고 전황이 불리해지자 이들을 학살했다고 보았다. 그리고 비록 당시가 전쟁이라는 국가위기와 비상사태였다고 하더라도, 정부가 국민의 인신을 구속하거나 '처형'하기 위해서는 적법한 근거와 절차가 있어야 했지만 임의적으로 예비검속한 구금자들을 집단학살 함으로써 인도주의에 반하며 헌법에서 보장한 국민의 기본권인 생명권을 침해하고 적법한 절차와 공정한 재판을 받을 권리를 침해한 것이라고 밝혔다.

진실화해위원회의 조사와는 별개로 유족관련단체는 자체조사를 통해 경기도지역에서 발생한 보도연맹 관련 민간인 희생자가 최소 2,033명에 이르는 것으로 추정하고 있다.

2) 적대세력에 의한 민간인 희생사건

민간인 학살사건은 북한군 점령시기에도 북한군과 지방좌익 등 적대세력에 의해 경기도 전역에서 발생했다. 적대세력에 의한 민간인 학살사건은 북한을 반대하는 사람들을 제거하는 '전쟁수행상의 정책'과 이전에 당한 것에 대한 '보복'이라는 측면에서 발생했다. 전쟁 수행이라는 측면에서 보면 군경·공무원·교사·농민·우익단체원 등 피해자의 직업군은 다양했으나 피해자의 상당수가 대한청년단원으로서 이들은 북한군 점령정책에 무력 저항할 수 있다는 점에서 잠재적 군사동원집단으로 간주되었다. 그리고 보복의 측면에서는 일부 지역에서 좌익 관련 사건의 유가족이 가해에 관여했다는 증언 등으로 미루어보아 북한군 점령 이전에 발생한 보도연맹사건 등이 영향을 미쳤을 것으로 볼 수 있다.

북한군 점령기에는 주로 각 지역의 공무원·경찰·우익청년단체원 등 우익인사로 분류되던 사람들이 분주소 등으로 끌려가 '인민재판'을 받고 희생당하거나 상해 등 피해를 입었다. 희생자들은 "자수하러 나오라"는 연락을 받고 직접 분주소를 방문하거나 자위대 등으로 활동하던 지방좌익에 의해 강제로 끌려갔다. 이들은 분주소·내무서·마을창고 등에 감금되어 있다가 인근 산이나 공동묘지, 방공호 등 특정 지역으로 끌려가 살해되거나 해안지역에서는 바다에 수장되었다.

전쟁기간 전국의 민간인피살자 통계를 완성한 것은 1952년 12월부터 1953년 7월 27일까지 조사한 공보처통계국의 〈6·25사변 종합피해조사표〉(1954년 발간)이다. 이 조사결과는 학살 12만 8,936명(남 9만 7,680/여 3만 1,256) 등을 포함하여 전체 인명피해 총수가 99만 968명으로 집계했다. 이 규모가 전국적으로 조사한 것이었다면 남한을 대상으로 하여 조사한 보고서는 1952년 3월 31일 작성한 공보처 통계국의 〈6·25사변 피살자명부〉가 유일하다. 명부에서 확인된 각 도별 피살자 규모는 전남 4만 3,511명(72.6%), 전북 5,603명(9%), 충남 3,680명(6%), 경기 2,536명(4%), 서울 1,383명(2%), 강원 1,216명, 경남 689명, 충북 633명, 경북 628명, 제주 23명 순이었다.

한국정부의 남한 민간인 피살자 조사 결과

도별(남/여)	시군구 피해규모
전라남도 총 43,511명 (29,565/13,946)	영광 21,225(21,005), 영암 7,175(7161), 장성 4,306(4,436), 나주 3,596(3,585), 보성 2,193, 함평 1,954(1,818), 담양 730, 무안 666(658), 장흥 654, 완도 209, 순천 199(198), 구례 152, 광산 138(144), 벌교 101(95), 곡성 99, 고흥 64(67), 화순 50, 광주(132), 보성·강진·해남·진도(2023) 등 * 군경 877명 포함
전라북도 총 5,603명 (4,394/1,209)	고창 2,364, 정읍 812(838), 군산 515, 전주 424, 김제 388(394), 이리 212, 남원 194, 임실 172, 금산 143(144), 부안 126, 무주 72, 순창 71, 진안 67(66), 장수 29, 익산 14(229) 등
충청남도 총 3,680명 (3,476/204)	논산(865), 강경 863, 서천 604(600), 당진 255, 태안 250(252), 홍성 246, 예산 246, 서산 243, 아산 (241), 온양 240, 공주 201, 부여 182(185), 유성 137, 청양 56, 보령 47, 천안 44, 조치원 35, 대전 31(167) 등
경기도 총 2,536명 (2,373/163)	가평 387(385), 양평 337, 포천 317, 양주 214, 파주 183(182), 인천 139, 광주 143, 수원 131, 여주 119, 이천 118, 용인 100, 김포 75, 안성 69(56), 평택 68(89), 고양 50, 안양 34, 강화 31, 부천 21 등
서울시 총 1,383명 (1,160/223)	용산구 236(237), 중구 225(223), 성북구 218, 영등포구 201(199), 종로구 145(143), 성동구 127, 서대문구 103, 마포구 73(74), 동대문구 55 등
강원도 총 1,216명 (1,139/77)	홍천 208, 춘천 182, 강릉 153, 원주 110, 정선 105, 평창 89, 영월 85, 삼척 74, 횡성 62, 울진 59, 인제 44, 주문진 29, 장성 16 등 (춘천 184, 홍천-인제 92, 강릉-홍천 92, 홍천 92, 강릉-동해 92, 횡성-평창 92, 평창-정선 92, 정선 92, 삼척 92, 원주-영월 95, 영월-울진-홍천 85, 영월 92 등)
경상남도 총 689명 (662/27)	하동 119, 사천 98, 진주 83, 거창 77, 남해 54, 양산 14, 산청 44, 합천 42, 울산 41, 고성 39, 의령 33, 통영 12, 밀양 10, 함안 5, 김해 5, 창녕 1 등 (합천-거창 119, 창녕 1, 창원-밀양-울산 56, 합천-산천-의령 92, 합천-진주-함안 92, 합천-하동-진주 92, 합천-하동-통영 92, 합천-사천-삼천포 92, 합천-함양-남해 53 등)
충청북도 총 633명 (575/58)	청주 172(171), 제천 106, 충주 126(129), 옥천 48, 괴산 45(44), 음성 32, 영동 31, 단양 30(31), 진천 23, 보은 20 등
경상북도 총 628명 (586/42)	영덕 73, 영일 66, 예천 66, 봉화 45, 성주 43, 영주 42, 김천 42, 안동 40, 문경 40, 영천 39, 선산 24, 청도 22, 고령 22, 상주 22, 의성 13, 영양 8, 칠곡 8, 달성 4, 군위 1 등 (의성-청송 144, 성주 67, 예천 66, 영주·예천 43, 봉화 45, 김천-영덕 75, 김천-영덕-포항 92, 김천-영덕-고령-청도 98 등)
제주 총 23명(18/5)	23
철도경찰 총 62명(60/2)	62
합계	총 59,964명 (44,008/15,956)

비고 : 시군구 숫자는 명부목록에 소개된 피살자수, ()안의 숫자는 실제 확인하여 수정한 숫자

경기도의 경우 주로 경기 북부지역인 가평, 양평, 포천 등에서 피살자가 많이 발생했다. 미 전쟁범죄조사단과 진실화해위원회 조사자료에 근거하여 경기도 지역 내 주요 사건들을 살펴보면 다음과 같다. 우선 가평의 경우 가평경찰서에서 작성한 피살자명부(1953. 12. 29)에는 국군과 민간인들이 1950년 9월 북한군 보안대에 체포되어 가평군 가평면 마장리 노루목고개에서 학살당한 사건이었고 8개 구덩이에 나뉘어 각각 40~50명씩 매장된 사건이었다. 진실화해위원회에서는 이 사건에 대해 조사를 진행하여 북한군과 내무서원 등에 의해 200여 명이 희생되었으며, 희생자들이 경기도 가평군 가평면, 상면, 북면, 하면, 외서면, 설악면 마을 주민으로 농업에 종사하는 20~40대의 남성이 대부분이었음을 확인했다.

양평의 경우에는 1952년 양평경찰서에서 조사한 〈피살자명부〉가 존재하는데, 이에 따르면, 양평경찰서는 양평 부근의 공무원, 군경, 민간인(양평 사람 338명, 피난민 400여 명) 등이 1950년 9월 퇴각하는 북한군에 의해 피살되었다는 사건경위와 함께 338명의 피살자명부를 조사 제출했다. 이 사건과 관련해 진실화해위원회에서도 조사보고서를 제출했다. 이 보고서에 의하면, 피해자들은 1950년 9월 22일부터 26일 새벽사이에 연행되어 1차로 각 면의 지서나 창고에 감금되었다가, 9월 26일을 전후해서 양평면 내무서와 그 인근 건물(양평경찰서, 양평 내무서 옆 농협창고)에 집결되었다. 사건 발생 당일 피해자들은 두 명씩 양손을 허리띠나 철사로 묶인 채 사건 현장인 양평면 양근4리 한강변 백사장으로 끌려간 후 총살되었다. 피해자들의 시신은 국군이 양평을 수복한 10월 1일 이후에 유가족들에 의해 수습되었다. 진실화해위원회의 조사에서 신원이 확인된 희생자는 경기도 양평군 양평면, 용문면, 옥천면, 강하면, 단월면 마을 주민들이었고, 대부분 20~40대의 남성들이었다. 피해의 주된 이유는 이들이 유엔군과 국군에 협력했거나 협력할 가능성이 있다고 여겨졌기 때문이었다.

파주에서는 동탄리 사건이 대표적이다. 이 사건은 북한군이 퇴각 직전 1950년 10월 2일 동탄리 청년 39명을 처형하고 불태운 사건으로 그 후 생존자의 안내로 사체 18구가 발굴된 사건이었다. 동탄리 사건은 1954년 통계청 명부에 182명, 파주경찰서 명부(1952. 7. 25)에 24명이 각각 기록되어 있다.

이외 진실화해위원회의 조사결과, 경기도 지역에서는 적대세력에 의한 민간인 집단학살사건이 광주, 평택, 포천, 양주, 고양 등지에서도 발생했음이 확인되고 있다. 이 사건들은 주로 북한군 점령기와 퇴각기에 발생했다. 북한군이 점령한 1950년 7월에는 '인민재판'으로 희생당하는 사건이 발생했고, 1950년 9월 말경 북한군 퇴각기에는 내무서, 분주소 및 인근의 특정장소로 끌려가 집단으로 희생당했다. 희생자들은 주로 대한청년단원, 전직 경찰, 공무원, 마을유지 등 우익인사로 분류되는 사람이거나 그 가족들이었으며, 이유 없이 희생당한 학생들도 있었다.

3) 부역자 관련 민간인 희생사건

경기도 주민들의 집단희생은 1950년 9월 인천상륙작전으로 전세가 역전된 이후에 다시 한번 발생했다. 부역자 관련 민간인 희생사건이 그것이었다. 1950년 9·28 서울수복 이후 주민들은 10월 4일 경인지역에서 활동을 시작한 군·검·경 합동수사본부의 지휘 아래 연행되어 조사를 받았다. 인민위원회 등 북한군 점령기 북한 점령기구에서 활동한 주민들이 경찰의 지휘 아래 치안대 등 민간치안조직에 의해 연행되었다. 그리고 경찰서에서 주로 사찰계 소속 경찰관에 의해 부역행위에 대한 조사를 받았다.

진실화해위원회의 조사결과에 따르면, 당시 부역혐의자들은 부역혐의의 정도에 따라 A, B, C등급으로 분류되어 A등급은 군법회의로 송치, B등급은 보완 조사 후 송치 또는 석방, C등급은 훈방하도록 군·검·경 합동수사본부의 지시가 있었음이 확인된다. 그러나 합동수사본부의 지시와는 달리 각 경찰서에서는 A등급은 즉결처분, B등급은 재판 송치, C등급은 보류 상태로 두었다. 즉 경찰과 치안대에 의해 연행당한 주민들은 경찰서의 조사 후 즉결처분되었거나 재판소로 이송되었다고 볼 수 있다. 이때 즉결처분 당한 희생자들이 곧 부역혐의 희생사건의 희생자들이었으며, 법원으로 이송되어 재판을 받은 주민들이 부역자들이 되었다.

1950년 11월 3일 내무부에서 발표한 경기도지역 부역자는 검거가 1만 1,129명, 송치가 2,373명, 석방이 3,136명이었다. 이 수치는 전국적으로 서울지역 다음으로 많은 수였다. 경기도 지역은 전선의 잦은 이동으로 인해 좌우익에 의한 피해가 심했고, 전선이 교착된 뒤에도 접경 지역의 특성상 정규·비정규 작전과정에서 민간인 희생이 많이 발생했다. 전선이 두 차례 오르내리면서 좌·우 양측에 의한 보복학살도 많았다. 희생자유족관련단체의 자체조사에 따르면, 경기도지역에서는 부역혐의로 인해 2,216명이 희생된 것으로 추정되고 있다.

부역혐의자 집단희생은 경기도의 여러 지역에서 발생했음이 확인되고 있다. 화성 오산면, 포천 신북면, 포천 청북면, 파주 교하면, 용인 원삼면, 여주 가남·대신·북내·금사면, 양평 강상·양서·양평·용문면, 양주 은현면, 안양 박달동, 남양주 진건·진접면, 김포 김포·대곶·양동·양촌·하성면, 광주 동부·

중부면, 고양 금정굴·신도면, 강화 장봉도·갑곶, 가평 설악면, 수원 신풍동 등에서 발생한 부역혐의자 희생사건이 대표적이다.

그 중 진실화해위원회에서 조사를 마친 주요 사건들을 소개하면 다음과 같다. 가평에서는 1950년 9월 28일 수복 직후 마

1950년 10월 9일부터 약 20일간 부역혐의자 및 그 가족들이 집단 살해되어 매장된 고양 금정굴

을별로 10여 명에서 최대 100여 명까지 부역혐의로 희생되었으며, 고양시에서는 1950년 10월 수복 이후 금정굴에서만 부역혐의자 400여 명이 희생되었다. 김포에서는 김포경찰서에 구금된 부역혐의자들이 집단 살해되는 등 600여 명이 부역혐의로 희생된 것으로 추정되며, 남양주에서는 진접면과 진건면 등에서 1950년 10월 초 부역혐의자 100여 명이 연행되어 살해되었다. 양평에서는 1950년 10월 강상면, 양서면, 양평면, 용문면 등에서 수백 명의 부역혐의자들이 집단 살해되었고 여주에서는 1950년 10월경 가남면, 금사면, 능서면, 대신면, 북내면, 여주읍, 점동면, 홍천면 등에서 부역혐의자 수백 명이 살해되었다. 또한 평택, 포천 등에서도 1950년 10월경 부역혐의자들이 집단 살해된 사실이 확인되었다.

6·25전쟁 기간에는 예비검속, 적대세력, 부역자 관련 민간인 희생사건 이외에도 항공기의 기총사격과 폭격에 의한 민간인 희생사건이 발생했다. 화성에서는 1951년 1월 11일 오산면에서 피난하던 주민 10여 명이 기총사격에 의해 사망했고, 이틀 뒤인 1월 13일에는 정남면 발산리, 안용면 안녕리 주민들이 폭

격에 의해 집단 희생되었다. 용인에서는 1951년 1월 12일 수지읍 풍덕천리 개천을 지나던 피난민들이, 1월 15일에는 구성면 죽전리 현암(갑바위)지역에서 폭격으로 주민들이 집단 희생되었다. 이외에 남양주지역에서는 1951년 2월 17일 진접면 내곡리 주민 5명이 기총사격에 희생되었다.

2. 납북

1) 납북 배경

6·25전쟁이 남긴 가슴 아픈 또 하나의 상흔이 전시 납북자 문제였다. 전쟁 기간에는 수많은 우리 국민들이 강제로 납북되었고, 현재도 본인의 의사에 반하여 사실상 북한에 억류되어 있는 인사들이 있다. 전시 납북은 전쟁 전부터 치밀한 계획 하에 체계적으로 진행되었다. 북한은 1946년부터 사회주의 체제 확립을 위해 사유재산을 몰수하고 대규모 숙청을 전개했다. 이에 숙청 대상에 속했던 지식인과 사회지도층을 비롯해 다수의 북한 주민들이 월남을 선택했다. 북한은 지식인의 대거 월남에 따른 인재 부족 현상을 타개하고자 남한 지식인들을 북한으로 데려 오라는 김일성의 〈남조선에서 인테리를 데려올데 대하여〉라는 교시를 내리기도 했다.

이처럼 전시납북의 단초는 6·25전쟁 이전으로 거슬러 올라가지만, 구체적인 실행은 전쟁 기간에 이루어졌다. 북한은 전쟁 발발 나흘째인 6월 28일 수도 서울을 점령하고, 약 한 달 만에 낙동강 이남지역을 제외한 남한 전역을 장악했다. 북한은 전쟁 발발 직후부터 38선 이북으로 패퇴하기까지 3개월 동안 집중적으로 남한 주민들을 체포·구금하거나 납치했다. 특히 점령지 정책에 의거하여 신원조사를 벌여 포섭 · 활용할 인사와 격리 · 구금할 인사를 구분하고 철저히 관리 · 통제했다. 그리고 7월 중 · 하순부터 이들 중 일부를 강제로 북송하기 시작했다.

　유엔군이 본격적으로 참전한 1950년 7월 중순부터 전황은 북한군의 일방적인 우위에서 점차 공방전 양상으로 바뀌기 시작했다. 대규모 북한군 징집으로 인해 전쟁물자 생산과 훼손된 도로 복구 등을 위한 노동인력 부족문제가 심각해졌다. 북한은 이를 해소하기 위하여 남한 청 · 장년들을 지속적으로 납북했으며, 부족한 북한군 병력을 충당하기 위해 '의용군'으로 전선에 투입했다.

　1950년 9월 15일 유엔군의 인천상륙작전이 성공함에 따라 전세는 북한군에 급속하게 불리해졌다. 9월 하순 북한은 후퇴 명령과 함께 대규모 납북을 추진했다. 주요 납북 대상은 북한 체제에 필요하거나 활용할 수 있는 인사, 남한 잔류 시 남한 체제에 도움이 될

납북자 추모비(경기도 파주시 문산읍 임진각로 153).
ⓒ 국립6 · 25전쟁납북자기념관

수 있는 인사, 강제 징집되어 의용군 · 노무대 등으로 전투에 동원된 남한 내 청 · 장년 등이었다. 납북 사건의 85% 이상이 전쟁 발발부터 이 시기까지에 이루어졌다.

　중공군 참전 이후 1951년 공산군이 남한 지역을 재점령하게 되자 민간인 납북피해자는 다시 발생하게 되었다. 6 · 25전쟁 발발 직후와는 달리 서울과 경

기 지역의 주민들이 정부 지원 아래 조직적으로 피난을 갔고, 유엔군과 공산군 사이의 전선이 중부지역에 형성되었기 때문에 북한군에 의한 직접적인 납북피해는 상대적으로 적었다. 이 당시 북한은 산악지역에 은신하던 북한군 잔존병력과 좌익세력을 중심으로 남한 후방 지역에서 유격전 활동을 전개하고 있었다. 이들은 인근 지역에서 납치·약탈 등으로 필요한 병력과 보급품을 조달하였는데, 이 과정에서 많은 민간인들이 납치 피해를 당했다.

이처럼 6·25전쟁 중에 발생한 납북사건은 북한이 점령했던 모든 지역에서 발생했고, 그 대상은 어린이부터 70대 이상의 노인까지 연령층이 다양했으며, 정치·경제·사회·문화·과학 등 각 분야의 저명인사를 비롯해 학생·농민·사무원·노동자 등 모든 분야에 걸쳐 있었다.

2) 경기도 납북 현황

경기지역의 납치피해는 서울을 중심으로 북쪽(개성, 파주 등), 서쪽(시흥, 인천, 강화 등), 남쪽(용인, 평택 등), 동쪽(양평, 가평 등)의 상황이 서로 조금씩 달랐다. 이른바 '반동분자'는 시·군 내무서에 연행된 후 서울로 이송한 경우가 많았으나, 강제의 용군의 경우는 지역에 따라 이동경로나 지역별 할당량이 다른 경우도 있었다. 경기도 지역의 납북 경로는 크게 4개였다. 경기 동부지역은 양평→청평→가평→철원, 경기 서부지역은 강화→개성 또는 연백군, 시흥·인천→김포→고양→파주→임진강, 경기 남부지역은 안성→장호원→이천→광주→금곡→의정부, 안성→장호원→이천→양평→가평, 경기 북부지역은 의정부→파주→임진강→개성→황해도 등이었다. 다음은 경기도의 시·군별 납치피해 현황을 나타낸 것이다.

경기도 시군별 납치피해 현황

시·군명	납북자 수(명)	납북자 비율(%)	비고 (시·군별 인구 : 명, 1949년)
가평군	645	3.6	68,283
강화군	1,368	7.7	102,104
개성시	438	2.5	88,708
개풍군	118	0.7	83,315
고양군	804	4.5	168,691
광주군	732	4.1	111,751
김포군	1,316	7.4	80,791
부천군	958	5.4	92,114
수원시	556	3.1	230,351
시흥군	644	3.6	100,309
안성군	987	5.5	108,812
양주군	526	3.0	162,678
양평군	372	2.1	90,795
여주군	1,116	6.3	89,050
연백군	117	0.7	246,588
옹진군	297	1.7	165,259
용인군	676	3.8	96,693
이천군	438	2.5	89,235
인천시	1,691	9.5	265,767
장단군	106	0.6	41,919
파주군	1,345	7.5	91,862
평택군	459	2.6	101,307
포천군	805	4.5	64,212
화성군	1,259	7.1	–
기타	32	0.2	–
불명	17	0.1	–
합계	17,822	100	2,740,594

출처 : 국무총리 소속 6·25전쟁납북진상규명위원회,「6·25전쟁 납북피해 진상조사보고서」, 2017, 222쪽.

경기지역의 시군별 납치 현황을 살펴보면, 인천시가 1,691명(9.5%)으로 가장 많았고, 그 다음은 강화군 1,368명(7.7%), 파주군 1,345명(7.5%), 김포군

1,316명(7.4%), 화성군 1,259명(7.1%), 여주군 1,116명(6.3%) 순으로 나타났다. 대체로 경기 서부 및 도서지방(인천시, 강화군, 김포군, 연백군, 옹진군, 수원군 일부 지역 등)의 피해가 상대적으로 많았던 것을 알 수 있다. 이것은 6·25전쟁 초기 북한의 남침 경로가 서부전선 지역으로 전개되었고, 납치사건 대부분이 전쟁 초기에 발생했기 때문이었다.

납북자들의 성별 분포를 살펴보면, 납북자 수는 남성 17,431명(97.8%), 여성 267명(1.5%)으로 남성이 월등히 많은 것으로 나타났다. 신원불명은 124명이었다. 그리고 연령별 분포를 살펴보면, 납북자의 과반수는 20대로 10,754명(60.3%)을 차지했다. 그 다음은 30대로 3,564명(20.0%), 40대가 1,077명(6.0%)의 순으로 나타났다. 즉 20대와 30대의 청년층은 대부분 의용군 강제 동원이나 기술직을 포함한 노동연령층으로, 북한의 주요 납치 대상이 되었음을 알 수 있다.

납북자들의 직업별 분포는 농민이 12,436명(69.8%)으로 가장 높았다. 이것은 당시 농업인구가 한국 경제 인구의 주류를 이루었음을 보여준다. 그 다음으로 노동자 902명(5.1%), 학생 589명(3.3%), 공무원 449명(2.5%)의 순으로 나타났다. 이들의 납치 시기는 대부분 1950년 7월에서 9월 사이(85.5%)에 이루어졌으며, 6·25전쟁 이전에도 85명의 납북자가 있었고, 1951년 이후에도 납북사건이 지속적으로 발생했다.

경기도 납북자 연령별 분포

나이 (세)	1–9	10–19	20–29	30–39	40–49	50–59	60–69	70이상	불명	합계
인원 (명)	41	1,636	10,754	3,564	1,077	478	128	54	90	17,822

출처 : 6 · 25전쟁납북진상규명위원회,「6 · 25전쟁 납북피해 진상조사보고서」, 2007, 223쪽.

경기도 납북자 직업별 분포

직업	공무원	교수교사	기술기능직	노동자	농민	문화예술계	법조계	사회단체소속	언론계	의료계	정치계	종교계	학생	기타	합계
인원(명)	449	179	207	902	12,436	8	6	186	7	41	9	38	589	2,765	17,822
비율(%)	2.5	1.0	1.2	5.1	69.8	0.1	0.1	1.0	0.0	0.2	0.1	0.2	3.3	15.4	100

출처 : 6 · 25전쟁납북진상규명위원회,「6 · 25전쟁 납북피해 진상조사보고서」, 2007, 224쪽.

03
정치 · 행정 · 경제

1. 전시하의 정치·행정

1) 피난국회와 제2대 대통령 선거

1950년 5월 30일 치러진 국회의원 선거로 구성된 제2대 국회는 6월 19일 개원하여 국회의장 신익희, 부의장 조봉암과 장택상을 선출하고 회기를 진행하던 중 전쟁을 맞게 되었다. 전쟁으로 인해 210명의 국회의원 가운데 사망하거나 피살된 인원이 8명에 달했으며, 납북되거나 행방불명된 의원도 27명으로 모두 35명의 국회의원이 피해를 보았다. 납북 또는 행방불명된 27명의 국회의원 중에는 경기도 출신 6명의 의원도 포함되어 있었다. 평택의 안재홍, 화성을구의 김웅진, 이천의 이종성, 용인의 류기수, 연백갑구의 김경배, 장단의 백상규 등이 그들이었다.

경기도 지역 제2대 국회의원(30명)

선거구명	성명	연령	직업	소속정당/단체명
인천 갑	이용설	54	대학학장	무
인천 을	곽상훈	53	국회의원	무
인천 병	조봉암	50	국회의원	무
개성	김동성	60	회사원	무
수원	홍길선	45	국회의원	민국

선거구명	성명	연령	직업	소속정당/단체명
고양	최국현	50	국회의원	민국
양주 갑	조시원	45	정계	사회
양주 을	이진수	49	국회의원	국민
포천	윤성순	52	회사원	무
가평	홍익표	40	농업	무
양평	여운홍	59	무	무
여주	김억준	41	변호사	무
이천	이종성	59	변호사	무
용인	류기수	42	회사원	무
안성	이교선	47	무	무
평택	안재홍	58	한성일보취재역	무
화성 갑	김인태	42	농회직원	무
화성 을	김웅진	44	국회의원	국민
시흥	이재형	35	국회의원	국민
부천	박제환	45	농업	국민
김포	이교승	61	농업	무
강화	윤재근	39	국회의원	국민
파주	이동환	44	무	무
장단	백상규	69	교육계	무
개풍	신광표	53	국회의원	일민
연백 갑	김경배	55	농업	국민
연백 을	김태희	51	제약사	무
옹진 갑	서범석	48	무	무
옹진 을	오의관	42	정미업	무

출처 : 중앙선거관리위원회, 『역대 국회의원 선거상황』, 1963, 81~177쪽.

　　제2대 국회는 서울·대구·부산 등을 오가며 이른바 '피난국회'라 불리며, 비상시국에 따른 여러 법률안을 제정했다. 제2대 국회는 1950년 7월 27일 제8차 임시국회를 대구 시내　문화극장에서 개회하고 피난국회 활동을 시작했다. 피난국회는 전쟁의 상황변화에 따라 8월에 부산으로, 10월에는 서울로, 1951년 1월에는 다시 부산으로 옮겼다.

피난국회 시절인 1952년에는 전쟁 중임에도 제2대 대통령선거가 실시되었다. 당시의 헌법에 대통령은 국회가 선출하도록 규정되어 있었다. 그러나 제2대 국회의원 선거에서 여당인 대한민국당이 24석을 차지한데 반해 야당인 민주국민당이 24석, 무소속이 126명으로 국회가 구성됨으로써 국회 의석수로는 이승만의 대통령 재선이 어려운 상황이었다. 게다가 1951년 거창 양민학살 사건과 국민방위군 사건 등이 발생하면서 국민들과 국회의원들은 이승만 정부를 믿지 않게 되었다.

부산 국회개원 모습(1952). ⓒ 국가기록원

국회 내에서 자신의 지지세력이 미약하다고 판단한 이승만은 자신의 세력 기반을 형성하기 위하여 새로운 정당의 조직을 추진하는 동시에 1951년 11월 28일 대통령 직선제와 상·하 양원제를 골격으로 하는 개헌안을 국회에 제출했다. 야당 국회의원들은 정부의 대통령 직선제 개헌안에 맞서 내각책임제 개헌안을 제출했다. 이승만에 반대하는 의원들이 다수였던 국회 의석 구조로 내각책임제 개헌안이 통과될 확률이 높았다. 결국 이승만은 온갖 반민주적인 수단을 동원했다. 이른바 '정치깡패'로 불리는 폭력조직을 동원하여 국회 해산에 대한 여론을 부추기고 시위를 조장했다. 심지어 이승만은 1952년 5월 25일 부산을 포함한 경상남도와 전라남·북도 일부지역에 공비소탕이라는 구실로 비상계엄을 선포하고, 26일 야당 의원들이 탄 버스를 헌병대로 연행하였으며, 10명의 국회의원들을 국제공산당과 관련이 있다는 혐의로 구속했다. 이른바 '부산정치파동'이 발생했던 것이다. 이에 국회에서 구속 의원 석방과 계엄 해제 결의안을 통과시켰으나, 이승만 정부는 이를 묵살했다. 뿐만 아니라 국외의 비판적 여론도 완전히 무시했다. 국무총리 장택상은 국회 해산을 협박 수단으로 하면서 발췌개헌을 추진했다.

1952년 6월 21일 국회에 상정된 발췌개헌안은, 정부가 제출한 대통령 직선제와 상·하 양원제에다 국회가 제안한 개헌안 중 국무총리의 요청에 의한 국무위원의 면직과 임명, 국무위원에 대한 국회의 불신임결의권 등을 덧붙인 절충안이었다. 그러나 이것은 기세가 꺾인 야당에게 어느 정도의 명분을 주자는 것에 불과했다. 국회는 1952년 7월 4일 밤 기립표결을 통해 출석의원 166명 중 163명의 찬성으로 발췌개헌안을 통과시켰다. 정부는 7월 7일 제1차 개정헌법을 공포하였고, 이로써 부산정치파동은 일단락을 짓게 되었다.

이 개헌에 따라서 정·부통령선거법이 새로이 제정되고 이에 의한 선거가 1952년 8월 5일에 실시되었다. 대통령 선거에는 무소속 조봉암, 자유당 이승만, 민주국민당 이시영, 무소속 신흥우 등 총 4명의 후보가 출마했다. 전시임에도 당시 유권자 825만 9,428명 가운데 727만 5,883명이 투표에 참여해 투표율이 88.1%에 달했다. 투표 결과 이승만이 유효투표 수의 74.6%인 523만 8,769표를 얻어 당선되었다. 무효는 25만 5,199표, 기권은 98만 3,545표였다. 2위인 조봉암은 79만 7,504표, 3위인 이시영은 76만 4,715표, 4위인 신흥우

제2대 대통령 선거 모습(의정부). ⓒ 국사편찬위원회

는 21만 9,696표를 얻었다. 함께 치러진 부통령 선거에서는 이승만이 지지한 무소속의 함태영이 당선되었다.

경기도는 이 선거에서 총 유권자 91만 2,299명 가운데 77만 5,508명이 참여해 85%의 투표율을 보였다. 투표결과 유효투표수 74만 9,736표 중 이승만이 65만 7,174표(86.7%), 조봉암이 4만 4,967표, 이시영이 3만 4,704표, 신흥우가 1만 2,891표를 얻었다.

경기도 제2대 대통령선거 현황

시·군	선거인수	투표자수	투표율	후보자별 득표수			
				조봉암	이승만	이시영	신흥우
수원시	34,107	25,431	74.5	2,972	19,269	1,757	461
고양군	24,941	24,833	99.6	992	21,711	1,014	356
광주군	60,477	49,694	82.1	1,934	43,347	2,127	800
양주군	64,967	62,195	95.7	2,642	53,628	3,084	911
포천군	23,673	23,230	98.1	753	20,074	1,414	334
가평군	25,998	24,309	93.5	1,132	20,234	1,297	528
양평군	35,974	35,577	98.8	1,116	31,819	1,271	447
여주군	41,985	35,317	84.1	1,981	29,750	1,617	579
이천군	41,231	34,398	83.4	1,515	29,754	1,686	473
용인군	48,253	40,218	83.3	2,661	33,186	1,906	891
안성군	55,747	46,031	82.5	2,086	39,730	1,762	768
평택군	48,505	39,793	82.0	2,182	33,748	1,781	738
화성군	90,656	76,231	84.0	3,722	67,141	2,507	817
시흥군	43,128	34,337	79.6	1,744	29,136	1,213	910
김포군	38,148	34,378	90.1	1,893	29,462	1,269	485
파주군	36,328	35,417	97.1	1,218	31,892	1,119	284
인천시	106,444	79,172	74.3	9,427	60,810	4,654	1,426
강화군	50,433	41,412	82.1	3,403	33,434	1,786	614
부천군	41,304	33,835	81.9	1,594	29,049	1,440	614
합계	912,299	775,808	86.67	44,967	657,175	34,704	12,891

출처 : 중앙선거관리위원회, 『역대 대통령 선거 상황』, 1971, 18~19쪽.

2) 제1회 지방자치단체 선거

1948년 제헌국회가 제정한 헌법 제97조에는 지방자치단체별로 의회를 두고 그 조직과 운영에 관한 법률을 제정하도록 명시되어 있었다. 1949년 6월에 국회가 지방자치법을 제정함으로써 대한민국 지방자치의 역사는 시작되었다. 그러나 1950년 12월에 실시하기로 한 지방자치단체 선거는 6·25전쟁의 발발로 차일피일 미루어졌다. 그런데 전쟁 와중이던 1952년 2월 6일, 정부는 대통령령 제605호를 통해 갑자기 시·읍·면의회 의원선거를 4월 25일에 실시한다고 발표하고, 이어 2월 20일에는 전선 인근지역인 서울시와 경기도·강원도를 제외한 각 도 도의원 선거를 5월 10일에 실시한다고 발표했다. 이러한 갑작스러운 발표는 이승만 대통령이 집권연장을 위해 대통령직선제 개헌을 추진하는 데서 각급 지방의회를 활용하려는 다분히 정치적 의도를 내포하고 있었다.

제1회 지방자치단체 선거는 1952년 4월 25일에 시·읍·면의원 선거가, 5월 10일에 도의원 선거가 실시되었다. 유감스럽게도 전선과 인접한 경기도의 경우에는 도의원 선거는 실시되지 않았다. 이 당시의 지방자치단체 선거는 현재와 달리 지방자치단체장 선거는 실시하지 않고 지방의회 선거만 실시하였다는 특징을 지녔다. 경기도에서는 2개 시, 7개 읍, 118개 면에서 의원선거가 실시되었다.

시의원 선거는 전국 19개 시 가운데 17개 시에서 실시되었으며, 총 유권자 111만 1,849명의 80%에 해당하는 89만 1,728명이 선거에 참여하여 378명의 시의회 의원을 선출했다. 당선자의 정당·단체별 분포를 보면, 무소속이 172명으로 단연 수위를 차지했고, 다음으로 자유당 114명, 대한청년당 40명, 국민회 29명, 민주국민당 7명, 대한노총 5명, 국민당 2명, 기타 9명이었다. 경기도는 수원시와 인천시에서 선거가 실시되어 총 유권자 13만 9,430명 가운데 81%가 투표

1952년 지방자치단체 선거벽보(수원성).
ⓒ 국가기록원

에 참여하여 48명의 시의회 의원을 선출했다. 당선자의 정당·단체별 분포는 무소속이 17명, 자유당 12명, 대한청년당 12명, 국민회 4명, 대한노총 5명, 국민당 2명, 민주국민당 1명, 기타 2명이었다.

읍의원 선거는 전국 75개 읍 가운데 72개 읍에서 실시되었으며, 총 유권자 568만 9,917명의 93%에 해당하는 529만 5,462명이 선거에 참여하여 1,115명의 읍의원을 선출했다. 당선자의 정당·단체별 분포를 보면, 무소속이 430명으로 가장 많았고, 자유당이 274명, 대한청년당 229명, 국민회 155명, 민주국민당 7명, 대한노총 6명, 기타 14명이었다. 경기도는 7개 읍에서 선거가 실시되어 총 유권자 5만 2,067명 가운데 87%에 해당하는 45,176명이 투표에 참여하여 105명의 읍의원을 선출했다. 당선자의 정당·단체별 분포는 무소속 39명, 대한청년당 37명, 국민회 14명, 자유당 8명, 민주국민당 2명, 기타 5명이었다.

면의원 선거는 전국 1,448개 면 가운데 1,308개 면에서 실시되었으며, 총 유권자 568만 9,917명 가운데 93%에 해당하는 529만 5,462명이 선거에 참여하여 1만 6,051명의 면의원을 선출했다. 당선자의 정당·단체별 분포를 보면, 무소속이 6,867명으로 가장 많았고, 자유당이 4,056명, 대한청년당 2,574명, 국민회 2,437명, 민주국민당 21명, 국민당 16명, 대한노총 12명, 기타 68명이었다.

경기도는 118개 면에서 선거가 실시되어 총 유권자 48만 58명 가운데 84%에 해당하는 43만 3,481명이 투표에 참여하여 1,376명의 면의원을 선출했다. 당선자의 정당·단체별 분포는 무소속이 675명, 대한청년당 421명, 국민회 182명, 자유당 74명, 국민당 4명, 민주국민당 1명, 기타 18명이었다.

3) 경기도청의 이전

경기도는 1946년 8월 미군정하에서 경성부가 서울시로 개편·승격되어 경기도 관할에서 벗어남에 따라 2부 21군 10읍 230면이 되었다. 당시 미군정은 〈군정법령 제106호〉로 경성부를 서울시로 승격시켜 경기도와 동등한 지위를 갖도록했다. 이때 서울시의 관할지역은 종로구, 중구, 마포구, 성동구, 서대문구, 동대문구, 용산구, 영등포구 등 8개 구였다. 이에 앞서 미군정은 1945년 11월 3일 〈군정법령 제22호〉에 의거해 북위 38선 이남에 연접한 지역을 경기도에 편입시킨 바가 있었다. 이때 경기도의 개풍군, 장단군, 연천군, 파주군 등에서 행정구역 일부가 조정되었으며, 벽성군과 연백군 등 황해도 일부지역이 경기도에 편입되었다.

　대한민국 정부 수립 이후 지방자치제 실시에 따라 경기도 행정구역은 다시한번 변화를 거쳤다. 1949년 8월에 인천부와 개성부가 시로 개칭되어 인천시와 개성시가 되었으며, 수원읍과 시흥군 안양면이 각각 시와 읍으로 승격되어 수원시와 시흥군 안양읍이 되었다. 그리고 고양군의 숭인, 뚝도, 은평 등 3개 면이 서울시에 편입되어 경기도는 3시 21군 230면이 되었다. 이러한 행정구역은 6·25전쟁 기간에 그대로 유지되었다. 그리고 경기도청은 1946년 서울시가 특별시로 승격하면서 서울 태평로에서 이전해야 했지만, 수원과 인천의 도청 유치 경합으로 이전사업이 순조롭게 진행되지 않아 전쟁 발발 당시 서울에 남겨져 있었다.

6·25전쟁이 발발하자 경기도청은 대구를 거쳐 부산으로 이동했다가 서울 수복으로 일시 복귀했다. 그러나 중공군의 참전으로 전황이 급변하면서 경기도 청은 다시 부산으로 이동했다. 그 후 1951년 3월 24일 수원의 식산은행 수원지 점에 임시청사를 마련하고 행정업무를 속개했다. 1953년에는 수원 종로에 소 재하던 화성군청을 도청으로 임시 사용하다가 1953년 8월 27일 서울로 완전히 복귀했다.

2. 전시하의 산업·경제

1) 6·25전쟁 발발 전 경기도 산업·경제

경기도는 일찍부터 산업이 융성하고 지속적으로 경제발전을 이루어 왔다. 이러 한 발전의 사회경제적 요인은 수도 서울과의 경제적 관계가 다른 어느 지방보 다도 밀접했기 때문이었다. 서울은 최대 인구가 거주하는 곳이었으며, 비생산 적 계층이 가장 많은 곳이기도 했다. 최대 소비지인 서울은 경기도에 있어서 더 없는 시장이었다. 경기도는 이들에 대한 식량공급지의 역할을 함으로써 농업생 산이 자극되었고 전국 어느 곳에서든 서울에 이르려면 경기도를 지나야 했기 때문에 자연히 교통의 요충이 될 수밖에 없었다. 이에 따라 해방 이전부터 경기 도는 농업과 운수업을 비롯하여 공업과 상업이 비교적 발달했다.

1945년 해방 이후에도 경기도의 산업·경제는 이전과 크게 다르지 않았 다. 경기도의 주요 산업인 농업의 경우 다른 도에 비해 자작농 비율이 낮고 소작농의 비율이 높다는 특징을 지니고 있었다. 해방 당시 경기도에서 농업에 종사하던 인구는 약 28만 가구에 달했다. 이 중 다른 사람의 농지를 빌려 일정한 소작료를 지급하며 농사를 짓는 소작농가 비율이 64.3%에 달했으며, 자기 소유의 농지를 경작하는 자작농가가 7.7%, 자작과 소작을 함께하는 자소작농가가 26.1%였다. 당시 전국적으로는 소작농가가 48.6%, 자작농가가 14%, 자소작농가가 34.7%였다. 경기도 지역이 다른 시도에 비해 자작농가 비율이 절반에 불과하다는 점은 그만큼 경기도에 지주층이 많았음을 의미하는 것이었다. 서울 등 대도시에 거주하는 부재지주들에게 경기도는 근거리에 위치하고 있었으므로 소작지 관리가 편리했다.

해방 이후 경기도 소작농가는 일본인이 소유했던 적산敵産 농지를 불하받기를 원했다. 소작농민들은 적어도 1정보(3,000평) 이상의 농지를 원했다. 그러나 경기도의 적산 농지 매각은 사고 농지를 제외하고 총 4만 1,889호의 소작농가에 3만 3,383정보의 농지가 분배되었을 뿐이었다. 이것은 각 가구당 0.797정보의 농지를 분배받은 수치였다.

미 군정시기에 농지를 불하받지 못한 농민들은 대한민국 정부수립 후에 마련된 농지개혁에 다시 한 번 기대를 갖게 되었다. 농지개혁법은 헌법에 '농지는 농민에게 분배'한다는 규정에 따라 제정되었으며, 지주에 대한 보상액과 분배받은 농민의 상환액 간의 이견을 조정하여 1950년 3월 10일 공포되었다. 그러나 관련 시행령과 시행규칙, 농지분배점수제 규정 등이 완료된 것은 1950년 6월 23일, 6·25전쟁 발발 이틀 전이었다.

경기도 산업·경제의 또 하나의 특징 중 하나는 교통과 상업의 발달이었다. 서부지역에는 한국 최초의 철도인 경인선 철도와 수원-인천을 연결하는 수

인선이, 남부지역에는 서울-부산을 연결하는 경부선 철도와 수원-여주 간 수려선이, 동부지역에는 서울-경주, 서울-춘천을 잇는 중앙선과 경춘선 철도가, 북부지역에는 서울-신의주, 서울-원산을 연결하는 경의선과 경원선 철도가 경기도를 관통하고 있었다. 이와 더불어 목포에서 신의주로 이어지는 1번 국도와 남해에서 초산으로 이어지는 3번 국도가 경기도를 가로질러 남북을 연결하고, 인천에서 강릉으로 이어지는 6번 도로가 경기도 중앙을 관통하며, 지역 간 연결되는 수많은 지방도들이 산재하여 사통팔달의 교통망을 갖추고 있었다.

38선을 경계로 남북이 분단되면서 경기 북부지역의 교통망은 크게 제한되었지만, 서부·남부·동부지역의 철도와 도로는 활용률이 더욱 높아져 갔다. 특히 수원을 중심으로 한 경기 남부지역의 교통량이 대폭 증가했으며, 그에 따라 시장도 활기를 띄었다. 수원시의 경우 1946년 3월에 통근·통학자의 편의를 위하여 운수국에서 서울과 수원 간 통근·통학 전용열차를 늘리기로 했다는 보도가 나왔다. 이는 그만큼 유동인구가 증대되었고 서울과 수원 간의 교통수요가 늘어났음을 보여주는 것이었다. 나아가 1948년 8월 교통부에서는 서울과 수원역 사이의 여객 수송을 완화하고자 안양역이 종착이던 열차를 수원역까지 연장시키고 열차를 증편시켰다.

교통량 증대는 인구 증대와 밀접히 관련된 것으로 철도역 주변에는 새로운 시가지가 발달하고 그만큼 상업시설도 늘어나게 되었다. 새로운 상권 형성과 함께 기존 상업도 교통망의 발달과 더불어 성장했다. 그 중 하나가 경기도 전역에 형성된 5일장의 활성화였다. 경기도에는 약 80개의 5일장이 있었는데, 대표적인 시장으로는 수원장, 안양장, 군포장, 발안장, 평택장, 경안장, 김량장, 이천장, 양평장, 사천장, 전곡장, 금촌장, 일산장 등이었다.

1930년대 이후부터 형성된 경인공업지대는 경기도의 공업 성장 정도를 보여주는 바로미터였다. 1930년대 초까지 이 지역은 주조, 양조, 비누, 염료, 고무제품 등의 제조업과 정미업 등이 발달했다. 1930년 중반에는 방직공업이 점차 자리를 잡아갔다. 일본 자본의 진출로 1934년 인천 만석정 매립지에 일본 동양방적 주식회사 인천공장이 들어섰다. 1937년 중일전쟁이 발발하면서 경인공업지대는 군수물자 생산을 위한 중공업이 급속도로 성장했다.

일본의 독점자본과 제국주의 관료들은 조선의 공업입지에 대한 활발한 논의와 조사를 통해 경인공업지대를 군수품 생산기지로 선택했다. 1937년 6월 만석정에 조선기계제작소가 설립된 것을 시작으로 요코야마, 미쓰이, 이와이, 닛산 등 일본 독점재벌의 공장들이 설립되었다. 주로 기계, 자동차, 선박, 금속, 철도차량 등 기계 공업이 주를 이루었다. 1939년에는 소총탄약, 화포탄약, 총검, 수류탄 등의 무기류를 생산하는 육군조병창이 부평에 설립되면서 공작기계공업도 크게 발전하게 되었다. 또한 군복과 천막 등을 제조하는 제국제마주식회사帝國製麻株式會社 인천공장도 1940년에 문을 열었다. 이 공장에서는 군복과 천막, 로프, 군함 갑판의 덮개 등을 주로 생산했다. 일제의 침략전쟁과 경제 불황의 타개를 위하여 한국에 건설된 공장들은 1945년 8월 15일 해방 이후 적산敵産으로 분류되어 국유화되거나 불하됐다.

해방 이후 새로운 국가건설의 바탕을 이루는 것은 경제의 재건이었다. 경제의 재건과 발전은 일제 식민지의 경제적 유산을 청산하고 새로운 경제관계를 수립하는 것이었다. 미군정은 해방 직후 남겨진 일본인 재산에 대해 1945년 9월 25일에 공포한 〈군정법령 제2호〉' 패전국 소속 재산의 동결 및 이전 제한의 건'과 12월 6일 공포한 〈군정법령 제33호〉'조선 내 일본인 재산의 권리 귀속에 관한 건' 등을 통해 군정 소유로 확보하는 조치를 취했다. 경기지역의 경우 1947년 10월 말을 기준으로 1,114개의 공장 가운데 262개가 적산으로 분류되어 미군정에 귀속되었다. 업종별로는 식품, 화학, 기계, 섬유, 요업, 광업 등의 귀속 비중이 컸다. 미군정은 자신이 접수한 귀속기업체에 대하여 관리인을 임명하여 경영하도록 했다. 이 관리인은 관리인 이외에도 지배인 또는 사장으로 불리기도 했다.

미군정이 소유한 귀속기업체는 1947년 7월부터 일반에게 불하되기 시작했다. 그러나 미군정의 귀속기업체 불하는 속도를 내지 못했다. 그 이유는 여러 가지가 있겠으나 무엇보다도 미군정 정책에 기인한 바가 컸다. 미군정은 국제법적으로 귀속재산 처리 문제에 대해 확고한 결론을 내리지 못했으며, 또 자신의 통치 기간 동안 귀속기업체를 통해 한국 경제에 대한 지배력을 계속해서 행사하려 했기 때문이었다. 결국 귀속기업체 불하는 대한민국 정부수립 이후에 본격화될 수밖에 없었다. 1949~50년 귀속재산 관련법들이 제정된 후 1950년 6월 22일 서울시 일부 점포 불하를 시작으로 귀속사업체 불하가 본격화되는 듯했으나 6·25전쟁의 발발로 다시 무기한 연기될 밖에 없었다.

1945~1950년 경기도 주요 기업체 현황

시·군명	공업분야	기업체명	생산품목	종업원수
수원시	식료품	조선면자(주)	면, 장유, 된장	19
		수인양조장	약주, 탁주	21
	화학공업	수원성냥제조소	가정용 성냥	223
	섬유공업	선경직물(주)	섬유	106
		조선직물(주)	섬유	377
		애국섬유(주)	섬유	220
	기계·전기	조선농구(주)	농기구	222
		수원기계제작소	기계	46

시 · 군명	공업분야	기업체명	생산품목	종업원수
고양군	식료품	유한회사 소화식료품공업소	카레, 물엿, 소맥분	27
	요업	조철연와합자회사	벽돌, 기와	117
광주군	요업	대동연와공업소	조선 기와	30
		광주연와공장	벽돌	50
	섬유공업	조선대화방직(주)	섬유	237
양주군	요업	조선도기(주)	음식기, 변기, 내화벽돌	110
		성동연와공장	벽돌	37
		조선초자공장	각종 의료기	33
		백광원화학초자공업소	약병, 의료기, 이화학기구	70
	섬유공업	경성직(주)	섬유	378
	광업	회천광산	고령토	40
가평군	광업	대보광산	금은광	150
양평군	식료품	양평주조(주)	약주, 탁주	21
	철공 · 인쇄	양평유기제작소	철공	8
이천군	식료품	이천주조(주)	약주, 탁주	21
	철공 · 인쇄	이천인쇄소	인쇄	16
		한일철공소	철공	10
용인군	광업	삼승광산	금은광	40
안성군	식료품	안성제이제과(製飴 製菓)조합	엿, 제과	90
	화학공업	안성제지조합	종이	116
	기계 · 전기	서울기제작회사	기계	170
		조선제기공업회사	기계	155
	철공 · 인쇄	안성유기제작소	철공	3
평택군	섬유공업	조선농업공사	섬유	295
	기계 · 전기	조선화공(주)	전기	67
시흥군	목재업	조선임산업(주)	목재, 장작, 목탄	78
		인천조선(주)	나무상자	28
	식료품	동양식료품공업(주)	과자류	50
		안양양농합작사	–	42
	화학공업	삼공인촌(주)	성냥	146
		조선다이아공업(주)	자동차 타이어, 공업용품	210
		삼왕제지(주)	종이류	102
	기계 · 전기	조선중기공업(주)	기계	457
		조선전선회사	전기	210
김포군	광업	김포탄광	무연탄	100
파주군	식료품	염진상회	소금, 새우, 생선	28
	철공 · 인쇄	장단유기공장	철공	14
	광업	연천탄광	무연탄	250
개성군	화학공업	개성고무공업사	고무신발, 운동화	128
	섬유공업	송고농업장	섬유	244
		동양섬유수량업(주)	섬유	184
		신흥섬유공장	섬유	128
	철공 · 인쇄	송고가공장	철공	43

시 · 군명	공업분야	기업체명	생산품목	종업원수
인천시	목재업	조선왕관제작소	병마개	42
		부림상회	건축자재	49
	식료품	조선화학공업(주)	물엿	35
		동화제분공장	바라이트	19
		가선양조(주)	청주	30
		조일장유(주)	간장	60
		야전장유(주)	간장, 된장	157
	요업	조선유리공업(주)	판유리, 의료기, 화학기	–
		조선요업	벽돌	100
	화학공업	인천고무공업사	고무신발	145
		조선성냥(주)	성냥	150
		조선화학비료(주)	비료	72
		경성화학공업(주)	의료약품	196
	섬유공업	다복면업(주)	섬유	278
		조선섬유공업(주)	섬유	357
		동양방직	섬유	795
	기계 · 전기	동양전선(주)	전기	751
		삼릉전기회사	전기	192
강화군	요업	강화요업	내화벽돌	66
	섬유공업	조양견직(주)	섬유	726
	기계 · 전기	조선농구제작소	농기구	63
		서선합동전기회사	전기	148
부천군	요업	조선내열요업(주)	내화벽돌, 풍로	37
	화학공업	(주)유한양행	약품	118
	광산업	오류광산	흑연	160

출처 : 경기도사편찬위원회, 『경기도사』제8권, 2005, 213~216쪽.

6·25전쟁 발발 전 경기도의 공업은 운영상에서 4개의 큰 어려운 문제에 봉착해 있었다. 원자재 부족, 노동자와 사용자 사이의 이해관계 충돌, 기술 부족, 자금 부족 등이 그것이었는데, 그 중에서도 원자재의 부족 문제가 가장 심했다. 경기도는 평지와 해안선을 따라 교통이 발달했고 대도시 접근이 용이해 공업발전의 입지조건이 비교적 우월했다. 이에 따라 인천을 비롯해 개성 및 서울 인근은 물론 이천 · 시흥 · 광주 · 양주 등의 여러 군에는 서울에 본사를 둔 공장과 사업장이 산재하여 기계 · 전기 · 화학 · 식료 · 조선 · 목재 · 요업 등이 발달했다. 서울을 제외하고도 경기도에만 이러한 사업체가 약 1,600개

에 달하였지만, 평균 가동률이 60%에 지나지 않았으며, 그 마저도 작업능률이 30~40%에 불과했다. 무엇보다도 중소상공업의 개발·진흥에 중점을 두고 외자획득에 노력하는 동시에 대공업 발전의 기반을 형성하는 것이 재건의 지름길로 재기되고 있었다.

2) 전쟁기 경기도 산업·경제

경기도는 북한군의 공격과 보급의 주요 통로였기 때문에 전쟁 발발 초기부터 주요 전장이 되었으며, 그만큼 포격과 폭격의 대상이 되었다. 그 결과 경기도의 산업과 경제 토대는 일찍부터 붕괴되기 시작했다. 이것은 비단 경기도의 문제만은 아니었다. 북한군 점령지역의 주요 도시들은 북한군뿐만 아니라 유엔 공군의 폭격으로 상당 부분 파괴되었다. 이러한 상황에서 정부의 경제정책은 정상적으로 이루어질 수 없었다.

전쟁이 발발한 후 정부의 첫 번째 경제정책은 전시동원과 화폐개혁에 관한 것이었다. 전시동원에 관한 정책은 이미 앞에서 설명한 바가 있어 여기서는 화폐개혁에 대해 살펴보고자 한다. 화폐개혁이란 기존 화폐의 유통을 정지시키고 단기간에 새로운 화폐로 강제 교환하는 등의 조치를 통해 인위적으로 화폐의 가치를 조절하는 것을 말한다. 6·25전쟁 기간에는 두 차례 화폐개혁이 있었는데, 그 첫 번째가 전쟁이 발발한 지 약 한 달 만에 이루어진 조선은행권 유통금지 조치였다.

대한민국 정부가 수립된 후 첫 번째 화폐개혁이기도 한 조선은행권 유통금지 조치는 1950년 8월 말에 실시되었다. 1950년 6월 12일 설립된 한국은행은 업무를 개시한 지 불과 13일 만에 전쟁을 맞게 되었고, 그해 7월에 피난지 대구에서 한국은행권을 최초로 발행했다. 그 전까지 남한에서는 일제강점기 때부터 발행된 조선은행권이 사용되고 있었다. 전시 상황에서 정부가 한국은행권을 발행한 것은 전쟁의 혼란한 틈을 타 불법화폐가 남발하고 북한화폐까지 유통되면서 경제가 크게 교란되었기 때문이었다. 정부는 이러한 비상사태를 수습하고자 1950년 8월 28일 대통령 긴급명령 제10호로 〈조선은행권 유통 및 교환에 관한 건〉을 공포하여 조선은행권의 유통을 금지하고 이를 한국은행권으로 등가교환等價交換했다.

> 조선은행권 유통 및 교환에 관한 건 (대통령 긴급명령 제10호, 1950년 8월 28일 공포)
>
> · 제1조 : 정부는 비상사태 수습 상 필요한 지역에 대하여는 조선은행권의 유통을 제한 또는 금지할 수 있다. 이 경우에 있어서는 조선은행권은 한국은행권으로 교환한다.
> · 제2조 : 전 조 규정에 의한 은행권 유통의 제한 또는 금지지역 은행권 교환권종, 교환기간, 기타 교환방법에 관한 사항은 재무부장관이 정하는 바에 의한다.
> · 제3조 : 정부는 필요하다고 인정할 때에는 대통령이 정하는 바에 의하여 제1조 규정에 의한 은행권의 교환 금액에 관하여 제한하는 조치를 할 수 있다.
> · 제4조 : 본령 규정에 위반하여 조선은행권을 유통 또는 교환하는 자는 5년 이하의 징역 또는 500만 원 이하의 벌금에 처한다.

조선은행권 화폐 ⓒ화폐박물관

한국은행권 화폐 ⓒ화폐박물관

1950년의 화폐개혁은 지역별로 나뉘어 실시되었다. 제1차 교환은 1950년 9월 15일부터 22일까지로 낙동강 방어선 이남과 제주도 지역에서 이루어졌다. 제2차 교환은 1950년 10월 25일부터 11월 3일까지 서울·강원·경기 일부 지역에서 이루어졌으며, 제3차 교환은 1950년 11월 11일부터 18일까지 충남북·전남북·경남북·강원 일부 지역에서, 제4차 교환은 1950년 11월 18일부터 1951년 4월 30일까지 제2·3차 때 시행되지 않은 지역에서 실시되었다.

경기도에서는 1950년 10월 25일부터 11월 3일까지 화폐교환이 이루어졌다. 각 은행과 금융조합은 세대 당 2만원까지만 조선은행권을 한국은행권으로 교환해 주고 초과액의 경우 금융기관에 예치하도록 했다. 이 조치는 10월 24일 공포된 대통령령 제391호 〈조선은행권 교환금액 제한에 관한 건〉에 따른 것이었다. 그리고 11월 3일부터는 조선은행이 발행한 100원권의 사용이 전면 금지되었다.

정부는 시장에 대한 정책도 내왔다. 1950년 10월 24일 상공부장관 명의로 '무허가 시장 및 노점상 철거'를 주요 내용으로 하는 긴급 대책방안을 발표했다. 이에 의하면, 첫째 기존에 허가된 시장은 전쟁 전의 상태로 부활·운영하되 가능한 한 무허가 시장과 노점상을 인입할 것, 둘째 전쟁으로 소실된 시장은 가급적 원상태로 복구할 것, 셋째 시장 내에 온돌시설을 절대로 금지하며, 방화·위생시설을 조례로 규정할 것, 넷째 새로 허가되는 시장은 기존 시장과 1km 이상의 거리를 두게 할 것 등이었다. 정부의 시장에 관한 정책은 1950년 10월에 발표되었지만, 그 실행은 전선의 상황변화에 따라 1951년 중엽 이후에서야 본격적으로 적용되기 시작했다.

전쟁기간 경기도의 기본 산업인 농업의 피해는 매우 컸다. 전쟁으로 많은 농민들이 피난하거나 청·장년들의 참전으로 농촌인력이 절대적으로 부족한데다가 연이은 가뭄 등 자연재해로 농업생산량이 크게 낮아졌다. 1951년 보리의 생산량이 전년도에 비해 40% 이상 감소하는가 하면, 1952년 쌀 생산량은 평년에 비해 600만석이 줄었다. 이에 시중의 쌀값이 전쟁 발발 전과 비교해 17배까지 오르는 현상이 발생하기도 했다. 정부에서는 "전쟁이 끝나면 농촌출신 군인들이 돌아올 수 있도록 노력 중이며, 유휴지 개발과 생산증대에 전력을 다할 것임"을 여러 차례 밝혔지만, 전쟁은 끝날 기미를 보이지 않았다.

농업만큼 경기도 공업의 피해도 매우 컸다. 1951년 10월 31일 경기도지사 이해익은 기자회견에서 경기 남부지역에 있는 513개의 크고 작은 공장 중 155개가 완전히 파괴되었고, 70개가 반쯤 부서졌다고 하면서 목재·철재·유리·아연철판·슬레이트·기와·베니어판 등 복구에 필요한 자재들을 정부에 긴급히 요구했다고 하였다. 또한 그는 한강 이북에 위치한 약 100여 개의 공장은 피해를 조사할 수조차 없는 상황이라고 했다. 의복과 식량을 제외한 모든 자원의 대부분을 해외원조에 의존하던 당시의 상황에서 신속한 피해복구는 거의 불가능한 것이었다. 1952년 8월 8일 〈민주신보〉는 경인지구의 생산실태에 대해 "국가적으로 중요한 생산업체인 조선기계제작소와 이천전기 등 큰 생산 공장들이 황폐화되어 기계가 녹슬고 있는 것을 보니 이들 생산기업체를 하루빨리 복구·운영해야 할 것을 절실히 느낀다."고 썼다. 이렇듯 규모가 크고 중요한 사업체마저도 복구하기까지는 많은 시간을 필요로 했다.

농업과 공업 등 산업 전반의 피폐화는 국가의 재정적자를 크게 했으며, 이를 만회하기 위해 정부는 통화 발행고를 늘리는 정책을 폈다. 계속적인 통화 발행고의 증대와 이에 따르지 못하는 국내생산으로 말미암아 화폐가치는 하락하고 물가는 급등하는 현상이 전쟁기간 내내 만연했다. 정부는 납세 증대를 위한 국민적 자각을 호소하기도 하고, 전시경제운영 9원칙을 마련하여 경제위기를 극복해보고자 했다. 전시경제운영 9원칙은 징세와 국채 소화를 통한 재정의 균형 유지, 금융기관의 재할인 중지로 새로운 금융적자 봉쇄, 국영기업과 정부대행기관의 독립체산제 운영, 식량·연료·의료 분야의 생산성과 배급 능률 증대, 적정 가격으로 귀속사업체의 신속한 불하, 유엔 원조를 포함한 외환예산 책정 및 필수물자 적극 도입, 건전한 유통질서 조성을 위한 협동조합 조직, 수송체계 합리화, 소비절약운동 등이었다. 그러나 전시 하의 납세 증대는 큰 실효를 거두지 못하였으며, 전시경제운영 9원칙도 국내외 경제사정의 변동 가능성의 이유로 실시가 보류되었다.

전시예산에 충당할 재정기반의 확보가 절실했던 정부는 1951년 9월에 〈임시토지수득세법〉을 제정하여 문제를 해결하고자 했다. 〈임시토지수득세법〉은 "토지수익에 대한 징세를 물납으로 통합"하는 것이었다. 정부는 1951년 10월 6일 대통령령 제539호로 〈임시토지수득세법시행령〉을 공포했다. 시행령의 주요 내용은 곡물 수익에 대하여는 '현물세'로 하고, 특수작물이나 대지·염전·광천지·연못·잡종지에서 나오는 수익이나, 사찰·교회·공원 등의 임대수입은 '금납제'를 적용한다는 것이었다.

임시토지수득세법 (법률 제220호, 1951년 9월 25일 제정)

현행 토지에 관한 세법에 의하면 전·답에 대하여는 토지의 수입금액, 그 외의 토지에 대하여는 임대가격을 과세표준으로 하여 지세를 부과하는 외에, 토지소득을 과세표준으로 하여 국세인 소득세와 지방세인 호별세·부가세·교육세 등을 부과하고 있는 바, 이와 같이 복잡한 농가의 조세부담을 간편하게 하고 국가의 양곡정책에 기여하도록 하기 위하여 농가소득에 대한 제조세를 토지수득세로 개편하려는 것임.

① 토지수득세는 제1종 토지수득세와 제2종 토지수득세로 구분하되, 제1종은 전·답에 대하여, 제2종은 대지·잡종지, 기타 전·답 외의 토지에 대하여 부과함.
② 납세의무자는 제1종은 토지소유자로, 제2종은 토지임대인으로 함.
③ 과세표준은 제1종 토지수득세는 전·답의 수확량(특수작물을 재배하는 경우에는 전·답의 소득)으로 하고, 제2종 토지수득세는 토지의 임대가격으로 함.
④ 세율은 제1종 토지수득세는 누진세율로 하고, 제2종 토지수득세는 단일세율로 함.
⑤ 제1종 토지수득세는 1년을 2기로 분할하여 부과·징수하되 갑류는 현물로, 을류(특수작물)는 현금으로 납부하도록 하고, 제2종 토지수득세는 년1회 현금으로 납부하도록 함.
⑥ 토지수득세의 비과세·감면 기타 부과·징수에 관한 절차를 정함.
⑦ 지세법은 이 법 시행중에는 그 시행을 정지함.

임시토지수득세법 시행을 위해 시·읍·면과 리·동에는 농지조사위원회와 그 분회가 설치되었다. 위원회에는 리·동별로 임기 3년의 위원을 1명씩 두었는데, 이들 위원은 시·읍·면장의 추천으로 관할 세무서장이 임명했다. 농지조사위원회의 임무는 관할구역 내 토지수확량의 변동 및 납세의무자의 이동 등을 조사하는 것이었다. 위원회의 조사결과에 기반하여 수확량이 결정되었으며, 해당 토지의 주요작물이 바뀌지 않는 한 3년간 과표課標를 바꾸지 않는 것이 원칙이었다. 그러나 실제에 있어서는 농지조사위원회의 조사 결과에 근거하지 않고, 정부의 식량수급정책에 따라 국가가 필요로 하는 수집량을 먼저 결정한 후 이를 하부단위에 할당하는 방식으로 운영되었다.

임시토지수득세법에 따른 세율은 15~20%였다. 이는 '지독한 고율징세'라는 비판을 받기도 했다. 세금 납부를 위해 돈을 빌려다가 식량을 구입하여 토지수득세를 내는 경우도 비일비재했다. 국회에서도 높은 토지수득세에 대해 비판이 이어졌다. 일례로 1951년 12월 24일 국회 제3차 본회의에서 경기도 출신 국회의원 이교선李敎善은 경기도의 상황과 토지수득세의 문제점을 다음과 같이 지적했다.

> "1951년 1·4 후퇴 이후 가옥이 파괴되고 농기구를 분실하고 주민들의 복귀가 늦어 전체 경작면적의 20% 밖에 경작되지 못하고 있는데다가 비료와 종자의 부족으로 금년도 경기도 농작물 생산량이 평년에 비해 약 50%에 불과하다. 그럼에도 15%의 수득세를 부과하는 것은 농민들에게 너무나 지나친 것이며, 특히 분배농지에 대해서 평년작의 30%를 지가상환금으로 5년 내에 상환하라는 것은 현실적으로 이행할 수 없는 것이다. 상환기한이 5년이라는 것은 너무나 가혹한 것으로 농림당국이 이것을 10년 내지 15년으로 연장하지 않고

는 소작인은 살 수 없을 것이다. 그리고 한강 이북지역의 농사는 전멸상태라고 해도 과언이 아닌 상황에서 토지수득세의 부과는 사실상 불가능하므로 당국에서는 징수하지 않는 것이 마땅하다. 또한 노무자 동원으로 영농에 지장이 막대함으로 이에 대한 당국의 조치가 요구되며, 특히 동원된 노무자들은 3개월간이나 임금을 받지 못하고 있어 그날그날의 생활에 허덕이고 있는 실정이므로 이에 대한 당국의 조속한 시정이 있어야 할 것이다. 그 밖에 토지수득세법 실시의 전제조건이었던 기부금지는 아직도 근절되지 않고 구태의연한 형태로 기부금 수집이 허다하게 이루어지고 있어 민폐는 여전히 계속되고 있다. 당국은 공무원의 생활보장책을 시급히 확립하여 부정부패를 근절해야 한다. 토지수득세법 제정시 약속된 민폐근절을 위한 소기의 목적을 달성해야 할 것으로 본다."

한편 정부는 공업·수산업·상업·물가·전력·산업조직화 등 산업 전반에 걸친 정책을 발표하기도 했다. 우선 공업정책으로는 사업체의 가동을 최고로 높이기 위해 합리적인 외자 도입과 원활한 자금 공급을 우선시 하며, 중소공업을 육성하고 농촌 수공업을 장려하며 비료·시멘트·제철·전력·화학·기계 등 기간산업의 장기 건설에 주력한다는 것이었다. 두 번째로 광업정책으로는 석탄 연료와 특수 광물의 적극적인 개발과 제련 시설의 확충에 주력하고 귀속광산의 조속한 불하를 통해 광산 개발 의욕을 증진시킨다는 것이었다. 세 번째로 수산업정책은 근해 수산자원을 적극적으로 개발하고 수산업의 물적 기본요건인 어선과 어구를 국내에서 제작할 수 있도록 한다는 것이었다. 네 번째로 상업정책으로는 국제 수지의 균형을 유지케 하여 수출 장려에 주력하고 생산재의 합리적 수입과 특히 재외 동포의 자산 반입을 적극적으로 독려한다는 것이었다. 다섯 번째로 물가정책으로는 원료 가격, 경영비 등을 조정하여 저물가 정책 유지에 주력한다는 것이었다. 여섯 번째로 전력정책으로는 화천과 청평수력발전소를 개수하여 총발전량을 14만㎾로 늘린다는 것이었다. 일곱 번째로 산업조직화정책으로는 생산실적에 대한 책임 추궁과 공평·엄정한 상벌제도를 실시하고 조속한 산업재건을 위하여 국가 행정기관의 개입을 강화하며, 산업체의 횡적 조직화를 구축한다는 것이었다.

비상전시경제체제의 수립과 신속한 복구계획 등의 다양한 정부정책이 발표되었지만, 국내 재정이 불안정하고 자원이 빈약하여 거의 모든 것을 해외원조에 의존할 수밖에 없었던 당시의 상황에서 정부가 수립한 모든 계획들은 전쟁이 끝난 후로 미루어질 수밖에 없었다.

3) 전시하 경기도의 교통

경기도는 전쟁 이전부터 교통의 중심지였다. 사통팔달의 철도와 도로망을 갖춘 경기도였지만, 6·25전쟁이 발발하면서 대부분의 교통망이 두절되었다. 제일 먼저 서울과 개성을 오가던 열차가 1950년 6월 25일 오전 9시 40분에 운행을 중단했다. 이와 관련해 1950년 6월 26일자 〈서울신문〉은 "공휴일이었던 6월 25일 오전 9시 40분에 서울발 개성행 특급열차가 무기한 운행 중지되어 열차를 기다리던 많은 승객들이 혼란을 겪었는데, 철도당국은 이에 대해 아무런 언급도 하지 않았다"고 보도했다. 서울-개성 간 경의선이 운행을 중지한 후 6월 28일 수원에서 출발한 경부선의 마지막 열차를 끝으로 중앙선, 경춘선, 경인선 등 경기도 지역 내의 모든 열차 운행이 중단되었다.

경기도 내 열차 운행이 다시 시작된 것은 전쟁이 발발한 지 약 100일이 지난 후였다. 1950년 10월 8일 부산역을 출발해 영등포역까지 임시열차의 시운전이 있었고, 다음날 오후에 부산에서 출발하는 서울행 특별열차 제212호가 정식 운행을 시작했다. 당시 이 열차에는 공무원만이 승차할 수 있었다. 그리고 10월 16일까지 각 지역의 철도노선이 다시 개통되어 부분적인 운행을 재개했다. 이때 개통된 철도노선은 경원선의 서울-덕정, 경의선의 서울-문산, 경인선의 영등포-인천 노선을 비롯하여 호남선의 이리-대전, 목포-송정리, 사가리-김제 노선, 중앙선의 부산-단양 노선, 전라선의 남원-이리 노선, 군산선의 군산-이리 노선 등이었다.

1950년 10월 26일에는 이전까지 군용열차만 운행되던 경부선에 피난민 수송열차가 운행되기 시작했다. 1950년 10월 28일자 〈부산일보〉는 당시의 상황을 다음과 같이 보도했다. "우리나라의 대동맥인 경부선 열차가 개통되었다는 것은 이미 보도된 바가 있으나 현재까지는 군용열차만이 운행되어 며칠 전부터 이곳에 와있던 수많은 피난민들에게 더욱 고통을 주고 있었다. 그 동안 관계당국의 노력으로 서울행 피난민 수송열차가 드디어 운행을 하게 되었다. 그 첫 번째 열차인 제110호 열차가 26일 오후 1시경 부산역을 출발했다. 이날 아침 부산역전에는 아무런 예고가 없었음에도 불구하고 피난민들이 모여들어 문자 그대로 인산인해를 이루었다." 그러나 철도복구는 순조롭게 진행되지 못했다. 1950년 10월에 중공군이 참전하면서 전세가 완전히 뒤바뀌어 경기도 남부 지역까지 전쟁터가 되면서 다시 철도운행은 중단되었다.

그러다가 1951년 6월에 가서야 38선 남쪽 지역에 있는 철도노선이 대부분 복구되었다. 1951년 6월 16일 교통부는 38선 이남의 중앙선과 경의선 일부를 제외하고 모든 선로가 복구되었다고 발표했다. 당시 경의선은 서울-문산, 경춘선은 서울-춘천, 중앙선은 양평-부산, 경원선은 서울-동두천까지 복구가 완료되었다. 철도복구사업은 이후에도 계속 진행되어 1951년 8월에는 경원선의 한탄강 철교공사가 완료되어 전곡까지 개통되었으며, 중앙선의 양평-팔당 구간도 개통을 완료했다. 그리고 8월 12일에는 새로 신설된 소사-김포 구간의 김포선이 개통되기도 했다.

경기도 내에서 전쟁의 여파로 그동안 완전히 개통되지 못했던 중앙선과 한강 · 임진강 철교도 1952년 2월과 7월에 각각 복구를 완료했다. 1952년 2월 4일과 7월 13일 〈경향신문〉은 이에 관해 다음과 같이 보도했다.

전쟁으로 전면적 파괴를 당한 중앙선 북한강철교의 복구공사는 교통부 기술진의 결사적인 공사로 마침내 1월 31일 준공을 보았다. 2월 1일 오전 10시 겹겹이 녹이 슨 철교현장에서 서울철도국장 이종림씨를 비롯하여 관계당국과 지방유지 다수가 참석한 가운데 열차의 시운전이 성대하게 거행되었다. 이로써 두절되었던 중앙선은 완전히 복구되어 서울-영천 구간이 즉시 개통되었다. 이 시운전에 뒤이어 2월 3일 오전 10부터 현장에서 신익희 국회의장, 김석관 교통부장관, 그리고 국회의원 다수와 신문기자 등이 참석한 가운데 북한강철교 완전복구 준공식이 거행되었다. 시운전 열차가 시속 25~50㎞ 속력으로 두세 번 철교 위를 왔다 갔다 하는 것을 보고 있던 부근 주민들은 '폭격도 잘하더니 놓기도 잘하는군. 참 시원해 좋다'고 새로 놓인 교량에 대해 이야기를 하고 있을 즈음 함박눈이 분분히 내리기 시작했다. 마치 격전이 거듭된 이 지역 산과 들의 상처를 덮어주고 새로 준공한 이 철교의 앞날과 다시 이어진 대동맥의 앞날을 축복하려는 듯이….(〈경향신문〉, 1952년 2월 4일)

북한군의 남침으로 국내 철도시설은 거의 다 파괴되어 그동안 교통부에서는 그것의 복구공사를 강력히 추진 중에 있었는데, 이번에는 한강철교와 금촌-문산 간의 임진강철교를 완전히 복구하게 되어 교통부에서는 7월 15일과 16일에 양 교량의 준공식과 아울러 개통식을 거행키로 하였다. 이날 개통식에는 이승만 대통령과 김석관 교통부장관을 비롯하여 미 제8군사령관 밴플리트 장군, 그밖에 국내의 귀빈들이 참석한 가운데 성대한 개통식을 거행할 예정이다.(〈경향신문〉, 1952년 7월 13일)

철도와 더불어 도로망도 복구 작업이 이루어져 1951년 8월에는 경기도의 임시청사가 위치한 수원을 중심으로 영등포, 인천, 여주, 장호원, 안성, 남양, 이리 등지를 오가는 버스가 운행되었다.

04
교육 · 의료 · 복지

1. 교육

1945년 8월 해방 이후부터 6·25전쟁 발발 전까지 전국적으로 초등학교와 취학아동 수가 급증했다. 해방 당시 2,800개였던 초등학교는 6·25전쟁 발발 시점에 3,900개로 늘어나 약 39%의 증가율을 보였으며, 취학아동 수도 해방 당시 157만 명에서 6·25전쟁 발발 시점에 266만 명으로 늘어나 약 69%의 증가율을 보였다.

이 기간에 경기도도 초등학교와 취학아동 수가 크게 증가했다. 해방 당시 경기도에는 395개의 초등학교가 있었으며, 취학아동은 27만 108명이었다. 이 수치는 서울시를 포함한 것이었다. 그런데 1950년에 이르러서는 경기도만 해도 초등학교 407개교와 취학아동 40만 74명으로 증가했다. 경기도에서는 급증하는 학생들을 모두 수용하기 위해 2부제 또는 3부제 수업을 실시하였으며, 학교시설을 보충하기 위해 도내 적산가옥敵産家屋을 인수하여 269개의 임시교실을 만들었다. 그리고 헌법 제16조 제2항 "적어도 초등교육은 의무적이며 무상으로 한다"는 규정에 따라 1950년 6월 1일부로 초등학교 의무교육을 실시했다.

1945~1950년 경기도의 초등학교 및 취학아동 현황

연도	학교수	학급수	교원수	학생수	비고
1945. 8.	395	–	–	270,108	서울시 포함
1950. 6.	407	6,451	6,876	403,074	서울시 제외

비고 : 1946년 경기도 관할 경성부가 서울시로 개칭하여 분리됨.
출처 : 경기도, 『경기도사』제2권, 1982, 1242쪽.

중학교도 해방 이후 양적인 면에서 크게 성장했다. 경기도는 해방 직후부터 중등교육의 보편화를 추진하던 정부시책에 따라 '1군郡 1개 중학교 이상'의 방침을 세우고 추진해 나갔다. 그 결과 해방 당시 19개에 불과하던 중학교가 1950년에는 43개교로 증가했다. 학생 수도 1946년에 1만 1,576명에서 1950년에는 3만 6,021명으로 2배 이상이 늘었다.

1945~1950년 경기도 중학교 현황

연도	학교수(개)	학생수(명)
1946	25	11,576
1947	29	16,449
1948	38	25,230
1949	38	30,318
1950	43	36,021

비고 : 당시 행정구역상 인천시, 개성시, 강화군이 경기도에 포함되었음.
출처 : 경기도, 『경기도사』제2권, 1982, 1243쪽.

한편 초·중등 교육기관의 팽창과는 달리 6·25전쟁 발발 당시 경기도내 고등교육기관은 수원에 있던 서울대학교 농과대학이 유일했다. 서울대학교 농과대학은 해방 당시 수원농업전문학교였는데, 1946년 8월 〈국립대학교 설치령〉에 따라 서울대학교 농과대학이 되었다.

6·25전쟁이 발발하면서 경기도 내 대부분의 교육기관은 일시적으로 폐쇄

되었다. 경기 북부지역은 1950년 6월 25일부터 폐쇄되기 시작했으며, 7월 6일에 이르러서는 경기 남부지역의 교육기관이 제 기능을 발휘하지 못하게 되었다. 이러한 현상은 1951년에 전선이 경기도 북쪽지역으로 올라갈 때까지 지속되었다. 물론 1950년 10월에 경기도 내 학교들은 잠시나마 교육과정을 복구하는 듯했다. 1950년 11월 13일자 〈동아일보〉는 "경기도에 따르면 10월 말까지 초등학교 341개교와 중등학교 28개교가 문을 열었으며, 중등학교의 경우 1만 4,011명의 학생이 등록했다"고 보도했다. 이 수치는 경기도 내 전체 초등학교의 75%, 중등학교의 49%, 학생등록 51%에 해당하는 것이었다. 그러나 중공군 참전에 따른 전황 변화로 학교 교육의 복구는 별다른 실효를 거두지 못했다.

전황이 수시로 변함에 따라 수업은 정상적으로 이루어질 수 없었다. 그럼에도 교육은 국가 장래가 걸린 문제로 중단할 수 없었기 때문에 가능한 지역 내의 안전지대나 노천 등에서 학교수업을 계속할 수밖에 없었다. 정부는 1951년 2월 26일 〈전시하 교육특별조치 요강〉을 제정·공포하여 그동안 중단되었던 수업을 재개하도록 했다. 이 요강 발표는 이른바 '전시학교' 또는 '피난학교'가 시작됨을 알리는 것이었다.

피난학교의 모습. ⓒ 부산문화신문

〈전시하 교육특별조치 요강〉에 따라 피난 학생은 피난지 소재 각 학교에 등록하여 학업을 계속하게 되었다. 중등학교 학생들이 많이 피난하고 있는 부산, 대구, 대전 등지에서는 피난 이전에 소재하였던 각 중등학교로 하여금 단독 또는 몇 개의 학교가 연합하여 피난학교를 설치해 수업을 계속하게 하였다. 가교실의 건축, 피난 특설학교와 분교장의 설치, 교과별 이수시간제가 실시되었다. 그리고 교실난 해소를 위해 생벽돌건축위원회를 조직하여 한국 재래식 건물의 건축구조를 연구, 이를 개량·설계하여 생벽돌 교사 건축에 착수했다. 이 공사는 서울과 제주를 제외하고 경기도를 비롯해 8개 도의 학도호국단이 주관하여 각 도별로 18개 교실씩 시범적인 가교사를 설치하는 사업이었다.

경기도에서는 〈전시하 교육특별조치 요강〉이 발표되었음에도 경기도 일원이 전투 지역이었기 때문에 전선의 변화에 따라 순차적으로 피난학교가 만들어졌다. 수원과 안성에 전시피난학교가 세워진 것을 시작으로 학교 운영이 가능한 지역부터 개교하기 시작했다. 수원에 설치된 피난학교는 2개교에 학생 수 1,792명이었으며, 안성에 설치된 피난학교는 1개교에 학생수 250명이었다.

교실도 없고 시설도 없는 노천학교와 야외학교는 눈물겨운 모습이었다. 미국 뉴욕타임즈는 피난학교 모습을 다음과 같이 소개했다. "부산의 어떤 산 위에서는 그전 일본 신사 그늘에서, 어떤 초등학교는 개천가에서, 그리고 한 남자 중학교는 산골짜기에서 각각 수업을 받고 있다. 한국은 어디를 가든지 정류장에서, 낡은 건물 안에서, 천막 속에서 수업을 받고 있다. 교과서가 있는 학생은 교과서를 가지고, 책이 없는 학생은 책이 없는 대로, 지리·수학·영어·과학·미술 수업을 듣기 위해 모여들고 있다. 여학생들은 닭을 기르고 계란을 팔아서 학교를 돕는다. 안동에서는 학생들이 흙벽돌로 교실 세 채를 이미 건축하였다."

교실난과 더불어 전시교육에서는 교과서와 학용품 부족도 큰 문제였다. 전적으로 해외 원조에 기대할 수밖에 없었던 상황에서 정부는 한국의 전시교육 상황을 해외에 알려 지원을 받고자 노력했다. 미국 언론들은 한국의 전시교육에 관한 기사들을 보도했다. 그 결과 유네스코에서는 10만 달러의 기금을 제공하였으며, 샌프란시스코에서는 1,000톤의 종이를 기부했다. 이러한 지원을 바탕으로 초등학교용 교재인『전시생활』1·2학년용, 3·4학년용, 5·6학년용과 중등학교용『전시독본』이 3차례에 걸쳐 발간되었으며,『전시 학습지도 요령』이라는 교사용 책자도 발간되었다.

피난시절 여대생 학습광경. ⓒ 국가기록원

대학은 초등학교나 중등학교와 달라서 상당한 시설과 교수요원을 필요로 하였기 때문에 피난 초기에는 그 재개가 불가능한 상태였다. 그러다가 1951년 2월 18일 부산에서 전시연합대학이 개강했다. 전시연합대학은 문학부, 이공학부, 의약학부, 농수산학부, 법정경상학부, 예술학부, 체육과, 가사과로 편성되었고, 학부별 합동수업이 실시되었다. 그후 1951년 5월 4일 문교부령 제19호로〈대학교육에 관한 전시특별조치령〉이 공포되어 전시연합대학의 운영세칙이 만들어졌다. 세계 교육역사상 전례가 없던 전시연합대학은 부산에서 처음 만들어진 후 점차 광주, 전주, 대전으로 확대되었다. 1951년 12월 현재 전시연합대학 학생 등록 수는 부산이 4,268명, 광주가 527명, 전주가 1,283명, 대전이 377명 등이었다. 문교부는 1952년 3월부터 전시연합대학을 해산하고 학생을 원래의 학교로 복귀시켰다.

경기도의 경우에는 서울대 농대가 전시연합대학에 포함되었으며, 개성사범학교가 부산에서 연합사범학교로 개교했다. 6·25전쟁 당시 개성시를 비롯해 인천시와 강화군이 모두 경기도 관할 지역이었다. 이때 개성사범학교는 부산시 괴정동에 천막 3개를 치고 1951년 9월 1일 춘천사범학교와 함께 연합사범학교로 개교했다. 전쟁 기간 22명의 졸업생을 배출한 개성사범학교는 1952년 4월에 인천으로 이사하고 6월에 인천사범학교로 이름을 바꿨다.

이렇듯 교육은 어떠한 때라도 어떠한 장소에서라도 그리고 어떠한 방법으로라도 가능하다는 사실을 전시 중의 한국교육이 실제로 증명했다. 전시 중 경기도 교육의 실태를 기록한 〈경기도 교육실태 보고서〉에서도 도민들의 교육에 대한 열망을 잘 보여주고 있다. 이 보고서에서는 "1951년 2월 18일에 경기도 구호대가 복귀함에 따라 재건의욕에 불타는 교직원들이 북상을 금지함에도 불구하고 북상·복귀하여 불안과 공포에 쌓인 민심을 수습하고 학생들을 규합하여 학교 건물이 없는 폐허에서 혹은 산기슭에서 혹은 창고에서 수업을 개시하였다. 수복 이후에는 학교교육 재건사업이 활발하게 진행되어 비록 토막, 창고, 공회당, 움집 등 곳곳에 흩어져서 분산 수업을 하고 있을망정 현재에 이르러서는 수복지구 내의 초·중·고등학교가 모두 문을 열었다"고 기록하고 있다.

수복지구에서의 전시교육은 시설과 교재 등 모든 면에서 절대적으로 부족한 상태였지만, 그럼에도 1951년 8~9월에 이르러 점차 안정화되어가는 추세를 보였다. 1951년 8월에는 문교부에서 피난학교의 중학생 선발 요강이 발표되었으며, 9월에는 전쟁으로 인한 각급 학교의 피해조사가 1차적으로 완료되었다. 이를 바탕으로 1952년에는 3월에 전시연합대학의 해산과 학생들의 원교 복귀, 4~5월에는 지방자치제 선거에 따른 교육감 선출 등이 이루어졌다.

경기도에 적용된 중학생 선발요강에는 우선 경기도 교육사회국장을 위원장으로 하는 중학교 입학자 선발위원회를 구성하도록 했다. 이 위원회에서는 관내 중학교 현황과 모집정원 및 모집상황을 정하고, 면접과 신체검사를 담당할 파견위원들을 결정하는 역할을 했다. 중학생 선발절차는 입학지원자가 입학원서에 1지망과 2지망 학교를 기입한 후 등록료를 첨부하여 현재 거주하고 있는 도道 문교사회국 학무과에 제출하면 입학자 선발위원회에서 파견한 위원이 면접과 신체검사를 실시하고 최종적으로 입학자 선발위원회에서 합격자를 발표하는 순서로 이루어져 있었다. 경기도의 중학생 입학자 수는 학급당 20명으로 제한되어 있었다.

1951년 9월에는 전쟁 중의 경기도 내 각 급 학교가 입은 피해상황도 집계되었다. 1951년 9월 1일 현재 초등학교의 경우에는 피해를 입은 학교가 370개였으며, 피해면적이 8만 1,048평, 피해금액이 약 760억 원에 달했다. 중학교의 경우에는 피해를 입은 학교가 28개교였으며, 피해면적이 1만 3,895평, 피해금액이 약 128억 원에 달했다.

초등학교 피해현황

1951. 9. 1. 현재

시 · 군	학교수(개)	피해규모(평)	피해총액(천원)
수원시	3	3,387	3,449,732
고양군	11	3,542	2,883,405
광주군	26	5,395	5,341,268
양주군	34	6,474	7,186,777
양평군	21	4,606	4,857,589
포천군	14	2,504	2,925,754
가평군	18	2,490	2,779,040
여주군	19	4,487	4,136,074
이천군	16	2,954	3,469,946
용인군	20	4,598	4,065,796
안성군	20	5,621	1,855,091

시 · 군	학교수(개)	피해규모(평)	피해총액(천원)
평택군	14	5,407	4,324,118
화성군	42	7,469	6,193,511
시흥군	14	3,096	4,135,233
김포군	15	3,313	2,073,206
파주군	16	5,002	5,741,600
인천시	20	4,505	4,297,440
부천군	23	3,780	2,292,887
강화군	17	352	144,929
장단군	7	2,066	3,853,722
개성시	–	–	–
개풍군	–	–	–
연백군	–	–	–
옹진군	–	–	–
합계	370	81,048	76,007,118

중학교 피해현황

1951. 9. 1. 현재

시 · 군	학교수(개)	피해규모(평)	피해총액(천원)
수원시	2	2,077	2,564,416
고양군	1	373	349,197
광주군	2	594	773,586
양주군	2	1,127	1,421,818
양평군	1	458	461,108
포천군	1	330	387,773
가평군	–	–	–
여주군	1	307	15,640
이천군	2	898	883,879
용인군	2	492	54,241
안성군	3	1,717	658,875
평택군	1	306	371,550
화성군	–	–	–
시흥군	1	708	974,440
김포군	1	145	491,450

시·군	학교수(개)	피해규모(평)	피해총액(천원)
파주군	–	–	–
인천시	6	3,736	3,242,000
부천군	1	582	165,490
강화군	1	45	42,040
장단군	–	–	–
개성시	–	–	–
개풍군	–	–	–
연백군	–	–	–
옹진군	–	–	–
합계	28	13,895	12,857,503

출처 : 경기도, 『경기도사』 제2권, 1982, 1255쪽.

그리고 1952년 8월 8일에는 지방교육행정을 담당한 교육감이 선출되었다. 교육감 선출은 교육의 정치적 중립과 일반 행정으로부터 독립을 표방하는 교육자치제의 일환으로 시행되었다. 교육자치제는 1949년 12월 31일 교육법이 공포되었을 때 실시될 것으로 기대되었으나 그것의 전제조건인 지방의회가 조직되지 않아서 실시되지 못했다. 그러다가 1952년 4월 25일에 시·읍·면의회의 의원선거가, 5월 10일에 도의회 의원선거가 실시되면서 교육자치제가 실현되었다. 당시 경기 북부지역은 전선과 가까워 실시되지 못했으며, 수원·광주·이천·용인·안성·평택·화성·시흥·김포·여주·강화·부천·인천 등 경기 남부지역부터 실시되었다.

2. 의료·복지

6·25전쟁 발발 당시 대한민국의 의료기관은 국·공립과 사립병원을 모두 합쳐 3,209개가 운영되고 있었다. 이 중 종합병원이 53개였는데, 경기도에는 수

원 · 인천 · 안성 · 이천도립병원
이 여기에 포함되었다. 전쟁은
의료영역의 인적 자원과 물적 토
대를 대부분 파괴시켰다. 1953년
6월 18일자 〈동아일보〉 보도에
의하면 6·25전쟁 중 피살당한
의사가 58명, 납치된 의사가 17
명, 그리고 간호사 300명 이상이
피살 혹은 행방불명되었다. 의료

폭격으로 화상입은 3명의 한국 여성이 수원 야전응급진료소에서
응급치료를 받는 장면(1951. 2. 4). ⓒ 국사편찬위원회

기관은 국 · 공립 종합병원 54개 중 10개가 완전히 파괴되고 36개가 반쯤 파괴
되었으며, 사립병원 3,155개 중 450개가 완전히 파괴되고 1,065개가 반쯤 파괴
되었다. 또 제약공장 159개 중 143개가 전파 또는 반파되었으며, 각종 연구시설
역시 522개가 피해를 입었다. 병원 내의 모든 약품은 거의 피탈 당했다.

　6·25전쟁 기간 경기도에는 도립병원 4개와 진료소 37개가 운영되었다. 도
립병원은 수원, 인천, 이천, 안성에 있었으며, 진료소는 이동진료소가 27개, 고
정진료소가 10개 운영되었다. 수원도립병원의 경우, 1일 평균 500여 명의 외래
환자와 100여 명의 입원환자를 치료했다는 기록이 남아 있다. 이들 의료기관
의 진료비는 무료였으나 의약품이 절대적으로 부족하여 치료에 큰 어려움을
겪었다.

　민간인을 대상으로 하는 의료기관 이외에 전쟁 기간 경기도에는 군 의료
기관도 운영되었다. 연천군 전곡읍에는 국군 제5이동외과병원이, 포천군 이동
면에는 국군 제7이동외과병원과 제2의무후송중대가 주둔하고 있었다. 그리고

유엔군으로 참전한 인도와 노르웨이가 파주, 가평, 연천, 의정부 등지에 야전병원을 설치하여 운영했다. 인도는 제60야전병원을, 노르웨이는 이동외과병원을 운영했는데, 특히 노르웨이 이동외과병원은 노르메쉬(NORMASH)로 세계인들에게 잘 알려진 병원이었다. 인도 제60야전병원과 노르웨이 이동외과병원에 대해 조금 더 살펴보면 다음과 같다.

6·25전쟁에 참전한 제60야전병원은 외과의사 4명, 마취의사 2명, 일반의사 8명, 치과의사 1명, 보급관 1명 등 총 331명으로 2개의 외과반과 1개의 치과반으로 편성되었다. 1950년 11월 20일 부산에 도착한 제60야전병원은 2개 제대로 나뉘어 의료활동을 펼쳤다. 란가라지(A. G. Rangaraj) 중령이 지휘하는 본대가 전선을 따라 야전병원의 역할을 담당하고, 배너지(N. B. Banerjee) 소령이 지휘하는 분견대가 대구에서 후방병원의 역할을 수행했다. 참전 이후 제60야전병원 본대는 평양까지 북진했다가 1950년 12월 유엔군의 전면철수로 의정부까지 밀려났다. 이때 전상자의 수는 병원의 수용능력을 초과할 정도로 급격히 늘어났다. 들것과 지프차로 후송되어 오는 환자들로 초만원을 이룬 야전병원에서는 경상자와 중상자를 분리하고 중상자를 응급처치 후 후방병원으로 후송하는 임무를 수행했다. 이후 제60야전병원은 다시 서울 외곽으로 이동하여 부상자의 치료와 후송임무를 수행한 후 유엔군의 철수계획에 따라 수원을 경유하여 1951년 1월 6일 장호원

인도 제60야전병원 의료진. ⓒ 미국 국립문서기록관리청

으로 철수했다.

　1951년 1월 하순 유엔군이 재반격을 개시하면서부터 제60야전병원은 새로운 난관에 부닥쳤다. 이때 의무요원들은 밀려드는 환자들도 문제였지만 한국의 혹한을 극복하는 것이 급선무였다. 당시 천막에는 난로를 피웠으나 야간에 취사장의 화로까지 얼어붙는 강추위에는 난로도 무용지물과 같았다. 액체로 된 의약품이 동결되거나 파손될 우려가 있어 각별히 유의하지 않으면 안되었다. 그럼에도 제60야전병원의 의사들은 난로가에서 발화될 위험을 무릅쓰고 기체로 된 마취약을 사용해 수술을 진행했다.

　1951년 3월에는 미 제8군이 문산 지역에 공수투하를 계획하자 군의관 5명과 사병 7명으로 편성된 외과반을 파견했다. 인도 제60야전병원 의무요원들은 6·25전쟁에 참전하기 전에 본국에서 이미 공수훈련을 마친 자원들이었다. 이들은 문산리 일대에서 6일 동안 악천후 속에서도 야간응급수술을 진행하는 등 미 제187공수연대전투단을 직접 지원했다.

　인도 제60야전병원은 1951년 4~5월 가평전투에 참가했으며, 9월 이후에는 연천지역에서 영연방군을 지원했다. 연천지역에 주둔할 당시 제60야전병원은 유엔군의 코만도작전(Operation Commando)에 참가하여 눈코 뜰 사이 없이 환자 후송작전을 펼쳤다. 이 작전에서 의무요원들은 총검과 수류탄 대신에 의약품과 수술기구를 휴대하고 공격부대를 후속하면서 전상자들에 대한 응급조치와 후송활동을 계속했다. 코만도작전에서 영연방 제1사단은 전사 58명, 부상 262명이 발생하였고, 이들 중 150여 명은 제60야전병원에서 치료를 받거나 후송되었다. 불행하게도 제60야전병원은 이 작전에서 부상자를 후송 중에 공산군의 사격과 포격을 받아 의료요원 2명이 전사하고 14명이 부상을 입기도 했다.

제60야전병원은 1953년 1월에 잠시 동두천지역으로 이동하기도 했으나 대부분의 활동을 연천과 파주지역에서 수행했다.

6·25전쟁 기간 제60야전병원은 외래수술 약 2,300건을 실시하였으며, 입원환자 약 20,000명을 치료했다. 정전협정 체결 이후에도 제60야전병원은 송환거부 포로 경비를 위해 파견된 인도 포로송환관리단과 합류하여 포로송환 업무를 지원하다가 1954년 2월에 인도 포로송환관리단과 함께 귀국했다. 참전기간 동안 인도 제60야전병원은 3명의 전사자와 부상 23명의 인명피해를 입었다.

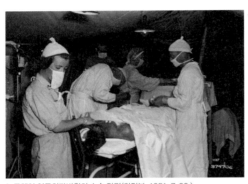

노르웨이 이동외과병원의 수술 장면(의정부, 1951. 7. 22.).
ⓒ미국 국립문서기록관리청

한편 노르웨이 이동외과병원은 1951년 6월 22일 한국에 도착했다. 병원은 미 제1군단을 지원할 목적으로 7월 19일 동두천에서 임시천막을 설치하고 진료업무를 시작했다. 공식명칭은 노르웨이 육군 이동외과병원(Norwegian Mobile Army Surgical Hospital)이었다. 이 병원은 영문 약어인 노르매쉬(NORMASH)로 흔히 불렸으며, 한국인 경비요원과 노무자를 지원받아 190명 규모의 병원을 운영했다. 1951년 12월에는 군인과 민간인들을 위한 외래환자 진료소도 설치 운영했다.

노르웨이 이동외과병원이 한국에서 활동한 기간은 1951년 7월 19일부터 1954년 10월 18일까지 3년 3개월간이었다. 이 기간 중에 노르매쉬는 야전병원의 고유임무인 전상 장병 치료는 물론 민간인 진료에도 최선을 다했다. 특히 정전협정이 조인된 다음부터는 가능한 한 최대한의 민간인 진료와 치료에 주력했다. 노르메쉬의 외과의사들은 참전기간에 총 9,600회의 수술을 실시했으며, 방사선과에서는 3만 6,593명에 대한 X-레이 검사를 실시하여 사용 필름만도 18만 3,000매에 달하였다. 그리고 치과에서는 지역 내 민간인들을 비롯하여 8,000여 명을 진료했다.

1954년 10월 철수할 때까지 노르메쉬에 입원한 환자는 총 1만 4,755명이었는데, 이 중 정전협정 체결 전에 입원한 환자가 1만 2,201명, 그 이후가 2,554명이었다. 당시 노르메쉬에서 사망한 환자의 수는 150명으로 전체 환자수의 1.2%에 불과했다. 그리고 1951년 12월 동두천에 개설한 외래환자 진료소에서는 월평균 600명 이상을 진료하였는데, 당시 입원환자의 15%는 한국 민간인들이었다.

참전기간 노르메쉬에는 일반의사 80명, 치과의사 5명, 약제사 6명, 군목 7명, 여자간호사 111명, 남자간호사 22명, 기타 지원요원 292명 등 총 623명이 파견되었다. 노르웨이 정부는 노르메쉬가 철수한 이후에도 스웨덴, 덴마크 정부와 긴밀히 협조하여 국립의료원의 설립과 운영 등에 적극 참여해 한국 의료 발전에 크게 기여했다.

유엔 참전국 중에는 인도나 노르웨이처럼 경기도 주민들에게 의료지원을 제공하는 경우도 있었는가 하면 한편으로 전쟁의 가장 큰 피해자인 부모 잃은 고아들을 위해 고아원을 설립하여 운영한 경우도 있었다. 터키군이 수원에 설립한 앙카라고아원과 에티오피아군이 동두천에 세운 보화고아원이 대표적인 사례였다.

앙카라고아원은 6·25전쟁이 한창이던 1952년 5월에 수원 서둔동에 건립되었다. 당시 이 일대에는 북한에서 피난 온 피난민들이 모여 살고 있었다. 이들 가운데는 피난길에 부모를 잃은 아이들도 있었는데, 서둔동 일대에 주둔하던 터키군이 이 아이들을 하나둘씩 모아서 고아원을 만들었다. 아이들의 숫자는 계속 늘어나서 640여 명에 이르렀다. 터키군은 자신들의 수도인 앙카라에서 이름을 딴 앙카라고아원을 물심양면으로 지원했다. 일요일이면 대형 살수차를 동원해 아이들의 목욕도 책임졌다. 소질이 있는 아이는 중학교와 고등학교까지 지원했다. 1952년부터 1966년까지 14년 동안 운영되던 앙카라고아원은 터키 잔류부대가 본국으로 돌아가면서 해체됐다.

보화고아원은 6·25전쟁 당시 대대 규모의 군대를 파견했던 에티오피아 '강뉴부대'가 1953년 경기도 동두천에 설립하여 1956년까지 운영된 고아원이었다. 이 고아원은 당시 군종 중위가 원장을 맡아 운영했으며, 전쟁에서 부모와 가족을 잃은 수십 명의 고아들이 이곳에서 공동생활을 했다. 에티오피아 군인들은 전쟁의 와중에도 고아들을 짊어지는 가방에 넣어 돌본 것으로 알려져 있다.

05
경기도 출신 주요 인물

1. 정치인

조소앙趙素昂(1887~1958) : 독립운동가, 정치인, 대한민국 임시정부 요인. 경기도 파주에서 출생하였으며, 본명은 조용은趙鏞殷이다. 일본 메이지대학 법과를 졸업하고, 조선법학전수학교朝鮮法學專修學校에서 교편생활을 했다. 그는 1919년 3·1운동 후 중국으로 망명하여 임시정부 수립에 참여했으며, 임시정부의 뛰어난 이론

조소앙. ⓒ한국학중앙연구원

가이자 합리주의자, 현실주의자라는 평가를 받고 있다. 1930년 한국독립당을 창당하였으며, 1937년 한국광복진선韓國光復陣線 결성에 한국독립당 대표로 참가했다. 해방 후 임시정부의 법통고수를 주장하였고, 김구·김규식과 남북협상에 참여하였으나 협상에 실패하자 단독정부 수립을 지지했다. 1950년 5월 제2대 국회의원 선거에 서울 성북구에서 출마해 전국 최다득표로 당선되었지만, 6·25전쟁 때 납북되었다. 1958년 사망한 것으로 추정된다.

안재홍安在鴻(1891~1965) : 독립운동가, 정치가, 언론인, 역사가. 경기도 진위군 고덕면(현 평택시 고덕면) 두릉리에서 출생하였으며, 호는 민세이다. 일제강점기 당시 국내에서 활동한 몇 안 되는 비타협적 민족주의자로 신간회 창립에

안재홍. ©국사편찬위원회

간여했으며, 『조선일보』주필을 거쳐 부사장·사장을 역임하는 등 언론인 생활을 하기도 했다. 그는 조선사정연구회·태평양문제연구회, 신간회 총무간사로 활약하다가 투옥되기도 하였고, 재만주동포옹호동맹 위원장, 생활개선운동, 귀향학생문자보급운동을 벌이고, 광주학생사건 진상보고를 위한 민중대회를 개최하기도 했다. 해방 후 건국준비위원회 부위원장이 되었지만 곧 사퇴하였고, 국민당을 창당하여 임정봉대 및 반탁운동에 앞장서기도 했다. 미군정청 민정장관으로 활동하였고, 1950년 5월 제2대 국회의원 선거에 경기도 평택군에서 무소속으로 출마하여 당선되었다. 6·25전쟁 기간인 1950년 9월 21일 납북되어 1965년에 사망한 것으로 알려져 있다.

신익희申翼熙(1894~1956) : 독립운동가, 교육자, 정치가. 경기도 광주에서 출생했으며, 호는 해공이다. 그는 상하이 임시정부에서 내무차장·외무차장 등을 지냈으며, 해방 후 귀국하여 신탁통치 반대에 앞장서고 남한 단독정부를 주장하며 이승만과 행보를 같이했다. 초대 국회의원으로 1948년 7월 국회부의장에 선출되었고 이승만이 대통령이 되자 국회의장이 되었다. 이후 대한국민당을 창당할 때 이승만과 부딪치면서 1949년 민주국민당을 창당하고 김성수, 조병옥 등과 함께 야권을 이끌었다. 1950년 5월 제2대 국회의원 선거에 경기도 광주군에서 민주국민당 소속으로 출마하여 당선되었다. 1956년 민주당 구파의 수장으로서 대통령 후보로 출마하여 한강 백사장 연설에 30만 명

신익희. ©국사편찬위원회

을 운집시키는 등 선전했으나, 선거를 열흘 앞둔 날 기차 안에서 뇌일혈로 사망했다. 그는 죽음에도 불구하고 185만 여의 '추모표'를 얻었다. 1962년 대한민국 수립 과정에서의 그의 공로를 기려 건국훈장 대한민국장이 추서되었다.

2. 군인

김창학(해군 하사, 1929. 1. 29~1950. 6. 28) : 1929년 1월 29일 경기도 평택군에서 태어난 김창학 해군 하사는 1948년 6월 해군 신병 제10기로 입대했다. 6·25전쟁 발발 당일인 1950년 6월 25일 PC-701 백두산함 조타수로 대한해협 해전에 참전했다. 당

김창학 하사. ⓒ국가보훈처

시 북한은 육지로 지상군을 대거 투입하고 해상으로 특수훈련을 받은 북한군을 투입했다. 특수부대원들을 태운 북한군 배는 비밀스럽게 상륙하기 위해 일반 상선처럼 위장하였지만, 백두산함은 그것이 북한군의 무장수송선임을 포착했다. 백두산함은 해군 전 장병과 국민의 성금으로 마련한 대한민국 최초의 전투함이었다. 6·25전쟁의 첫 해전은 그렇게 시작되어 아군과 적군이 서로를 향해 쏘아대는 포탄으로 동해의 밤하늘은 밤새 번뜩였다. 점차 국군의 승리가 확실해지자, 북한군은 마지막 전력을 다해 백두산함의 조타실을 공격했다. 함정의 운전대에 해당하는 조타기를 잡고 있던 김창학 하사는 이 공격으로 심한 부상을 입었다. 그러나 그는 죽음에 이르는 최후의 순간까지 온 힘을 다해 조타기를 놓지 않았다. 뒤늦게 조타실로 달려온 함장에게 남긴 그의 마지막 유언은 "함장님 끝까지 싸우지 못해 죄송합니다."였다. 정부에서는 그의 무공을 기려 1952년 12월 10일 을지무공훈장을 수여했다.

홍대선 하사. ⓒ국가보훈처

홍대선洪大善(해군 하사, 1929. 1. 14~1952. 1. 4) : 홍대선 하사는 1929년 1월 14일 경기도 수원시 팔달로 1가에서 태어났다. 1951년 10월, 교착상태에 빠진 6·25전쟁의 활로를 만들어 내기 위해 북한군은 서해안 옹진반도에 진지를 새로 구축하고 우리 군이 주둔 중이던 서해안 도서 지역에 기습상륙을 도모하고자 했다. 이에 우리 군은 해상을 통제하고 피난민을 안전하게 확보하기 위해 탁수작전濁水作戰이라 불린 서해경비작전을 실시했다. 홍대선 삼등병조는 1952년 1월 LST-801함(천안함) VP정의 정장으로 이 작전에 참가하여 옹진반도의 순위도(현 황해남도 강령군 순위리)라는 섬에 모여든 피난민 840여 명을 안전하게 호송하라는 명령을 받았다. 그는 천안함의 단정 정장으로 출동하여 피난민을 천안함으로 실어 나르는 임무를 수행하게 되었다. 하지만 피난민의 절반을 수송하던 찰나 이를 발견한 북한군이 피난민을 향해 경기관총과 박격포로 총격을 가해와 삽시간에 현장은 아수라장으로 변하고 말았다. 북한군은 본선에서 사격하는 것에 만족하지 않고 전마선(배와 육지를 연결하는 작은 배) 3정을 순위도에 상륙시켜 피난민들을 제압하려 했다. 그러자 홍대선 삼등병조는 피난민 수송 임무를 동료에게 맡기고 스스로 적진으로 돌격, 전마선의 상륙을 저지하고자 했다. 그러나 이를 저지하는 와중에 VP정(LST함에 딸린 상륙용 주정)이 치명적으로 손상되어 더 이상 작전을 실행할 수 없게 되었다. 바로 이때 홍대선 삼등병조는 더 이상 손을 쓸 수 없는 최악의 환경에서조차 피난민을 구해야한다는 맡은 바 임무를 포기하지 않고 인접한 예안리 해안에 홀로 상륙, 스스로 적의 표적이 되어 피난민으로 향하는 총격을 유인했다. 이렇게 혈혈단신으로 육지에서 적을 향해 기총소사하던 중 북한군의 전투함과 전마선에서 발사한 탄환에 흉부와 복부에 관통상을 입고 23살 푸른 젊음을 마감하고 말았다. 이같은 홍대선 삼등병조의 위대한 희생을 바탕으로 순위도의 주민들은 안전하게 남쪽으로 피난할 수 있었고 작전은 최소한의 피해를 남긴 채 성공적으로 완수하였다. 홍대선 삼등병조의 살신성인의 정신을 현양하기 위해 정부는 1952년 11월 10일 을지무공훈장을 수여하였고, 대한민국 해군은 2002년 최첨단 유도탄 고속함에 그의 이름을 딴 홍대선함을 명명, 고인의 위대한 애국정신을 기리고 있다.

안낙규安樂奎(1929. 5. 3～1953. 7. 14) : 1929년 5월 3일 경기도 김포군 양서면에서 출생한 안낙규安樂奎 일등중사는 6·25전쟁이 발발하자 누구보다도 먼저 군에 입대했다. 국군 제6사단 19연대 1대대 2중대 소속이었던 그는 1953년 김화지구 교암산전투에서 407고지 점령을 위해 특공대로 자원했다. 8명의 특공대원들을 지휘하게 된 그는 3발의 수류탄을 휴대한 채 목표지점으로 접근해갔다. 피·아간의 자동화기와

안낙규 일등중사. ©국가보훈처

포탄이 난무하는 가운데 능선의 가장자리에 도착한 특공대원들은 적의 탄약운반차량을 발견하고 50여 미터를 질주하여 수류탄을 투척해 차량을 폭파시켰다. 그런 후 안낙규 일등중사와 특공대원들은 계속해서 목표지점을 향해 공격하던 중 적과 마주하게 되었다. 암흑 속에서 특공대는 수류탄을 투척하고 백병전을 전개했다. 그런 와중에 대원들을 독려하며 백병전을 벌이던 안낙규 일등중사가 복부와 가슴에 총탄을 맞고 그 자리에 쓰러졌다. 그 이후로 더 이상 그

의 움직임은 볼 수가 없었다. 안낙규 일등중사를 비롯한 특공대원들의 목숨을 바친 활약으로 연대는 위기를 모면할 수 있었다. 1954년 6월 25일 정부는 안낙규 일등중사의 희생정신을 기리기 위해 군 최고의 영예인 태극무공훈장을 수여했다.

3부

정전체제를 넘어 평화체제로

경기그레이트북스 24

01
정전체제와 전쟁의 유산

1. 정전체제의 탄생

1) 휴전회담의 전개과정

정전체제는 1953년 7월 27일에 유엔군측과 공산군측이 합의한 정전협정을 모체로 현재까지 지속되고 있는 한반도의 정치적·군사적 상태를 뜻한다. 따라서 정전체제의 본질적 성격은 정전협정에 규정되어 있다. 정전협정은 1953년에 타결되었지만, 그 배경이 된 휴전회담은 1951년부터 시작되었다. 휴전회담은 6·25전쟁을 평화적 방법으로 해결하기 위하여 유엔군측과 공산군측이 1951년

리지웨이 유엔군사령관

ⓒ 국사편찬위원회

7월 10일부터 1953년 7월 27일까지 지속적으로 진행한 군사회담을 의미한다. 그러므로 정전체제의 근원을 확인하기 위해서는 휴전회담의 전개과정을 알아둘 필요가 있다.

휴전회담은 최초에 소련이 제의하고 미국이 동의하는 형식으로 이루어졌다. 소련의 유엔 수석대표 말리크(Yakov A. Malik)는 1951년 6월 23일에 라디오 방송 연설에서 공식적으로 휴전

을 제의했다. 말리크의 연설은 휴전을 논의할 수 있는 첫 번째 계기가 되었다. 그리고 미국은 6월 28일에 소련의 협상 제의를 수락하는 성명을 발표했다. 다음날인 6월 29일, 트루먼(Harry S. Truman) 대통령은 리지웨이(Matthew B. Ridgway) 유엔군사령관에게 공산군측과 직접 휴전교섭을 시작하라고 지시했다. 리지웨이는 6월 30일에 라디오 방송을 통해서 공산군측에 휴전을 논의하기 위한 군사회담을 갖자고 제안했다. 유엔군측과 공산군측이 휴전회담을 개최하기로 합의했다는 것은 1950년 6월 26일부터 약 1년간 지속된 한반도의 전쟁을 종식시킬 수 있다는 점에서 전쟁의 근본적인 전환점이었다.

휴전회담 합의 사실이 알려지자, 세계의 언론은 경기도를 주목하기 시작했다. 그 이유는 휴전회담의 장소가 경기도 개성으로 결정되었기 때문이다. 원래 개성은 38선 이남지역으로 대한민국의 영토였으나, 1951년 6월 당시에는 공산군측이 차지하고 있었다. 휴전을 위한 예비회담은 1951년 7월 8일에 개성에서 개최되었다. 유엔군측 연락장교단은 경기도 파주군 임진면 문산리에서 헬리콥터를 타고 임진강을 건너 개성에 착륙한 다음에 회담장소로 안내되었다. 양측은 먼저 신임장과 본회담의 대표명단을 교환한 다음, 본회담의 개최일시와 제반사항을 협의하고 대표단에 대한 안전조치를 보장하기로 합의했다.

휴전회담의 본회담은 1951년 7월 10일부터 경기도 개성 북쪽 고려동에 위치한 민가인 내봉장來鳳莊에서 개막되었다. 공산군측은 자신들이 관할하는 지역에서 회담을 개최하길 바랐고, 유엔군측도 조속히 협상을 타결하기 위해 공산군측의 제안을 받아들였다. 그 결과 개성 시내의 외곽에 있는 내봉장이 회담장소로 선택되었다. 내봉장은 300평이 넘는 정원이 있는 기와집이었다. 휴전회담장은 내봉장의 안채에 마련되었으며, 사랑채와 안채에 양측의 대기실도 준비되었다.

유엔군측은 휴전회담 초기에 군사분계선의 설정, 휴전 감시방법과 감시기구의 설치, 전쟁 포로에 관한 문제 등 군사적인 문제만을 다루자고 주장했다. 반면에 공산군측은 쌍방이 적대행위를 중지하고 38도선을 군사분계선으로 설정하는 문제와, 한반도에서 외국군대를 철수시키는 문제를 먼저 토의해야 한다고 주장했다. 유엔군측은 38도선을 군사분계선으로 설정하자는 공산측의 제의가 군사작전상 공산군측에 유리한 결과를 가져올 것을 알았다. 또한 외국군대의 철수문제는 정치적인 문제였기 때문에 정전협정이 체결된 이후에 논의할 문제라고 판단했다. 이처럼 유엔군측과 공산군측은 최초에 휴전회담을 시작했을 때 38도선의 군사분계선 설정문제와 외국군대의 철수문제를 둘러싸고 충돌했다.

휴전회담이 처음 개최된 개성 내봉장의 외부와 내부

ⓒ 국사편찬위원회

개성 휴전회담장의 유엔군 대표와 공산군 대표

ⓒ 국사편찬위원회

　　유엔군측과 공산군측은 각각 휴전회담을 전적으로 담당하는 대표단을 꾸렸는데, 양측의 대표단 구성이 다르다.

유엔군측과 공산군측의 휴전협상 초기 대표단

구분	직책	이름(소속)
유엔군측	수석대표	조이(C. Turner Joy, 미군 해군 중장)
	대표(미군)	호데스(Henry I. Hodes, 미군 육군 소장), 버크(Arleigh A. Burke, 미군 해군 소장), 크레이기(Lawrence C. Craigie, 미군 공군 소장)
	대표(한국군)	백선엽(白善燁, 국군 육군 소장)
공산군측	수석대표	남일(南日, 인민군 육군 중장)
	대표(인민군)	이상조(李相朝, 인민군 육군 소장), 장평산(張平山, 인민군 육군 소장)
	대표(중공군)	떵화(鄧華, 중공군 육군 상장), 세팡(謝方, 중공군 육군 소장)

출처 : 국방부전사편찬위원회, 『한국전쟁 휴전사』, 1989, 38~39; 47쪽.

　　유엔군측은 미군 중장인 조이가 수석대표를 맡았고, 3명의 미군 장성과 1명의 국군 장성이 대표를 맡았다. 이와 달리 공산군측은 인민군 중장인 남일이 수석대표를 맡았고, 2명의 인민군 장성과 2명의 중공군 장성이 대표를 맡았다. 유엔군을 구성한 국가 중에서 최대 병력이 참전한 국가는 미국이었기 때문에 미군 장성이 유엔군측 수석대표를 맡은 것이다.

이에 비해 공산군측의 수석대표는 인민군 장성이 맡았다. 사실 휴전회담이 시작된 1951년 7월 당시에 공산군측에서 전쟁을 주도하고 있던 것은 중공군이었다. 그런데 6·25전쟁에 참전한 중공군의 정식 명칭은 중국의 정규군인 '중국인민해방군中國人民解放軍'이 아니라 '중국인민지원군中國人民志願軍'이었다. 이 명칭은 중국에서 정식으로 파병한 정규군이 아니라 북한을 지원하기 위해 중국 인민들이 자발적으로 참전한 군대라는 뜻이었다. 따라서 공산군측은 공식적으로 중국인민해방군이 참전했다는 사실을 부인하기 위해 인민군 장성을 수석대표로 임명한 것이다.

유엔군측과 공산군측은 1951년 7월 26일에 열린 본회담에서 휴전회담시 반드시 논의해야할 5개의 협상안건을 채택하는데 합의했다. 양측이 합의한 제1안건은 회의안건의 채택, 제2안건은 군사분계선의 설정, 제3안건은 휴전 감독기관의 구성·권한·기능, 제4안건은 포로에 관한 협의, 제5안건은 양측의 관계국 정부에 대한 건의였다. 유엔군측과 공산군측은 사전에 협상의 안건을 논의하면서 큰 쟁점이 될 수 있는 문제는 향후에 해결해야할 과제로 남겨두고, 일단 우선적으로 논의해야할 전체적인 안건만 채택했다. 그 이유는 휴전회담이 시작될 당시에 양측이 서로가 전쟁에서 우세를 낙관하고 있었고, 휴전회담이 단기간 내에 마무리될 것으로 예측했기 때문이다.

유엔군측과 공산군측은 7월 26일부터 다른 안건보다 먼저 군사분계선 설정문제를 논의했다. 그 이유는 전투를 중지하기 위해 양측의 군사적 경계선을 확정할 필요가 있었기 때문이다. 유엔군측은 1951년 7월 현재 양측의 접촉선을 군사분계선으로 하자고 주장했고, 공산군측은 1945년 당시 연합국의 한반도 분할선인 38도선을 군사분계선으로 설정해야 한다고 주장했다. 결국 이 문제는 현재의 접촉선을 군사분계선으로 하자는 유엔군측의 주장이 관철되었다.

양측은 1951년 11월 27일에 군사분계선과 비무장지대의 설정에 합의했다. 합의내용은 세 가지였다. 첫째, 쌍방이 현재 실제로 접촉하고 있는 선을 군사분계선으로 정하고, 각자 이 선에서 2km씩 후퇴해 비무장지대를 설치한다. 둘째, 쌍방이 30일 안에 정전협정에 서명한다면 현재의 실제 접촉선을 기준으로 군사분계선과 비무장지대를 정한다. 셋째, 만약 30일 안에 정전협정에 서명하지 않는다면 협정에 서명하기 직전의 실제 접촉선을 기준으로 군사분계선과 비무장지대를 정한다.

유엔군측과 공산군측의 휴전회담 대표단(1951년)

유엔군측 대표단(왼쪽). 왼쪽에서 한국군 대표 백선엽 소장, 가운데 유엔군 수석대표 조이 중장. 공산군측 대표단(오른쪽). 왼쪽부터 중국군 대표 셰팡 소장, 덩화 상장, 공산군 수석대표 남일 중장, 인민군 대표 이상조 소장, 장평산 소장. ⓒ 국사편찬위원회

그런데 휴전회담 도중에 회담장소가 한번 변경되었다. 개성에서 휴전협상

이 진행되자, 북한은 회담장 주변에서 무력시위를 벌이면서 유엔군측을 압박했다. 이에 따라 유엔군사령관은 회담의 중립성을 유지하는데 개성이 부적합하다고 판단하고, 1951년 9월 6일에 공산군측에 회담장소를 변경할 것을 요청했다. 그 결과 유엔군측과 공산군측의 연락장교단은 10월 22일에 개성에서 동쪽으로 10km 거리에 있는 경기도 장단군 진서면 널문리로 회담장소를 변경했다. 이 널문리를 한자로 옮긴 것이 판문점板門店이다.

휴전회담이 처음 시작될 때, 유엔군측과 공산군측은 협상에서 최종적으로 합의할 때까지 전선에서 전투를 계속한다는 전제 아래 회담을 시작했다. 이에 따라 1951년 7월부터 진행된 전투는 휴전회담의 협상과정과 밀접히 연관되어서 전개되었다. 유엔군은 협상이 결렬되거나 유엔군이 요구한 협상조건을 공산군측이 받아들이지 않을 때 전투를 재개했다. 또한 유엔군은 협상 중에도 제한적인 목표를 지속적으로 공격해서 공산군을 압박했다.

이에 맞서 공산군은 휴전회담 과정에서 전력의 열세를 만회하기 위해 전력증강을 도모하는 한편, 회담에서 주도권을 장악하기 위해 유엔군 진지 중에서 북쪽으로 돌출되거나 취약한 진지를 집중적으로 공격했다. 이에 따라 휴전회담의 회담장 안에서는 양측이 협정에 유리한 조항을 넣기 위해 설전舌戰이 전개되었고, 전선에서는 하나의 고지라도 더 빼앗기 위해 혈전血戰이 전개되었다.

유엔군과 공산군측은 1951년 11월 28일부터 제3안건인 휴전 감시방법과 감시기구에 대한 협상을 시작했으며, 뒤이어 제4안건인 포로교환문제와 제5안건인 관계국 정부에 대한 건의문제를 함께 협의했다. 제3안건을 둘러싼 양측의 주요 협상내용은 휴전 이후 군사력 증강에 대한 규제문제와 중립국감시위원회의 구성문제였다. 군사력 증강의 규제문제는 1952년 2월 23일에 합의되었는데, 양측은 휴전된 이후에도 계속 한반도에 주둔하게 될 외국군대의 병력 교체를 고려해 매월 35,000명의 병력이 한반도를 출입국할 수 있도록 인정하자고 합의했다.

그러나 제3안건 가운데 중립국감시위원회의 구성 문제는 소련을 중립국감시위원회에 포함시키느냐 여부를 둘러싸고 양측이 격렬하게 대립했다. 결국 이 문제는 1952년 5월에 재개된 본회의에서 공산군측이 유엔군측의 제안을 수락해 소련을 중립국감시위원회에서 제외함으로써 타결되었다. 그리고 양측은 1952년 5월 7일에 공산군측이 지명한 폴란드·체코슬로바키아와 유엔군측이 지명한 스웨덴·스위스 등 4개국으로 중립국감시위원회를 구성하는 데 합의했다. 이로써 1951년 11월부터 양측이 대립해온 쟁점은 포로문제를 제외하고 사실상 모두 타결되었다.

제5안건인 관계국 정부에 대한 건의문제 협상은 1952년 1월 31일에 시작되었는데, 한 달도 안된 2월 17일에 양측이 합의함으로써 쉽게 타결되었다. 양측은 정전협정의 효력을 발생한 뒤 3개월 안에 정치회담을 소집하기로 합의했다. 유엔군측과 공산군측이 제5안건을 합의함에 따라 1951년 7월 10일부터 시작된 휴전회담의 5개 안건은 제4안건인 포로교환문제를 제외하고 회담이 시작된 지 7개월 안에 모두 타결되었다. 이로써 1950년 6월 25일에 시작된 6·25전쟁은 전쟁이 발발한지 약 1년 6개월 만에 완전히 끝날 것처럼 보였다.

그런데 휴전회담은 1952년 초부터 마지막에 남은 포로교환문제를 둘러싸고 완전히 교착상태에 빠지게 되었다. 양측이 팽팽히 대립하게 된 이유는 포로를 어떤 원칙에 따라 교환할 것인지 여부였다. 유엔군측은 포로 개인의 자유의사에 따라 한국·북한·중국 또는 대만을 선택하게 하자는 '자유송환방식'을 주장했다. 반면에 공산군측은 제네바협약에 따라 모든 포로는 무조건 자기 고국에 송환되어야 한다는 '무조건송환방식'을 주장했다. 휴전회담은 포로교환문제가 타결되지 못하면서 1952년 2월 27일부터 약 2개월 동안 중단되었고, 1952년

10월 8일에는 무기한 휴회상태로 들어갔다.

판문점의 휴전회담장

왼쪽은 1951년 10월에 개성에서 옮겨온 직후 판문점의 모습이며, 오른쪽은 1952년 당시 판문점의 모습이다. 초기에는 3채의 초가집이 있는 곳 앞에 임시천막을 설치해 회담장으로 사용했고, 1952년부터는 천막 왼쪽에 새로 건물을 지어 회담장으로 사용했다. ⓒ 국사편찬위원회·통일부

　　양측이 포로교환문제에서 각자의 주장을 굽히지 않은 이유는 단순히 협정의 조항을 유리하게 만들려는 의도 때문이 아니었다. 유엔군측의 입장에서는 공산군측의 주장대로 무조건 송환을 추진하는 것은 지금까지 주장해 온 인도주의와 자유주의를 스스로 포기하는 것을 의미했다. 반대로 공산군측의 입장에서는 만약에 일부 포로들이 본국 송환을 거부하게 된다면 그들이 '침략자를 몰아내고 남한을 해방한다'라고 주장해온 '정의의 전쟁'이라는 기치가 퇴색될 수 있었다. 나아가 공산군 출신 포로들이 한국 등 유엔국에 남는 것을 선택한다면, 그것은 사회주의와 자본주의 사이의 정치적·사상적 싸움에서 패배하는 것을 의미했다.

　　사실 공산군측이 유엔군측의 자유송환방식을 격렬히 반대한 이유는 1952년 4월 10일에 유엔군사령부가 공산군 출신 포로들을 대상으로 송환방식에 대

한 의견을 조사한 결과 때문이었다. 이 조사 결과, 공산군 포로 약 17만 명(민간인 억류자 포함) 가운데 10만 명의 포로가 자유송환을 원하고 있는 것으로 나타났다. 즉 10만 명의 공산군 포로가 북한이나 중국으로 돌아가기를 거부한 것이다.

그러자 공산군측은 포로교환문제로 휴전회담이 교착될 때마다 유엔군측 포로 수용소 안에서 친공 포로를 동원해 유엔군의 송환희망포로에 대한 조사를 저지했으며 각종 폭동사건을 일으켰다. 대표적으로 거제도 포로수용소의 친공 포로들은 1952년 5월 6일에 경비병에 의한 폭행과 수용소내 금품수색을 빌미로 포로수용소 장과 면담을 요청한 후, 5월 7일에 포로수용소장 돗드 준장이 수용소에 다가가자 그를 수용소 안으로 납치하는 사건을 일으켰다. 이 뿐만 아니라 친공 포로들은 수용동에 있는 자유송환 찬성포로와 반공 포로들을 구타하거나 이들에게 테러를 가했다.

거제도 포로수용소의 모습

1952년 당시 거제도 포로수용소의 모습(왼쪽). 친공포로들이 포로수용소 안에서 만들어 사용한 각종 무기와 연으로 제작한 선전물(오른쪽). ⓒ 미국 국립문서기록관리청

휴전회담은 포로송환문제로 무기한 휴회된 1952년 10월 8일부터 양측의 입장이 팽팽히 대립하면서 별다른 진전이 없었다. 소강상태에 놓였던 휴전협

상은 1953년 3월 5일에 소련공산당 서기장 스탈린(Joseph V. Stalin)이 사망함에 따라 급속히 진척되었다. 공산군측은 1953년 4월 16일에 공식적으로 휴전회담을 재개하자고 제안하였고, 이로써 6개월 만에 회담이 재개되었다. 양측은 4월 20~26일에 먼저 병들거나 다친 포로(傷病포로)를 서로 교환했다. 그리고 6월 8일에는 본국 송환을 거부하는 포로에 대한 처리방법에 합의했다. 그 결과 1951년 11월 말에 시작되어 1년 6개월 동안이나 지연되어온 포로교환문제가 최종적으로 타결되었다. 유엔군측과 공산군측은 1953년 6월 9일부터 정전협정 체결에 앞서 최종적으로 군사분계선의 확정, 정전협정 조인일자, 비송환 포로의 제3국 인도引渡에 관한 문제를 합의했다.

그런데 최종 회담이 진행 중이던 1953년 6월 18~19일에 부산, 광주, 논산 등 전국 8개 지역의 포소수용소에 억류 중이던 반공 포로 35,700여 명을 한국정부가 일방적으로 석방하는 사건이 발생했다. 이것이 '반공포로 석방사건'이다. 이 사건이 발생하자, 공산군측은 또다시 회담을 중단시켰다. 그러자 유엔군측은 한국군이 정전협정을 준수하도록 보장하겠다고 공산군측에 확약했고, 그제야 비로소 회담이 재개되었다. 이에 따라 7월 22일에 군사분계선이 확정되고, 7월 23일에는 본국으로 돌아가길 거부한 비송환 포로들을 비무장지대에서 중립국송환위원단에 인계했다.

6·25전쟁을 공식적으로 중단시킨 '정전협정停戰協定'은 1953년 7월 27일 오전 10시에 경기도 장단군 진서면 판문점(현재 파주시 진서면)에서 체결되었다. 협정 조인식에는 양측을 대표해서 유엔군측에서는 휴전회담 수석대표 해리슨(William Kelly Harrison Jr.) 미군 중장이 참석했고, 공산군측에서는 수석대표 남일 인민군 상장이 참석했다. 협정문은 모두 18부가 제작되었는데, 영문英文 6부, 중문中文 6부, 국문國文 6부로 구성되었다. 먼저 수석대표들이 판문점에서 만나 정

전협정문에 서명했다. 그 다음에 각각 협정문서를 가져가서 유엔군과 공산군의 사령관들이 서명했다. 유엔군 사령관 마크 클라크(Mark Wayne Clark) 대장은 7월 27일에 경기도 문산에 위치한 휴전회담 대표단 숙소에서 정전협정에 서명했다. 인민군 최고사령관 김일성金日成은 7월 27일에 평양의 집무실에서 정전협정에 서명하였고, 중국인민지원군 총사령관 펑더화이彭德懷는 7월 28일에 개성의 내 봉장까지 직접 와서 정전협정에 서명했다.

　　정전협정이 공식적으로 조인된 날짜와 시간은 7월 27일 오전 10시 정각이 었고, 협정이 공식적으로 발효된 시간은 7월 27일 오후 10시였다. 양측은 협정 의 조인시간과 효력 발효시간의 사이인 12시간 동안에 상대방의 진지와 주둔 지에 남은 화력을 쏟아 부었다. 최종적으로 7월 27일 오후 10시 01분 01초부터 모든 전선에서 적대행위가 중지되었고, 양측의 군대가 최전선에서 비무장지대 로 철수를 개시했다. 1953년 7월 27일에 정전협정이 조인됨에 따라 3년 1개월 동안 한반도에서 벌어진 6·25전쟁은 마침내 휴전상태로 전환되었다.

판문점에서 거행된 정전협정 조인식(1953.7.27)

1953년 7월 27일 오전 10시에 판문점에서 열린 정전협정 조인식에서 협정문에 서명하는 양측 대표. 왼쪽은 유엔군 수석대표 해리슨 중장이며, 오른쪽은 공산군측 수석대표 남일 상장이다. ⓒ 국가기록원

판문점 본회의장의 모습과 정전협정에 서명하는 유엔군총사령관

1953년 7월 25일 당시 판문점 본회의장의 모습(왼쪽). 정전협정에 서명하고 있는 유엔군총사령관 클라크 대장(오른쪽).
ⓒ 미국 국립문서기록관리청

정전협정에 서명하는 공산군측 사령관

1953년 7월 28일 개성에서 정전협정에 서명하는 중공군 총사령관 펑더화이(왼쪽). 7월 27일 평양에서 정전협정에 서명하는 인민군 최고사령관 김일성(오른쪽). ⓒ 미국 국립문서기록관리청

2) 정전협정의 내용

1953년 7월 27일에 체결된 정전협정은 모두 5개 조, 63개 항으로 구성되어 있으며, 그 목적은 협정의 서문에 기록되어 있다. 이 협정은 "쌍방에 막대한 고통과 유혈을 초래한 한국 충돌을 정지시키기 위하여, 최후적인 평화적 해결이 달

성될 때까지 한국에서 적대행위와 일체 무력행위의 완전한 정지를 보장하는 정전을 확립할 목적"으로 체결되었다. 협정의 핵심적인 내용은 ① 평화적으로 해결될 때까지 적대행위와 무장충돌의 정지, ② 군사분계선과 비무장지대의 설정, ③ 국경 밖에서 모든 군사인원과 군사장비의 반입 금지, ④ 정전협정의 실시와 감독을 위한 군사정전위원회와 중립국감시위원회의 설립, ⑤ 협정 발효 후 60일 안에 송환희망포로의 송환, ⑥ 협정 발효 후 3개월 안에 정치회담 개최의 건의 등이다.

유엔군측과 공산군측은 1953년 7월 27일부터 협정에 규정된 내용을 준수하기 위해 정치적·군사적 조치를 추진했다. 첫째, 정전협정 조항에 따라 협정이 조인된 1953년 7월 27일 오전 10시부터 72시간 안에 현재 양측이 대치하고 있던 전선으로부터 쌍방이 모두 2km씩 철수하게 되었다. 전선에 있던 한국군과 유엔군의 부대들은 7월 28일 아침부터 현재 위치에서 2km씩 물러나기 시작했다. 비무장지내 안에서 쌍방의 군사력 철수는 예정대로 7월 30일에 완료되었다. 이와 동시에 위험물과 지뢰 등의 제거작업이 병행되었다.

한편 정전협정에 규정된 군사분

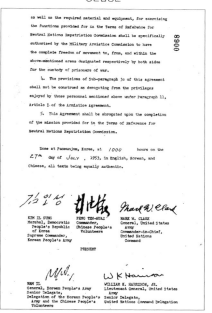

정전협정문

서명자는 왼쪽부터 김일성, 펑더화이, 마크 클라크이다.
ⓒ 국가기록원

계선에 따라 경기도에 속하는 서해안의 섬과 강원도에 속하는 동해안의 섬에서 유엔군이 철수하기 시작했다. 유엔군측은 서해안의 경기도와 황해도의 도경계 북서쪽에 있는 여러 섬과, 동해안의 비무장지대 남방한계선 북쪽에 있는 여러 섬에서 철수를 시작해 8월 2일 이전에 철수를 완료했다. 그러나 정전협정에 따라 서해안의 5개 도서(백령도, 대청도, 소청도, 연평도, 우도 등 서해 5도)는 유엔군사령관의 군사적 관할 아래 남게 되었다. 이로써 1945년 8월 15일 해방과 동시에 38선으로 분할되었던 한반도는 1953년 7월 27일 정전협정이 조인됨에 따라 새로운 이름의 '휴전선'에 의해 나뉘어져 분단의 시대로 접어들었다.

둘째, 정전협정이 조인된 이후에 협정의 준수여부를 감독하기 위해 군사정전위원회와 중립국감시위원회가 설립되었다. 군사정전위원회는 정전협정의 실시를 감독하며, 협정에 대한 위반사건을 협의해서 처리하는 양측의 공동기구였다. 군사정전위원회 본위원회는 10명의 고급장교로 구성되었으며, 쌍방이 각각 5명씩 임명했다. 이와 함께 10개의 공동감시소조를 설치해서 협정의 준수여부를 감시했다. 이 공동감시소조는 쌍방이 각각 절반씩 임명한 4~6명의 영관급 장교로 구성되었으며, 비무장지대와 한강 하구에 관한 규정의 이행여부를 감독했다. 군사정전위원회는 양측의 최고협의체로서 중립국감시위원회로부터 각종 보고를 받았으며, 포로송환위원회와 실향민 귀향협조위원회의 사업을 지도하고 감독하는 권한을 가졌다. 그 본부는 비무장지대인 판문점에 설치되었다.

정전협정에 따라 설치된 중립국감시위원회는 지정된 출입항구를 거쳐서 교체되는 병력·군사장비·탄약에 대한 감독·감시·시찰·조사를 실시해서 그 결과를 군사정전위원회에 보고하는 공동기구였다. 이 위원회는 4명의 고급장교로 구성되었는데, 2명은 유엔군측에서 지명한 중립국인 스위스와 스웨덴에서 임명하고, 2명은 공산군측에서 지명한 폴란드와 체코슬로바키아에서 임명했다. 위원회 산하에는 중립국감시소조를 설치해서 협정의 준수여부를 감시했다. 이 중립국감시소조는 4명 이상의 장교로 구성되었는데, 이 장교들은 쌍방이 지명한 중립국 중에 각각 절반씩 차출했다. 본부는 판문점의 군사정전위원회 본부 부근에 설치되었고, 감시소조는 남북한에 각각 지정된 10개 출입항에 주재했다. 이 출입항은 한국의 인천, 대구, 부산, 강릉, 군산과 북한의 신의주, 청진, 흥남, 만포, 신안주였다.

중립국 대표들

1953년 휴전회담장에서 양측의 발언을 듣고 있는 중립국 스웨덴·폴란드 대표들(왼쪽). 1953년 8월에 판문점에서 포로교환 현장을 참관하고 있는 폴란드 장교들(오른쪽). ⓒ 미국 국립문서기록관리청

한편, 정전협정이 체결되었음에도 불구하고 완전히 처리되지 않은 문제가 남아 있었다. 그것은 바로 포로송환이었다. 유엔군측과 공산군측은 각각 억류하고 있는 포로를 협정 체결 이후에 송환하기로 합의했는데, 그 업무를 처리하기 위해 정전협정 제56조에 포로송환위원회를 설치할 것을 규정했다. 포로송환위원회는 포로송환에 필요한 업무를 집행하는 양측의 공동기구로서 군사정전

위원회로부터 지도와 감독을 받았다. 이 위원회는 포로들의 인도·인수에 관한 시간을 조절하고, 공동적십자소조의 포로송환 협조사업을 조절하며, 포로송환을 신속히 실시하도록 감독하는 역할을 맡았다. 이 위원회는 쌍방에서 각각 3명씩 임명한 6명의 영관급 장교로 구성되었으며, 그 본부는 군사정전위원회 본부 부근에 설치되었다. 그리고 포로송환계획이 완수되면 군사정전위원회가 이를 해산하도록 규정되었다.

정전협정에는 포로송환위원회와 함께 송환희망포로의 송환과정에서 인도주의적으로 포로들의 복리를 돕기 위해 공동적십자소조를 조직하도록 규정되었다. 이 소조는 포로송환위원회에 협조하는 양측의 공동기구였다. 공동적십자소조는 양측의 본국 적십자사를 대표하는 인물로 구성되었으며, 3개가 설치되었다. 1개 소조는 20명으로 구성해서 포로의 인도·인수지점에서 쌍방의 포로 인도·인수업무를 도와주었다. 다른 2개 소조는 각각 60명으로 구성되었다. 그 중 1개 소조는 유엔군측이 관리하는 포로수용소를 방문하고 포로 인도·인수지점으로 가는 포로를 도왔으며, 나머지 1개 소조는 공산군측이 관리하는 포로를 원조했다.

정전협정에 규정된 내용을 처리하기 위한 군사정전위원회 회의는 1953년 7월 28일에 경기도에 위치한 판문점에서 처음 개최되었다. 유엔군측 수석위원은 미군 극동군사령부 참모부장 브라이언(Blackshear M. Bryan) 소장이었고, 공산군측 수석위원은 휴전회담 대표였던 이상조李相朝 소장이었다. 양측은 제1차 본회의에서 공동감시소조의 운영, 비무장지대의 관리, 포로와 중립국감시위원회의 수용시설 건축문제 등을 협의했다. 이와 동시에 포로송환위원회도 첫 회의를 개최해서 쌍방의 포로를 8월 5일부터 교환하기로 합의했다. 중립국감시위원회는 8월 1일에 제1차 회의를 가졌으며, 감시소조의 편성문제 등을 토의했다. 8월 3일에는 양측의 적십자사 대표들이 공동적십사소조를 통해 쌍방의 포로수용소를 시찰하기로 합의했다. 이처럼 정전협정에 규정된 각종 기구들은 1953년 8월부터 본격적으로 활동하기 시작했다.

휴전 이후 최초의 포로교환은 1953년 8월 5일에 이루어졌다. 남과 북의 포로수용소에서 출발해 판문점에 집결한 포로들은 전세계가 지켜보는 가운데 군사분계선을 넘어 본국으로 돌아갔다. 제1차 포로교환을 통해 국군 포로 250명을 포함해 유엔군 포로 400명이 송환되었고, 인민군·중공군 포로 2,756명이 송환되었다. 이후 공산군측은 매일 약 400명의 포로를, 유엔군측은 매일 약 2,400명의 포로를 판문점으로 데리고 와서 상대측에 인도했다. 포로교환작업은 1953년 9월 6일에 마지막으로 남은 포로들이 송환되면서 최종적으로 완료되었다. 1953년 8월 5일부터 9월 6일까지 33일간에 걸친 포로송환의 결과, 유엔군 포로 13,457명과 공산군 포로 82,493명이 본국으로 돌아갔다.

정전협정에 따라 양측으로 송환된 포로 인원

구분	유엔군				공산군		
국가별	한국	미국	기타국가	합계	북한	중국	합계
인원수	8,333명	3,746명	1,378명	13,457명	75,823명	6,670명	82,493명

출처 : 국방부전사편찬위원회, 『한국전쟁 휴전사』, 1989, 325쪽.

본국으로 송환되는 양측의 부상 포로

1953년 4월 21일에 미군 수송선을 타고 와서 판문점으로 가는 트럭으로 이동하는 인민군 부상 포로(왼쪽). 4월 22일에 북한지역에서 판문점에 도착한 유엔군 부상 포로를 미군이 이송하는 장면(오른쪽). ⓒ 미국 국립문서기록관리청

북한과 대만으로 송환되는 공산군 포로

1953년 8월 11일 판문점에서 북한으로 송환되는 인민군 포로들(왼쪽). 유엔군이 지급한 옷을 벗어 던졌기 때문에 맨몸이다. 1953년 9월에 인천항에서 포로송환선을 타고 대만으로 떠나는 중공군 반공포로들(오른쪽). ⓒ 미국 국립문서기록관리청

판문점에서 송환되는 유엔군 포로

1953년 8월 11일 판문점에 도착해 국군포로접수처로 이송되는 국군 포로(왼쪽). 북한 트럭을 타고 판문점에 도착해서 유엔군에 인계되는 미군 포로(오른쪽). ⓒ 미국 국립문서기록관리청

3) 정전협정 이후 남은 문제

유엔군측과 공산군측은 휴전회담 과정에서 양측의 견해가 첨예하게 대립해 타결되지 않은 사안을 회담 안건에서 제외하거나 향후 협의과제로 남겨 두었다. 이 같은 회의 안건의 처리방법은 회담을 주도한 협상 주체들에 의해 결정되었는데, 유엔군측 대표단에서 한국측 대표는 한 명에 불과했기 때문에 협상 당시 발언권이나 권한이 제한적이었다. 회담의 안건 선정과 협상과정은 주로 수석대표와 대표를 맡은 미군 장성들에 의해 주도되었다. 이에 따라 안건 선정과 협상 과정에서 한국측의 요구가 제대로 반영되지 못하는 경우가 있었다. 즉 우리에게는 중요한 문제였으나, 당시에는 쟁점이 되지 못했던 문제들이 정전협정 체결 이후에 새롭게 부각되었다. 그 대표적인 문제가 바로 해상분계선 문제와 납북자를 포함한 실향민 문제였다.

먼저 해상분계선 문제는 지상의 군사분계선 협상이 타결된 이후에 휴전 감시기구와 그 권한 문제를 다루는 과정에서 논의되었다. 휴전 이후에 상대방지역에서 병력을 철수시키는 문제와 관련해 해상분계선의 개념, 연안도서沿岸島嶼와 영해領海의 범위 등이 쟁점화되었던 것이다. 지상의 군사분계선은 서쪽으로는 38선 이남에 설정되었고, 동쪽으로는 38선 이북에 설정되었다. 그것을 바다로 연장한 선을 해상분계선으로 결정해서 상대방지역에서 병력을 철수하게 된다면, 유엔군은 그동안 점령하고 있던 서해지역의 수많은 섬에서 철수해야 했다.

이와 같은 이유 때문에 유엔군측은 서쪽지역의 지상군사분계선을 연장한 선과 38선 사이에 있는 섬 중에서 백령도, 대청도, 소청도, 연평도, 우도를 제외한 나머지 섬에서 철수한다는 방안을 제기했다. 공산군측은 휴전회담 당시에 이 5개 섬을 군사적으로 점령할 수 없었기 때문에 유엔군측의 제안을 수용했다. 그 결과 서해안으로 연장한 군사분계선의 북쪽에 돌출되어 있는 5개 섬이 대한민국의 영토로 확정된 것이다. 이것이 바로 현재 남북한 해상 충돌의 근원이 된 '서해 5도 예외 규정'이다.

서해 5도

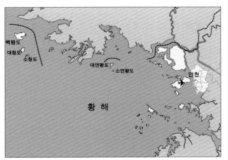

북쪽부터 백령도, 대청도, 소청도, 연평도. 우도는 연평도 오른쪽에 있다. ⓒ 위키백과

정전협정의 부속조항에는 서해 5도를 선으로 이을 수 없으며, 어떠한 해상봉쇄선도 존재할 수 없다는 단서가 명시되었다. 그러나 이 조항은 정전협정 체결 이후에 서해안의 해상분계선을 둘러싸고 정치적·군사적 충돌이 발생하면서 제대로 지켜지지 않았다. 유엔군은 휴전

이후에 한국군의 북상을 막기 위해 서해 5도를 잇는 서해 북방한계선(Northern Limit Line : NLL, 이하 NLL)을 설정했다. 그러나 유엔군의 선포에도 불구하고, 한국과 북한은 이 북방한계선을 서해안의 해상분계선으로 인정하느냐 여부를 둘러싸고 계속 충돌했다.

정전협정이 체결된 이후에도 남아있던 두 번째 과제는 납북자를 포함한 실향민失鄕民 문제였다. 정전협정이 체결되었을 때, 한국과 북한에는 자기의 거주지에서 이동해 상대방지역에 거주하고 있는 사람들이 있었다. 이들은 주로 남한에서 북한으로 납북된 사람들과, 북한에서 남한으로 피난온 사람들이었다. 납북자문제와 피난민문제는 휴전회담 당시에 이미 논의되었던 문제다. 한국은 포로협상과정에서 납북자를 돌려달라고 제기했고, 이에 대해 북한은 유엔군이 북한지역에서 후퇴할 때 피난민들을 납치했다고 대응했다.

유엔군측과 공산군측은 결국 피난민들이 정전협정 이후에 그들이 선택한 지역으로 돌아갈 수 있다고 합의했다. 이 합의가 반영된 것이 바로 정전협정 제59조의 실향민 조항이다. 이 조항에 따르면, 6·25전쟁 발발 전날인 1950년 6월 24일까지 남한에 거주하다가 1953년 7월 27일 당시 북한에 있는 사람은 본인이 귀향을 원하면 돌아올 수 있었다. 반대로 1950년 6월 24일까지 북한에 거주하다가 1953년 7월 27일 당시 남한에 있는 사람도 귀향을 원하면 돌아올 수 있었다.

정전협정에는 귀향을 원하는 민간인의 귀향과정을 담당하는 기구를 조직하도록 규정되었다. 이 기구가 실향민귀향협조위원회다. 이 위원회는 한국과 북한에서 본래 거주지로 돌아가길 원하는 민간인들의 귀향에 관한 계획을 조절하고, 그 집행과정을 감독하는 공동기구였다. 귀향협조위원회는 쌍방에서 각각 2명씩 임명한 4명의 영관급 장교로 구성되었으며, 그 본부는 군사정전위원회 본부 부근에 설치되었다. 이 위원회는 군사정전위원회로부터 지도와 감독을 받았으며, 임무를 완수하면 해산시키도록 규정되었다. 정전협정이 체결된 이후에 실향민귀향협조위원회는 실제로 실향민을 교환하는 업무에 착수했지만, 1953년 말까지 남과 북에서 고향으로 돌아간 실향민은 없었다. 남한에서는 1954년 3월에 37명의 실향민이 유엔군사령부의 협조 아래 북한으로 돌아갔지만, 이후에도 북한에서 남한으로 송환된 납북자는 없었다.

납북자와 납북자구출대회

6·25전쟁 당시 북한으로 끌려가는 납북자들(왼쪽). 1954년 3월 11일에 서울에서 열린 제2회 납북자구출대회(오른쪽).
ⓒ 6·25전쟁 납북인사가족협의회

정전협정이 체결된 이후 남겨진 문제 중에서 가장 근본적인 문제는 유엔군측과 공산군측이 협정을 얼마나 준수하는가 하는 문제였다. 한반도의 정전체제는 양측이 협정에 명시된 대로 적대적으로 상대편을 무력화시키려는 의도를 포기하고 군사적 대치관계를 완화시킨다면 언제라도 평화체제로 전환될 수 있었다. 그러나 양측이 협정에 명시된 조항을 지키지 않으면서 시간이 지날수록 정전협적은 점차 무력화되었다.

먼저 정전협정 제5조 제60항에는 한국으로부터 모든 외국군대를 철수하기로 규정되었으나, 협정이 체결된 후에도 중국군과 미군은 한반도에서 철수하지 않았다. 또한 유엔군측과 공산군측은 한반도 밖에서 군사인원, 군사무기, 군사장비를 증강해 들여오는 것을 금지하기로 합의했는데, 이 군사력 증강금지 합의도 지켜지지 않았다. 양측은 비무장지대에 새로운 무기, 장비, 군사진지를 구축했으며, 정전협정을 근본적으로 위협하는 군사훈련도 강화했다. 이로써 한반도에는 휴전선을 중심으로 군사적 대결이 격화되었고, 지속적으로 전쟁발발 위기가 고조되었다.

이처럼 양측이 계속해서 정전협정을 위반한 것은 정전협정 자체에 협정을 준수하도록 강제하고 군사적 충돌을 규제하는 기능이 약했기 때문이다. 1953년부터 1999년까지 유엔군측이 작성한 공산군측의 정전협정 위반 건수는 총 430,917건에 달했고, 공산군측이 주장한 유엔군측의 정전협정 위반 건수는 835,563건에 달했다. 하지만 양측이 이 기간 동안 정전협정을 위반했다고 시인한 건수는 각각 20건 미만이었다. 정전협정에는 군사적 충돌과 전면전을 방지하기 위해 비무장지대를 설정하고, 군사정전위원회와 중립국감시위원회를 통해 이를 관리하고 감독하도록 규정되었다. 그러나 군사정전위원회는 점차 유명무실해졌으며, 중립국감시위원회는 냉전체제가 해체되면서 소멸되었다. 그 결과 정전협정은 실질적으로 관리·감독체계가 없는 협정이 되었으며, 정전체제는 한반도의 평화체제로 전환되지 못했다.

2. 전쟁의 상흔과 수복지구

1) 전쟁의 상흔

정전협정의 결과 3년에 걸쳐 한반도를 휩쓴 전투는 끝났지만, 전쟁의 상흔은 한국사회에 짙은 상흔을 남겼다. 가장 큰 피해는 전쟁의 과정에서 수많은 군인과 민간인이 사망했다는 점이다. 전쟁동안 유엔군측은 국군(경찰 포함) 63만명과 유엔군 55만명을 포함해 약 119만명이 전사·부사·실종당했으며, 공산군측은 인민군 80만명, 중공군 123만명 등 약 203만명의 손실이 발생했다. 양측 군인의 피해만해도 총 322만명에 달했다. 민간인 피해는 남·북한을 합해서 사망·부상·실종을 포함해 249만명에 달했고, 약 500만명의 피난민이 발생했다. 또한 1950년 6월 25일부터 1952년 3월 15일까지 발생된 전재민戰災民은 1,000만명이 넘었다. 따라서 전쟁으로 인해 피해를 입지 않은 사람이 없었으며, 전사자와 부상자의 가족, 이산가족 등 많은 사람들이 여전히 전쟁의 고통 속에 살고 있다.

6·25전쟁은 1945년에 일제로부터 해방된 이후에 우리 민족의 역사에 가장 큰 영향을 끼쳤다. 무엇보다 전쟁으로 인한 인적·물적 피해는 그 유례를 찾아볼 수 없을 만큼 참혹했다. 그리고 정전협정이 체결됨에 따라 한반도에는 분단체제가 고착되었다. 특히 경기도는 6·25전쟁 과정에서 다른 도보다 훨씬 많은 피해를 입었다. 대표적으로 경기도에서는 128,740명의 민간인 인명피해가 발생했으며, 20,711,469채의 건물이 파괴되거나 파손되었다. 따라서 전쟁이 끝났을 때 많은 경기도민들은 가족을 잃은 채 살아갈 집마저 부족한 상태였다.

경기도가 이렇게 다른 도보다 큰 피해를 입은 이유는 전쟁기간 동안 주요 공방전이 경기도를 중심으로 전개되었기 때문이다. 먼저 개전 초기에 인민군의 주공격부대가 모두 경기도를 통과하면서 피해가 집중되었다. 인민군의 최우선 목표는 서울을 점령하는 것이었는데, 북한 지도부는 이를 위해 개전 당시 최전선의 7개 사단 중에 4개 사단을 서울과 경기도의 북부지역에 투입했다. 이 주공 격부대들은 서울을 점령한 직후에 경기도 전체 지역을 통과해서 남쪽으로 내려갔다. 특히 개전 이후 미군과 인민군은 7월 5일에 최초로 전투를 치루었는데, 이 전투도 경기도 오산의 죽미령에서 벌어졌다. 또한 6·25전쟁의 전세를 역전한 인천상륙작전과 서울탈환전투도 대부분 경기도에서 전개되었는데, 인민군이 13일 동안 완강히 저항하면서 경기도민의 피해가 급증했다.

인천상륙작전 당시 경기도의 피해

인천상륙작전 당시 격전과 포격으로 파괴된 경기도의 시가지(왼쪽). 인천상륙작전 중에 미군 군의관과 의무병이 부상당한 아이를 치료하는 모습. ⓒ 국사편찬위원회

그러나 경기도의 피해는 1950년에 국한되지 않았다. 중공군과 인민군은 1950년 12월 31일부터 다시 남하하기 시작해 1월 4일에는 서울을 다시 점령했다. 그 후 3월 14일에 서울을 재탈환할 때까지 공산군과 유엔군의 주력부대는 주로 경기도 안양, 평택, 이천, 양평, 가평 등지에서 격전을 벌였다. 유엔군은

1951년 5월 말에 임진강 하구 – 문산 – 연천 – 화천 – 양구 – 간성을 연결하는 선을 대부분 회복했다. 그러나 양측은 1953년 7월 27일에 정전협정이 체결될 때까지 계속해서 경기도 북부지역에서 고지전高地戰을 펼치면서 일진일퇴를 거듭했다.

경기도의 도민들은 전쟁기간 동안 모두 네 번에 걸쳐 공산군과 유엔군이 번갈아 지역에 진주하는 상황을 겪었으며, 잦은 전선의 이동으로 인해 집중적으로 인적 · 물적 피해를 입었다. 경기도에서는 민간인의 사망과 부상 등 인명피해도 많았지만, 그 외에 전재민과 피난민도 많이 발생했다. 또한 전쟁기간 중에 북쪽과 남쪽지역에서 수많은 피난민들이 경기도로 유입되었다. 경기도의 전재민과 피난민들은 기본적인 생활조건과 의료체계가 파괴된 상태에서 기아와 질병으로 어려움을 겪었다. 1951년 9월 28일에 서울이 수복되자, 대부분의 피난민들이 원래 살던 곳으로 돌아갔다. 그러나 중공군의 개입으로 1951년 1월 4일에 다시 서울이 함락되자, 경기도는 다시 피난민들의 통로와 집결지로 변화했다.

특히 경기도의 남부지역은 개전 초기부터 계속된 포격과 공습으로 초토화되어 집과 생업을 잃어버린 주민들이 많았다. 이 지역의 전재민들과 10만에 달하는 피난민들은 식량 · 의복 · 주거문제 등 살아가기 위해 필요한 기본조건을 마련하는데도 큰 어려움을 겪었다. 안양은 경기도의 여러 시 · 군 중에서도 완전히 초토화된 지역 중 하나로, 의식주의 어려움이 가장 극심했던 곳이었다. 피난간 사람들이 돌아오지 않으면서 농사를 지어야 할 논과 밭은 버려졌고, 그나마 농사를 지으려는 사람들은 씨앗마저 없어서 정부의 긴급지원이 필요했다. 게다가 안양에는 1951년 말부터 5~6만명에 달하는 피난민들이 몰려들면서 그 사정은 더욱 어려워졌다.

경기도 안양지역과 함께 시흥군의 피해도 극심했다. 1951년 9월 1일에 조사된 결과에 따르면, 시흥군의 재산피해는 개인주택·공공건물의 파손 피해만으로도 엄청난 수치였다. 시흥군의 일반주택은 1950년 6월 25일 이전에 15,626호였는데, 전쟁기간 동안 3,299호가 전파되고 1,245호가 반파되었다. 주민들이 살아가는 집 중에서 거의 38%가 피해를 입은 것이다. 또한 시흥군 청사가 반파되었고, 읍·면 청사도 8개 중에 2개가 완전히 파괴되었다. 이와 함께 시흥군에 있는 초등학교 14개 중에 상당수가 파괴되었으며, 유일하게 있던 중학교도 완전히 파괴되었다. 이밖에 상하수도시설·수리시설·가축 등의 피해도 적지 않았다.

광명지역은 6·25전쟁 당시에 시흥군에 속해 있었는데, 시흥군은 수도인 서울에 바로 인접해 있었다. 이 때문에 광명을 비롯한 시흥군에서는 1950년 6월부터 1951년 4월까지 서울지역을 방어하고 수복하는 과정에서 치열한 공방전이 벌어졌다. 현재 과천시와 안산시, 서울시의 관악구와 금천구 일대도 1950년 당시에는 시흥군에 속해 있었다. 6·25전쟁 당시 시흥군의 인명피해는 3,165명에 달했는데, 이는 경기도 전체 인명피해 35,078명 중에서 약 10%에 해당하는 규모였다. 그만큼 시흥군의 피해가 컸다.

한편 경기도 김포지역은 38선과 서울에 가깝게 위치했기 때문에 개전 초기부터 가장 치열한 전장 중 하나였다. 개전 당시 경기도 방면으로 남침한 인민군 제6사단은 최우선 목표 중 하나로 김포비행장을 확보하려고 했기 때문에 비행장을 둘러싸고 격전이 벌어졌다. 그리고 인천상륙작전 직후에도 서울로 진출하는 길목인 김포를 장악하기 위해 미군과 인민군 사이에 다시 한번 격전이 벌어졌다. 이 과정에서 김포에는 수많은 포격과 폭격이 가해짐으로써 주민들의 희생과 피해가 극심했다. 특히 주민들의 생활터전인 시장은 가장 심한 피해를

입었는데, 김포에서 가장 큰 시장인 김포·양곡·하성·월곶시장은 그 거리가
전소되어 흔적조차 찾을 수 없었다. 경기도에 위치해 있는 우리나라 최대의 경
공업지대인 경인공업지역은 전쟁으로 대부분 파괴되었고, 이로 인해 이 지역의
경제는 완전히 붕괴되었다.

인천상륙작전 당시 김포의 피해

인천상륙작전 직후 포격과 폭격으로 파괴된 김포비행장(1950.10.6, 왼쪽). 1950년 9월 21일에 김포비행장에서 노획된 소련제 IL-10
폭격기. ⓒ 국사편찬위원회

한편, 정전협정의 체결로 시작된 분단의 고착화는 경기도에 있는 접경지
역의 경제를 극심하게 위축시켰다. 또한 군사분계선이 설정됨에 따라 개성과
옹진반도 등 기존에 경기도에 속했던 지역들이 북한에 편입되면서 권역과 경
제규모도 축소되었다. 전쟁으로 인해 한반도 전체 지역에서 대규모의 인구이동
이 있었지만, 남북의 접경지역이자 주요 전쟁터였던 경기도는 특히 인구이동이
심했다. 대표적으로 각 도별 월남민의 통계를 보면, 경기도의 월남민은 376,000
여 명으로 서울의 월남민 800,000여 명에 이어서 가장 많은 숫자를 기록했다.
이처럼 경기도는 6·25전쟁으로 초토화되어 인적·물적 피해가 심각했으며, 집

과 생업을 잃어버린 전재민들과 피난민들로 전쟁이 끝난 다음에도 식량·의복·주거 등에서 많은 어려움을 겪었다.

2) 피난민의 구호와 정착사업

6·25전쟁기간 동안 남북한 주민들은 여러 차례에 걸쳐 피난을 떠났다. 우선 전쟁이 발발하면서 인민군이 남쪽으로 진격함에 따라 38선 인근 주민과 서울·경기 지역의 민간인들이 대거 남쪽으로 이동했다. 이후 1950년 10월 25일에 중공군이 참전함에 따라 유엔군이 북한지역에서 후퇴하면서 북한의 민간인들이 다수 월남했고, 또한 1951년 1·4후퇴시기에 서울과 그 이남 지역의 주민들이 대규모로 피난을 떠났다. 전쟁 발발과 함께 시작된 피난을 '1차 피난'이라고 부른다면, 중공군의 참전으로 인해 북한과 서울·경기·충청지역 주민이 대규모로 피난을 떠난 것을 '2차 피난'이라고 부를 수 있다.

전체적인 피난민의 규모는 1차 피난 당시에 약 150만명이었고, 2차 피난 당시에 약 480만명이었다. 1차 피난민과 2차 피난민은 그 인적구성이 다른데, 1차 피난민은 주로 1950년 6월 25일에 북한의 공격에 따라 전쟁을 피해 남쪽으로 내려간 남한 사람들이었으며, 이들은 1950년 9월 28일에 유엔군이 서울을 수복하면서 정부의 귀

1·4후퇴

ⓒLIFE

환정책에 따라 대부분 고향으로 돌아갔다. 그러나 2차 피난민은 남한 사람들뿐만 아니라 북한지역의 주민들까지 유엔군을 따라 피난했다. 대표적인 2차 피난민들은 1950년 12월에 흥남철수작전 당시 유엔군이 제공한 선박을 타고 부산과 거제도 등으로 내려온 사람들이다. 2차 피난민들은 1차 피난민과 달리 고향으로 귀환한 것이 아니라 대부분 피난지역에 정착해서 살았다.

6·25전쟁 당시 경기도에는 약 55개의 피난민수용소가 있었고, 피난민 수만 해도 총 145,051명에 달했다. 경기도의 남쪽지역은 서울의 피난민, 북한에서 내려온 월남민, 경기도 내 피난민들이 몰려들어서 유동인구가 가장 많았다. 전쟁 당시 경기도의 피난민 수는 1951년 5월에 약 160만명이었다가 1952년 4월에는 70만명, 9월에는 85만명, 1953년 9월에는 90만명으로 변화했다. 주목할 점은 휴전회담이 진행되고 정전협정이 체결된 뒤에도 피난민 수에 큰 변화가 없다는 점이다. 반면 부산을 제외한 다른 지역은 1952년 4월경에 피난민의 수가 뚜렷하게 감소했다. 이 지역의 피난민들은 대부분 고향으로 돌아간 것이다. 반면 경기도의 피난민들은 대부분 고향으로 돌아가지 못하고 경기도의 각 지역에 정착했다. 그 이유 중 하나는 서울에서 생활 터전을 잃은 피난민과 북한에서 월남한 피난민들이 많았기 때문이었다.

6·25전쟁 당시 피난민 현황(단위 : 명)

지역	1951년 3월	1951년 5월	1953년 4월
서울	128,400	–	40,219
경기	1,729,516	1,661,312	804,030
충북	700,300	270,051	156,713
충남	760,477	802,572	275,932
전북	329,032	414,103	326,331

지역	1951년 3월	1951년 5월	1953년 4월
전남	523,125	577,737	156,929
경북	1,383,208	575,292	229,089
경남	558,496	521,414	440,415
강원	330,800	987,160	161,311
제주	71,228	148,794	20,359
합계	6,514,582	5,758,435	2,611,328

출처 : 국방부 전사편찬위원회, 『한국전란 1년지』, 1951, D35; D37쪽; 국방부 전사편찬위원회, 『한국전란 3년지』, 1954, D6쪽.

　약 3년 동안 진행된 전쟁의 포화가 멈추었을 때, 한국의 각 지역에서는 수백만명에 달하는 피난민 문제를 해결하는 것이 시급한 과제로 떠올랐다. 전쟁 중에 피난민들에 대한 구호사업은 주로 유엔과 미국이 설립한 원조기구가 담당했다. 이들에 대한 국제적 지원은 유엔이 한국의 재건을 위해 조직한 한국재건단(UNKRA : United Nations Korean Reconstruction Agency), 미국의 국제원조처(ICA : International Cooperation Administration), 민간구호단체를 중심으로 이루어졌다. 이와 함께 한국 정부 산하에 중앙구호위원회가 조직되고 각 지방에 지방구호위원회가 조직되어 피난민을 구호했다.

　수복지구에 해당하는 경기도 북부지역 주민들은 주로 피난민수용소에 모여 있었다. 이들은 대부분 경기도 포천의 피난민수용소에 수용되었고, 일부 피난민들은 남쪽으로 이송되어 충북 청주 우암동에도 수용되었다. 그러나 피난민수용소에서도 도민들의 삶은 지속되었다. 피난민수용소는 수용소, 군민회郡民會, 군대에 의해 운영되었다. 수용소 전체는 도에서 파견된 수용소장이 관리하고 통제했고, 수용소장 아래에는 피난민들의 출신지역별로 군민회가 조직되었다. 각 군민회는 수용소에서 해당 지역민들을 실질적으로 관리했다. 군민회는 군민회장, 통장, 반장 등으로 구성되었고, 간부는 대부분 각 군 출신의 원주민들이 맡았다. 따라서 피난민들은 수용소에서도 고향사람들끼리 조직한 군민회를 통해 지역별 공동체를 꾸려나가면서 생활했다.

이 같은 피난민수용소의 특성 때문에 피난민에 대한 배급업무도 군민회를 통해 이루어졌다. 군민회는 수용소를 관리하는 군단·사단으로부터 구호품을 받아서 피난민들에게 배급했다. 피난민들에게는 생존에 필요한 기초적인 물자가 제공되었지만, 이들의 수용소 생활은 매우 열악했다. 피난민들은 1년 동안 무상배급을 받았지만, 늘 식량이 부족했기 때문에 직접 농사를 짓는 경우도 적지 않았다. 또한 수용소의 시설과 위생환경이 열악했기 때문에 수용소 내에서 각종 감염병이 유행해 많은 사망자가 발생하기도 했다.

피난민들과 피난민수용소의 모습

개전 초기에 살림살이를 꾸려서 남쪽으로 내려가는 피난민들(1950.7.29, 왼쪽). 전쟁 당시 피난민수용소의 모습(오른쪽).
ⓒ 국사편찬위원회

한국 정부는 피난민수용소의 상황이 개선되지 않자, 이들을 수용소에 거주시키고 구호물자를 제공하는 방식을 개선할 필요성을 느꼈다. 이에 따라 한국

정부는 1952년 3월부터 한·미합동으로 새로운 방식의 피난민 구호사업을 시작했다. 이것이 '난민정착사업'이다. 기존의 구호사업이 피난민들의 의식주 문제를 해결하는데 집중되었다면, 난민정착사업은 피난민들이 지속적으로 생활을 영위해 나갈 수 있도록 생계수단과 생활터전을 마련해주는 방식이었다. 정부는 피난민을 동원해 10년 동안 농지를 새로 개간하고, 농지가 마련되면 이를 난민들에게 분배함으로써 이들의 경제적 기반을 구축하려고 구상했다. 다른 한편으로 난민정착사업은 개펄과 황무지 등을 개간해 농지면적을 늘려 쌀 생산량을 증대시키는 사업이었으므로 정부의 입장에서도 전후 경제재건에 큰 도움이 되었다.

한국 정부는 피난민들을 각 도·시·군별로 할당해서 집단적으로 이주시켰다. 경기도에서 대표적으로 난민정착사업이 진행된 곳은 평택지역이었다. 평택에는 6·25전쟁 직후에 많은 피난민들이 몰려들었다. 당시 평택지역은 두 개의 미군기지가 있었고 개펄과 황무지가 많았기 때문에 난민정착사업에 유리한 조건을 갖추고 있었다. 평택지역으로 들어온 피난민들은 대부분 황해도와 경기도 북부지역 출신이었다. 난민정착촌은 개펄과 황무지가 많았던 서평택, 팽성읍, 서탄면, 고덕면, 청북면에 건설되었다. 피난민들은 새로 살게 된 거주지에 난민정착사업소를 조직한 뒤에, 유엔 한국재건단이나 민간구호단체로부터 구호식량을 지급받으면서 간척사업을 진행했다.

피난민들은 간척사업 중에 급료를 현물로 지급받았으며, 간척사업이 완료되면 일정 면적의 토지를 분배받을 수 있었다. 간척사업에 성공해 새로 만들어진 개간농지는 보건사회부나 경기도의 지시를 받아 각 읍·면에서 피난민들에게 제공했다. 원래 국·공유지였던 농지는 별 문제없이 피난민들에게 분배되었다. 하지만 법적 절차를 거치지 않고 개간된 사유지에서는 토지가 분배된 이후에 피난민과 원소유주 사이에 소유권 분쟁이 발생하기도 했다.

　　그러나 난민정착촌에서 피난민들의 삶은 고통의 연속이었다. 식량은 정부가 제공하는 양곡으로 겨우 해결했지만, 집이 없어서 토막집에 거주하는 피난민들이 많았다. 또한 열악한 위생환경에 노출된 피난민들은 감염병과 각종 질병에 시달렸다. 피난민들은 간척에 성공한 뒤에도 농지에 염분이 남아있었기 때문에 곧바로 농사를 지을 수 없었으며, 이로 인해 식량부족에 시달렸다. 그럼에도 불구하고 난민정착사업은 1950년대를 거쳐 1960년대에 본격적으로 그 성과를 나타내기 시작했다. 피난민들은 간척한 땅을 농지나 염전으로 만들었으며, 간척사업의 대가로 한 가구당 1,500~3,500평의 농지를 분배받아 새로운 땅에서 삶을 살아나갔다.

난민정착사업 모습

1961년에 미국의 대외식량원조계획 'Food for Peace'의 일환으로 간척사업에 동원된 피난민들이 간척을 위해 제방을 만드는 모습(왼쪽). 난민정착사업소의 난민들이 간척해 만든 염전에서 3년간의 노력 끝에 소금 생산에 성공한 모습. ⓒ 국사편찬위원회

3) 경기도의 수복지구

한편 경기도에는 6·25전쟁 이전에 북한에 속했으나, 정전 이후에 대한민국의 영토가 된 지역이 존재한다. 이 지역을 흔히 '수복지구收復地區'라고 부른다. 수

복지구가 생긴 이유는 휴전회담 당시에 유엔군과 공산군이 실제로 대치하고 있는 전선을 기준으로 군사분계선을 만들었기 때문이다. 이 기준에 따라 38선 이북지역이지만, 1953년 6월 25일 오후 10시까지 유엔군이 점령하고 있던 지역은 우리 영토로 편입되었다. 수복지구는 강원도와 경기도에 있었는데, 경기도의 수복지구는 주로 파주시와 연천군 일대였다. 그러나 수복지구가 실제로 대한민국의 영토가 되기까지는 1년이 넘게 걸렸다.

6·25전쟁이 종결되면서 한반도의 새로운 분할선으로 군사분계선이 설정됨에 따라 행정구역의 개편이 불가피해졌다. 1953년 7월 27일 정전협정 조인과 함께 원래 38선 이북에 위치해 있던 8개 군이 대한민국의 관할 아래 들어왔다. 이를 대신해 경기도의 개성시, 개풍군, 장단군, 연백군 등 원래 대한민국이 관할하던 시·군은 북한의 영역으로 편입되었다. 즉 경기도의 행정권역은 6·25전쟁 이후 남북의 분할선이 38선에서 휴전선으로 재설정됨에 따라 축소되었다.

새로운 행정구역의 편성은 1954년 10월 24일에 법률 제350호로 시행된 「수복지구 임시행정조치법」에 의해 정식으로 이루어졌다. 새롭게 대한민국의 관할 아래로 들어온 지역은 8개 군, 3개 읍, 46개 면이었다. 이 지역에 대한 법적인 편입조치와 함께 경기도 행정구역의 개편도 동시에 이루어졌다. 그 결과 경기도는 2개 시, 19개 군, 8개 읍, 194개 면을 관할하게 되었다. 「수복지구 임시행정조치법」에 따라 대한민국으로 새로 편입된 연천군과 포천군의 행정구역은 다음과 같다. 연천군은 연천면, 군남면, 관인면, 미산면, 전곡면, 왕징면, 중면, 백학면이 새로 편입되었고, 포천군은 영북면과 이동면이 새로 편입되었다.

그렇다면 수복지구는 정전협정이 조인된 1953년 7월 27일부터 한국의 관할로 편입된 1954년 10월 24일까지 누가 관할했을까? 경기도 연천군과 포천군 등 한반도의 중동부지역에는 정전협정이 체결되고 미군 제9·10군단이 철수하면서 국군이 주둔했다. 하지만 한국 정부는 이 지역을 통치하지 못했다. 한국 정부는 수복지구의 행정권을 인수해서 대한민국의 영토로 편입시키려 했지만, 유엔군사령부는 행정권을 넘겨주지 않았다. 그 이유는 수복지구를 대한민국 영토에 편입시키는 것에 관한 국제법상 적격 여부, 북한이 새로 확보한 개성·옹진 등에 대한 행정적 처리문제 등이 명확하지 않았기 때문이다.

유엔군사령부는 이 같은 문제가 해결될 때까지 수복지구를 자신들의 관할 아래 두고 군정軍政을 실시했다. 유엔군사령관은 군정의 최고사령관이었으며, 미군 제8군사령관과 현지 군단장을 통해 직무를 수행했다. 미군 제8군사령관은 군정을 관리하는 책임자로서 1954년 4월에 미군 제9·10군단장을 수복지구의 군정장관으로 임명했고, 미군 군단장들은 군정장관의 직책을 한국군의 군단장들에게 위임했다. 즉 정전협정 이후에 수복지구에 대한 통치권은 유엔군사령부가 가지고 있었으며, 군정장관은 미군 군단장들의 위임을 받아서 수복지구의 한국군 군단장들이 맡았다. 군정장관은 군정 기구·인원의 편성, 군정요원의 임명, 법령의 제정, 입주자의 거주와 제한 등에 관한 권한을 갖고 있었다. 따라서 국군의 군단장들은 수복지구가 포함된 주둔지역에서 상당한 직권을 보유하고 있었다. 물론 이들은 미군 군단장들의 지시를 받아 군정 임무를 수행했다.

유엔군사령부가 관할하던 38선 중동부지역이 한국의 관할로 들어오게 된 것은 1954년 11월이다. 유엔군사령부는 11월 17일에 수복지구에 대한 행정권을 한국 정부에 인도했다. 미국이 행정권 이양을 적극 검토하게 된 것은 군정 형태로 임시행정이 계속될수록 복잡한 행정적 문제가 발생했고, 북한이 이미 개성·옹진 등의 38선 이남지역을 자신들의 행정구역에 편입시켰기 때문이었

다. 또한 한국 정부가 유엔군사
령부에 지속적으로 수복지구 행
정권의 이양을 요구한 것도 큰
영향을 끼쳤다.

수복지구의 행정권 이양

ⓒ 국가기록원

한국 정부는 유엔군사령부
가 통치하던 수복지구에 대한 행
정권을 이양받기 위해 이미 1954
년 3월에 열린 국무회의에서 수
복지구에 대한 행정문제를 논의
했다. 그리고 9월 17일에 수복지구 전체를 경기도 연천과, 강원도 양양, 양구,
고성, 철원, 인제, 화천 등 7개 군으로 분리하는 「수복지구임시행정조치법」을
국무회의에서 통과시켰다. 이 법안은 1954년 9월 29일에 국회를 통과했고, 11
월 17일자로 시행되었다. 「수복지구임시행정조치법」은 새로 편입되는 수복지
구에 대한 행정구획을 설정하고, 행정권에 대한 특별조치를 담고 있었다. 이 법
안에는 수복지구에 지방자치능력이 없으며, 주민들의 생활능력이 부족하다는
점이 감안되었다. 이 같은 조건 때문에 수복지구 읍·면의 행정경비는 당분간
국고에서 부담하기로 결정되었다. 이 법안에 따라 수복지구는 국고의 지원을
받은 반면, 수복지구의 주민들은 지방선거권을 부여받지 못함으로써 참정권이
제한되는 불이익을 받았다.

경기도 연천군·포천군 등 수복지구에 대한 행정권의 이양·인수작업은
현지에서 한국 정부와 군단사령부 간에 이루어졌다. 행정권 인수식은 1954년
11월 15~16일에 중동부 점령지역에 있는 미군과 국군의 군단본부에서 한·미

당국자들이 참석한 가운데 거행되었다. 첫 인수식은 11월 15일에 미군 제1군 단본부가 있는 경기도 포천에서 진행되었다. 한국 정부가 새로 인수한 지역은 2,300평방마일이었고, 거주민은 150,000여 명이었다. 외무부장관 변영태와 미군 제8군사령관 테일러는 11월 17일에 "대한민국정부와 통합군사령부는 북위 38도선 이북지구의 행정사무 이양에 관한 필요한 절차를 완료하고 1954년 11월 17일부터 대한민국정부가 그 행정사무를 개시할 수 있게 되었음을 이에 인정한다" 라는 공식성명을 발표했다. 이로써 경기도 연천군과 포천군을 비롯한 수복지구는 정전협정이 체결된 지 약 1년 4개월 만에 한국 정부의 행정권에 편입되었다.

1954년 11월 17일에 경기도로 편입된 수복지구

군이름	면이름	편입 사항
연천군	연천면, 군남면, 관인면, 전곡면	각 면 전체
	미산면	전 파주군 적성면 중 북위 38도 이북의 지역을 편입
	왕징면	전 서남면과 전 장단군 강상면의 지역을 편입
	중면	전 삭녕면의 지역을 편입
	백학면	전 장단군 대강면의 지역과 장단군 장도면 · 장남면의 지역 중 북위 38도 이북의 지역을 편입
	영북면, 이동면	각 면 전체
포천군	영중면, 창수면, 청산면, 일동면 일부	영중면, 창수면, 청산면, 일동면의 관할에 각각 종전의 북위 38도 이북의 지역을 편입
가평군	북면 일부	북면의 관할에 종전의 북위 38도 이북의 지역을 편입

출처 : 「수복지구임시행정조치법」(법률 제350호, 제정: 1954.10.2, 시행: 1954.11.17).

4) 수복지구 원주민의 복귀와 생활

경기도의 수복지구는 1954년 11월 17일에 한국 정부의 행정권에 편입되었지만, 수복지구에는 정전협정이 체결되기 이전부터 주민들이 거주하고 있었다. 경기도 연천군을 비롯한 중동부지역은 1951년 6월에 38선을 중심으로 전선이 교착되면서 전투지구로 분류되었다. 이에 따라 중동부지역에는 비상계엄령이 선포되고 주민들의 거주도 금지되었다. 하지만 시간이 지나면서 전투가 벌어지지 않는 지역을 중심으로 군대의 허가 아래 비공식적으로 원주민들이 살기 시작했다. 이 지역에 원주민이 귀환한 시기는 지역별로 차이가 있다. 전황이 안정된 지역은 1951~1952년부터 다시 원주민들의 입주가 이루어졌다. 원주민의 복귀는 공식적으로 1953년 말에 유엔 한국통일부흥위원단(UNCURK)과 미군 제8군사령부의 귀환 허가 결정에 따라 이루어졌으며, 1954년 봄부터 본격화되었다.

원주민의 귀환은 피난갔던 가족들이 일시에 입주하는 방식이 아니라 일부 원주민만 선별적으로 입주하는 방식으로 진행되었다. 수복지구의 농민 입주는 원주민들의 요구이기도 했지만, 한국 정부의 요청이기도 했다. 한국 정부는 정전협정 체결 이후에 군단 인근지역에 농민들이 입주시켜야 한다고 주장했다. 한국 정부와 해당 군단장은 미군 제8군사령부의 허가 아래 피난민수용소에서 복귀를 기다리던 원주민들을 수복지구에 입주하도록 재가했다. 입주자는 원주민 중에서 엄선했으며, 경기도·강원도가 원주민의 입주와 영농을 책임졌다.

수복지구를 관할하는 군단은 먼저 피난민수용소에 있던 청년들을 선발해서 입주시켜 농사를 짓도록 하거나, 인근 지역에서 매일 수복지구를 드나들면서 농사를 짓도록 허가했다. 피난민수용소의 청년들은 민간인 신분이었지만 군사통제구역을 출입해야 했으므로 군복을 입고 군대조직처럼 편성되었다. 이 조직은 농경대農耕隊라고 명명되었다. 농경대는 지역에 따라 1952년부터 만들어진 곳도 있으며, 그 인원도 지역별로 차이가 있었다. 어떤 농경대는 몇 천명으로 편성되었고, 어떤 농경대는 2만여 명으로 편성되었다. 농사는 개인적으로 작업하는 방식이 아니라, 군단의 지휘 아래 군대식 집단작업의 형태로 진행되었다.

　　원주민이 농업을 위해 출입할 수 있는 지역은 두 종류로 구분되었다. 첫째, 군단은 38선으로부터 10km 북쪽에 가로로 만들어진 선을 귀농선歸農線이라고 이름붙였다. 원주민들은 이곳에서 가족과 함께 거주하면서 농사를 지을 수 있었다. 둘째, 귀농선으로부터 10km 북쪽에 가로로 만들어진 선을 영농선營農線이라고 명명했다. 원주민들은 가족들을 귀농선 안에 둔 채 남자들만 집단적으로 영농선 지역에 출입하면서 농사를 지을 수 있었다. 경작지는 귀농선에 입주한 원주민들이 자신의 농지를 경작하는 것을 원칙으로 했다. 농민은 농업에 필요한 종자, 도구, 식량, 비료, 의료를 군대로부터 지급받았으며, 이를 대신해서 수확량의 70%를 군대에 납부했다. 전체 수복지구에는 1954년 11월까지 약 15만명의 원주민이 귀환했다.

수복지구의 주민들

1951년 10월 2일에 수복지구의 주민들이 수복기념 1주년 행사를 개최한 모습(왼쪽). 수복기념 1주년 행사에서 어린 학생들이 궐기대회에 참석한 모습. ⓒ 국사편찬위원회

수복지구에 입주한 원주민들은 기본적으로 군대로부터 통제받았다. 그 이유는 전쟁 당시부터 이 지역에 군정이 실시되고 있었기 때문이다. 각 군단과 사단은 수복지역을 관리했으며, 수복지구 주민에 대한 행정업무도 담당했다. 군정의 실시시기는 수복지구마다 약간의 차이가 있다. 경기도 포천 북부지역과 연천지역은 1951년 5월에 국군과 유엔군이 지역에 진주함과 동시에 유엔군사령부의 관리 아래 군정이 공포되었다. 하지만 군정은 그 후에 유엔군과 공산군이 38선을 중심으로 일진일퇴를 거듭함에 따라 본격적으로 추진되지 못했다. 그 결과 포천과 철원은 6·25전쟁이 끝난 1954년 4월부터 강원도 철원·김화와 함께 군정이 실시되었다.

수복지구에 대한 행정업무는 현지 군단에 조직된 군정기구에서 맡았다. 각 군단장은 군정장관을 겸임하면서 군정업무를 총괄했으며, 군정장관의 보조기관으로 군단에 민사팀이 구성되었다. 민사팀 아래에는 민정부가 설치되었는데, 이 민정부에 군·읍·면 민정관이 배치되어 각 지역의 행정실무를 처리했다. 민정관은 현지인들에 의해 원주민 중에서 선출되었기 때문에 대부분 해당지역 출신자들이었다. 이들은 군정장관의 통제 아래 활동하면서 현재의 지방공무원과 같은 역할을 수행했다.

수복지구를 관할한 군단은 민정부를 통해서 원주민들이 지속적으로 생활할 수 있도록 각 지역에 주택과 공공시설을 건설했다. 이 주택과 공공시설은 미군 제8군사령부의 지원프로그램에 따라 자금과 자재를 제공받았으며, 한국 군단의 공병대가 직접 건설했다. 이와 함께 미군의 지원을 받아서 각 지역의 군청·읍·면사무소, 다리, 성당, 발전소, 공장, 주택, 학교, 저수지 등이 건설되거나 복구되었다. 지금도 간혹 건물이나 시설에 한·미합동으로 건설되었다는 주촛돌이나 표지석이 남아있는 곳은 대부분 이렇게 건설된 것이다.

수복지구는 다른 지역 민간인들의 출입이 자유롭지 않은 곳이었기 때문에 특수한 형태의 경제구조를 띠게 되었다. 대표적인 경제현상이 군인을 상대로 한 지역경제의 활성화다. 수복지구에는 군인을 상대로 하는 사업과 상점이 증가했으며, 주둔부대가 늘어나면 지역경제도 호황을 이루었다. 반면에 군대 내부나 군대와 민간인 사이에 문제가 발생했을 경우에는 군인의 외출·외박 금지 조치가 내려지면서 지역경제가 큰 타격을 입기도 했다. 이처럼 수복지구에는 군부대의 상황이나 군민軍民관계에 따라 지역경제가 좌우되는 경제구조가 만들어졌다.

3. 정전체제와 군사분계선

1) 해상분계선 문제의 출현

정전협정의 근본적인 목적은 쌍방의 전투행위를 중지시킴으로써 전쟁상태를 휴전상태로 전환시키는 것이었다. 그런데 정전협정이 체결되면서 한반도에는 총 4개의 새로운 경계선이 만들어졌다. 먼저 유엔군과 공산군은 1953년 7월 27일 오후 10시를 기준으로 쌍방이 현재 접촉하고 있는 선을 군사분계선으로 정했다. 다음으로 유엔군은 군사분계선으로부터 남쪽으로 2km 후퇴한 지역에 남방한계선을 설정했고, 공산군은 군사분계선으로부터 북쪽으로 2km 후퇴한 지역에 북방한계선을 설정했다. 이로써 육지는 군사분계선·남방한계선·북방한계선에 따라 명확하게 남북으로 분리되었다. 마지막으로 남북의 경계선을 확정해야할 지역은 바다였다.

군사분계선과 비무장지대 설정문제는 휴전회담에서 안건 선정 이후에 첫 번째로 다루어진 의제였다. 그만큼 양측은 이 문제를 중요하다고 판단하고 있었다. 최초에 공산군측은 전쟁 전에 남북의 분할선이었던 38선을 군사분계선으로 설정하자고 주장했다. 반면에 유엔군측은 휴전회담 당시 해군력과 공군력을 감안해서 38선과 양측의 대치선보다 북쪽에 군사분계선을 설정하자고 주장했다. 그 이유는 유엔군은 전쟁기간 동안 한반도의 상공과 주변해역에서 제해권과 제공권을 장악하고 있었기 때문이다. 결국 양측은 정전협정의 효력 발생 당시에 서로 접촉하고 있는 선을 군사분계선으로 정했다.

그런데 양측은 군사분계선 문제를 논의할 때, 해상분계선 문제를 안건으로 다루어지지 않았다. 휴전회담에서 해상분계선 문제가 처음 제기된 것은 1951년 11월 27일에 지상의 군사분계선이 합의된 다음날이었다. 유엔군측과 공산군측은 11월 28일부터 제3안건인 휴전 감시방법과 기구에 대한 협상을 시작했다. 공산군측은 11월 28일 본회담에서 제3안건에 대해 다섯 가지 원칙을 제안했는데, 그 중 하나가 '5일 이내에 상대방의 후방과 연안도서, 해상에서 철수한다'라는 조항이었다.

공산군측은 이 조항을 설명하면서 '해상분계선'이라는 개념을 처음으로 제시했다. 즉 서해에서는 한강의 중심과 황해도·경기도의 분계선을 따라 해상까지 연장한 선을 해상분계선으로 하자는 것이다. 이와

군사분계선을 긋는 양측 대표

ⓒ 국사편찬위원회

함께 서해의 해상분계선과 경기도·황해도의 경계선 북쪽에 있는 모든 섬에서 양측의 무장세력이 반드시 철수해야 한다고 주장했다. 유엔군측은 이 본회담에서 7개 항을 제안했는데, 군사분계선과 관련해서는 쌍방의 육·해·공군의 정규·비정규군을 막론하고 모두 상대방의 통제지역으로부터 철수하자고 제안했다. 그러나 유엔군측의 제안에는 해상분계선 문제가 전혀 포함되어 있지 않았다.

양측은 1951년 12월 4일에 제3안건 분과위원회를 구성해서 해상분계선 문제를 본격적으로 다루기 시작했다. 이 문제와 관련된 회담은 1952년 4월 19일까지 71회나 개최되었다. 공산군측은 1951년 12월 4일에 처음 열린 제3안건 분과위원회 회의에서 이전의 제안에 추가해 9개 항목을 제안했고, 유엔군측은 12월 5일에 이전의 제안을 묶어 8개 항목의 대안을 제시했다. 해상분계선 문제는 이 협상과정에서 바다의 국경선인 '영해領海'와 해안에 있는 섬인 '연안도서沿岸島嶼' 문제로 압축되었다.

유엔군측은 유엔군이 점령하고 있는 북한의 후방지역 연안에 있는 섬을 확보하기 위해 철수원칙에 예외를 두자고 주장했다. 이에 대해 공산군측은 최초의 기본원칙을 고수하면서 반대했다. 결국 유엔군측은 1951년 12월 12일에 공산군측이 주장한 군사분계선 연장선의 북쪽에 있는 섬에서 철수하는데 동의했다. 이 합의를 통해 유엔군측은 공산군측이 주장한 해상분계선의 개념을 수용했다. 그러나 영해의 범위를 어떻게 정할지에 관한 문제는 아직 합의되지 못했다.

유엔군측은 12월 20일에 이제까지 논의된 제3안건의 쟁점을 조정하기 위해 참모장교회의를 구성하자고 제의했고, 공산 측은 이에 동의했다. 참모장교회의는 1951년 12월 20일부터 1952년 4월 7일까지 개최되었다. 유엔군측은 참모장교회의에 제출한 초안에서 서해에 있는 5개 섬을 유엔군이 통제하겠다고 명확히 밝혔다. 하지만 여전히 연안해역의 범위와 해상분계선의 개념은 명확하지 않았다. 1952년 1월 말부터는 해상분계선 문제가 아니라 영해 문제가 논쟁의 핵심이 되었다.

2) 서해 5도와 영해 문제

유엔군측은 1952년 1월 27일에 제출한 정전협정문 초안에서 처음으로 서해에 있는 다섯 개 섬을 유엔군사령관이 계속 지배하는 방안을 해법으로 제시했다. 이 정전협정문 초안은 그때까지 해결되지 않은 포로송환문제와 고위급 정치회담 개최문제를 제외하고, 그동안 쌍방의 합의사항과 유엔군 측의 주장을 총정리한 것이었다. 이 중에서 해상분계선과 관련된 조항은 다음과 같다.

① 한강 하구를 쌍방 선박에 개방한다.

② 정전협정 발효 후 5일 이내에 상대방의 후방지역, 연안해역, 그리고 연안도서로부터 모든 군대와 장비를 철수한다.

③ 유엔군사령관은 백령도, 대청도, 소청도, 연평도와 우도를 계속 지배한다.

유엔군측은 공산군측의 후방·연안·섬에서 모두 철수하지만, 서해 5도에서는 철수하지 않겠다는 입장을 밝힌 것이다. 서해 5도의 귀속문제가 논란이 된 이유는 지상의 군사분계선을 서해로 연장했을 때, 이 섬들이 군사분계선의 북쪽에 위치하고 있었기 때문이다. 서해 5도 문제가 제기되면서 휴전회담의 쟁점은 사실상 서해의 군사분계선 연장선 이북지역과 38선 이남지역에 있는 섬들의 귀속문제로 전환되었다.

휴전회담에서 서해 5도 문제가 난항을 거듭하자, 공산군측은 1952년 2월 3일에 도서문제에 대해 다음과 같이 양보하기로 결정했다. '양측의 모든 무장력은 정전협정의 효력이 발생한 후 5일 안에 상대쪽 후방·연안도서·수역에서 철수한다. 단, 전쟁 발발 이전부터 상대방이 통제하고 있던 섬과 다른 도서는 별도로 협정을 맺어 처리한다.' 양측은 유엔군이 서해 5도를 휴전 후에도 계속 통제하는 것과, 서해 5도를 제외하고 군사분계선의 연장선 북쪽의 모든 섬을 북한이 통제하는 것에 최종적으로 합의했다.

그런데 공산군측은 이 합의과정에서 서해 5도에 대해 별도 규정을 만들어서 그 성격을 제한하려고 했다. 유엔군 측이 제시한 정전협정문 초안과 첨부지

정전협정의 첨부지도

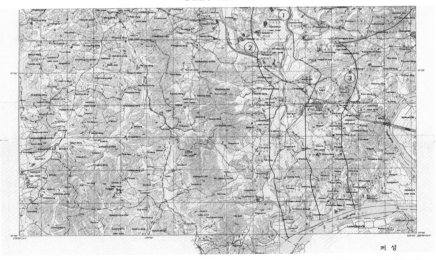

정전협정문서 '첨부지도 제1도의 1' 경기도 개성지역이다. 지도 오른쪽에 그어진 선 중에서 ①은 군사분계선이고, ②는 비무장지대의 북방한계선이며, ③은 비무장지대의 남방한계선이다. ⓒ 미국 국립문서기록관리청

도를 검토한 공산군 측은 '한국 서부 연해도서의 통제'라는 제목의 별도규정을 제시했다. 공산군 측이 제시한 별도규정은 정전협정문 작성을 위한 참모장교회의에서 그대로 합의되었고, 정전협정문에 포함되었다. 정전협정의 첨부지도 초안은 공산군측이 만들어서 유엔군측에 제시한 것인데, 양측은 공산측이 만든 첨부지도를 그대로 합의했다.

정전협정이 최종적으로 타결되었을 때, 서해 5도와 관련된 사항은 첨부지도에 표시되지 않았다. 이 문제는 정전협정 제2조 '정화停火 및 정전의 구체적 조치'의 제13항에 서술된 내용으로 규정되었다. 이 조항에 따르면, 양측은 정전협정의 효력이 발생한 후 10일 안에 상대방의 후방·연해제도沿海諸島·해면으로부터 그들의 모든 군사력·보급물자·장비를 철거해야 했다. 정전협정문에 들어간 서해 5도 관련 내용은 다음과 같다.

황해도와 경기도의 도계선(선 A-B)의 북쪽과 서쪽에 있는 모든 섬은 조선인민군과 중국인민지원군 총사령관의 군사통제 하에 둔다. 단 백령도, 대청도, 소청도, 연평도, 우도 등 5개 섬은 국제연합군사령관의 군사통제 하에 남겨둔다. 한국의 서해안에 있어서 상기 경계선 이남에 있는 모든 섬들은 국제연합군사령관의 군사통제 하에 남겨 둔다.

정전협정문의 내용을 보면, 양측은 지상 군사분계선을 바다로 연장한 선을 암묵적으로 해상분계선으로 받아들인 것으로 볼 수 있다. 그 첫 번째 근거는 양측 논의과정에서 지상분계선의 연장선이 38도선과 함께 도서관할권을 결정하는 기준이었다는 사실이다. 두 번째 근거는 동해에서는 군사분계선의 연장선에 해당하는 위도의 평행선을 양측이 묵시적으로 해상분계선으로 인정하고 있다는 점이다. 그러나 동해와 달리 서해상에서는 전쟁 이전의 38선을 고려해 서해 5도에 대한 예외규정을 둠으로써 지상분계선과 해상분계선이 일치되지 않는 문제가 발생했다.

해상분계선과 관련된 또 하나의 쟁점은 영해 문제였다. 유엔군측은 1952년 1월 27일에 영해를 3해리로 규정하는 협상안을 제시했다. 그러나 공산군측은 영해를 3해리로 하면 해상에서 근접전이 재개될 수 있으므로 12해리로 하자고 주장했다. 그러나 실제로는 유엔군측의 해상봉쇄에 대한 우려와 해상에서 기동할 수 있는 공간을 확보하려는 의도였다. 이에 대해 유엔군측은 정전협정에만 적용된다는 전제 아래 영해를 12마일로 하자는 공산군측의 주장에 동의했다.

정전협정 첨부지도의 동해안지역

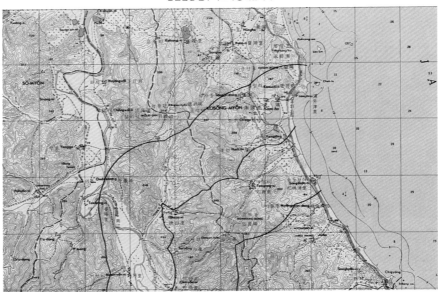

정전협정문서 '첨부지도 제1도의 9' 강원도 고성지역이다. 지도에 그어진 선 중에서 가운데선이 군사분계선이다. 군사분계선이 육지와 바다가 만나는 지점에서 끊겨져 있다. 바다에는 해상군사분계선이 없음을 알 수 있다. ⓒ 미국 국립문서기록관리청

중요한 점은 이후 휴전회담 과정에서 영해의 개념이 삭제되었다는 사실이다. 영해의 문제는 정전협정문에 연안도서에 대한 규정을 넣는 것으로 대체되었다. 정전협정문에 연안도서는 '정전협정의 발효 시에 어느 쪽이 점령하고 있는지 상관없이 1950년 6월 24일에 각각 통제하고 있던 섬'으로 규정되었다. 정전협정문에는 영해에 대한 규정뿐만 아니라 해상분계선에 관한 규정도 포함되지 않았다. 따라서 정전협정이 체결된 후에도 유엔군측과 공산군측은 서해의 해상분계선이 어디인지를 놓고 다른 해석을 하게 되었다. 유엔군측은 서해 5도의 최북단인 백령도에서 바다로 일직선으로 그은 선을 해상분계선이라고 주장했고, 공산군측은 경기도와 황해도의 경계선 끝을 바다로 일직선으로 그은 선을 해상분계선이라고 주장했다.

3) 클라크라인과 북방한계선

한편 6·25전쟁과 정전협정 전후에 서해와 동해에는 영해와 관련해 두 개의 새로운 선이 설정되었다. 하나는 '클라크라인(Clark Line)'이고, 다른 하나는 '북방한계선(NLL)'이다. 클라크라인은 1952년 9월 27일에 유엔군 총사령관 클라크(Mark Wayne Clark) 대장이 한반도의 서해·남해·동해에 봉쇄조치를 취하기 위해 설정한 것이었다.

미국은 1952년 초에 휴전회담에서 중국과 북한을 압박하기 위해 외국으로부터 무기·물자가 보급되거나 지원되는 것을 전면적으로 차단하는 방안을 마련했다. 이에 따라 미국은 중국과 북한의 해안을 봉쇄하고, 유엔 총회에 그 승인을 요청했다. 이 해안봉쇄안은 유엔 총회에서 채택되지 않았지만, 클라크 총사령관은 유엔 총회에 요청하기 일주일 전인 1952년 9월 27일부터 한반도 해상에서 봉쇄조치를 취했다. 이 해상봉쇄선이 클라크라인이다.

클라크라인은 한국 정부와 협의를 거쳐 선포되었으며, 전쟁을 수행하기 위한 전시조치였다. 즉 유엔군이 클라크라인을 설정한 근본적인 목적은 '공산군의 첩자와 군수품이 한국 해안에 접근하지 못하게 함으로서 전쟁을 원활히 수행하기 위한 것'이었다. 이 선은 국제법상 통상적인 영해의 범위인 3~12해리를 넘는 범위에 설정되었다. 유엔군은 1953년에도 클라크라인을 기준으로 북한 해안에 대한 봉쇄를 지속했다.

그러나 클라크라인은 1953년 7월 27일에 정전협정이 체결되면서 존폐의 기로에 놓이게 되었다. 정전협정 제2조 제15항에는 "본 정전협정은 적대중의 일체 해상 군사력에 적용되며, 이러한 해상 군사력은 비무장지대와 상대방의 군사통제 하에 있는 한국육지에 인접한 해면을 존중하여 한국에 대하여 어떠한 종류의 봉쇄도 하지 못한다"라고 규정되어 있었다. 이 조항에 따라 클라크 총사령관은 협정이 발효된 지 1개월 뒤인 1953년 8월 27일에 클라크라인을 철폐한다고 발표했다.

그런데 유엔군은 정전협정의 취지에 따라 남북의 군사적 충돌을 방지하기 위해 1953년 8월 30일에 새로운 해상경계선을 설정했다. 이 선은 바로 클라크라인을 토대로 설정되었다. 해상분계선은 동해의 경우 군사분계선(MDL)의 연장선에 설정되었고, 서해의 경우 서해 5도와 황해도 사이의 해

클라크라인

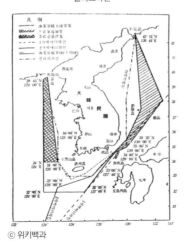
ⓒ 위키백과

상에 설정되었다. 이 두 개의 선 중에서 서해의 해상에 설정된 선이 바로 '북방한계선(Northern Limit Line, NLL)'이다.

북방한계선은 명칭에서 유추할 수 있듯이 한국의 해군과 공군이 작전을 수행할 수 있는 북쪽의 한계를 정한 것이다. 한국 정부는 정전협정 체결 당시 협정의 체결 자체를 반대했으며, 해군을 투입해 서해안에서 북한을 공격하려고 시도했다. 이에 따라 유엔군은 국군이 북한지역으로 넘어가거나 공격할 수 없도록 작전구역의 한계를 정한 것이다.

북방한계선은 정전협정에 규정되어 있지 않으며, 공산군측과 합의된 선이 아니었다. 앞에서 살펴본 것처럼, 휴전회담 당시 유엔군측과 공산군측은 영해와 해상경계선을 명확히 합의하지 못했다. 이처럼 명확한 경계선이 없었기 때문에 유엔군은 서해 5도와 북한지역의 중간선을 기준으로 북방한계선을 설정했다. 또한 유엔군사령부는 이 선을 공산군측에 공식적으로 통보하지 않았다. 유엔군이 북방한계선을 선포하자, 북한은 이 선이 유엔군측의 일방적 결정이라면서 비판했다. 그러나 북한은 1973년까지 북방한계선에 대해 공식적인 이의를 제기하지 않았다. 이에 따라 북방한계선은 1950~1960년대에 사실상 서해의 해상분계선으로 기능해왔다.

그런데 북한은 1973년 12월에 개최된 군사정전위원회 회의에서 서해의 영해범위에 대해 새로운 주장을 제기했다. 즉 경기도와 황해도의 경계를 바다로 연장한 선의 북쪽지역을 자신들의 영해라고 주장한 것이다. 이 논리에 따르면, 서해 5도의 주변해역은 북한의 영해에 포함된다. 북한은 이 논리를 근거로 서해 5도를 항행하는 한국 선박이 자신들로부터 사전허가를 받아야 한다고 주장했다. 유엔군사령부는 이 같은 북한의 주장이 정전협정에 규정된 연안도서

규정을 부정하는 것이라고 반박했다. 양측은 이후에도 영해와 해상분계선에 대한 서로의 주장을 인정하지 않았다. 그리고 북한의 해상 경비정들은 수시로 북방한계선을 넘나들면서 서해에 군사적 긴장을 고조시켰다. 그럼에도 불구하고 1990년대 중반까지 서해상에서 남북 간 군사적 충돌은 발생하지 않았다.

하지만 북방한계선 문제는 1999년에 들어서 군사적 충돌로 격화되기 시작했다. 북한의 경비정들은 1999년 6월 7일부터 14일까지 북한 어선을 보호한다는 명분 아래 지속적으로 북방한계선을 침범했다. 북한 경비정의 침범이 계속되자, 한국 해군은 6월 11일부터 북한 경비정에 선체 뒷부분을 부딪치는 "함미艦尾 충돌작전"을 실시했다. 양측의 충돌은 6월 15일에 함정끼리 사격을 가하는 실제 교전상황으로 격화되었다. 그 결과 북한의 경비정 1척이 격침되고 5척이 크게 파손당했다. 이것이 '제1차 연평해전'이다.

북방한계선에서 군사적 충돌이 발생하자, 유엔군사령부는 1999년 6월 11일에 북방한계선에 대한 공식적인 입장을 발표했다. 즉 '북방한계선(NLL)은 실질적인 해상분계선이며, 지난 40여 년간 쌍방이 인정하고 지켜온 해상경계선으로서 협상의 대상이 아니다. 그리고 새로운 해상경계선은 남북 간 군사공동위원회에서 협의해야 하며, 그때까지는 현재의 북방한계선이 준수되어야 한다'라고 밝혔다.

이에 대해 북한은 유엔군사령부가 북방한계선을 인민군 최고사령관이나 중공군 총사령관에게 공식적으로 통보한 적이 없다고 주장했다. 또한 북한은 자신들이 군사정전위원회를 통해서 40여 년간 북방한계선이 무효임을 주장해 왔다고 밝혔다. 나아가 북한은 제1차 연평해전 직후인 1999년 9월에 북방한계선보다 남쪽에 경계선을 설정하고, 이 경계선이 서해상의 해상군사분계선이라고 일방적으로 선포했다.

제1차 연평해전이 발발한
이후에도 서해의 북방한계선에
대한 양측의 충돌은 지속적으로
발생했다. 2002년 6월에는 연평
도 해상에서 제2차 연평해전이
발생해 해군 장병 6명이 전사하
고 18명이 부상당했다. 7년 뒤인

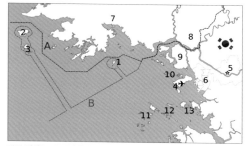

북방한계선(NLL)

파란선(A)는 1953년 유엔군이 설정한 북방한계선이고, 빨간선(B)는
1999년에 북한이 선포한 해상군사분계선이다. ⓒ 위키백과

2009년 11월에도 대청도 인근에서 남북의 경비정과 고속정이 교전하는 대청해
전이 발생했다.

전쟁은 이미 1953년에 끝났지만, 서해 바다에서는 최근까지 지속적으로
국지적인 전투가 벌어졌다. 서해상에서 무력 충돌이 끊임없이 발생한 근본적인
이유는 정전협정에 영해와 해상군사분계선이 명확히 규정되어 있지 않기 때문
이다. 이 때문에 서해는 정전협정 체결 이후부터 지금까지 언제라도 무력 충돌
이 발생할 수 있는 한반도의 화약고와 같았다. 휴전회담 당시 유엔군측과 공산
군측이 명확히 해결하지 못한 문제가 한반도의 평화와 경기도의 발전을 지연
시키고 있는 것이다.

02
전후 재건과 불균등발전

1. 전쟁피해의 복구와 재건

1) 전쟁피해 복구사업

3년 동안 남과 북을 오르내리면서 진행된 전쟁은 한반도 전역을 폐허로 만들었다. 셀 수 없는 포격과 공습으로 인해 도심지에는 제대로 서있는 건물이 거의 없었고, 주민들이 살아갈 집은 파괴되거나 불태워졌다. 농촌지역에서는 식량을 생산해야할 농경지가 쑥대밭이 되었고, 농업용수를 공급하던 저수지와 하천도 허물어졌다. 전쟁이 끝났을 때, 무엇보다 시급했던 일은 주민들이 살아갈 수 있는 식량과 옷을 제공하고 집과 건물을 재건하는 것이었다. 또한 전쟁으로 인해 비위생적인 환경이 조성되고 감염병이 발생했기 때문에 의약품을 제공하고 부상당한 민간인을 치료하는 것도 급선무였다. 이른바 '전쟁피해 복구사업'이 시대적 과제로 떠오른 것이다.

　　한국의 전쟁피해 복구사업은 주로 전쟁 중에 유엔에서 만든 각종 원조기구를 통해 시작되었다. 유엔은 6·25전쟁이 발발하자, 유엔 한국통일부흥위원단(UNCURK)과 유엔 한국재건단(UNKRA)을 설치해서 복구사업에 착수했다. 또한 유엔군은 한국민간구호계획(CRIK)을 통해 전쟁 중에도 한국 국민에 대한 긴급구호를 실시했다. 이 기관들이 복구사업을 주도하고 인도적인 국제 비정부기구(NGO)가 협력함으로써 전쟁이 진행되는 동안에 먼저 피난민 보호, 의료 지원, 식량 배급 등 인도적 지원활동이 진행되었다.

한국의 복구사업에 가장 먼저 관여한 기구는 유엔 한국통

UNCURK의 활동

1952년에 한국의 지방선거를 감독 중인 UNCURK 관계자들(왼쪽).
ⓒ 국가기록원

일부흥위원단이다. 이 기구는 1950년 10월에 유엔 제5차 총회의 결의에 따라 한반도에 통일된 민주정부를 수립하고, 6·25전쟁으로 폐허가 된 경제를 부흥시키기 위해 설치된 국제기구였다. 한국통일부흥위원단은 호주, 칠레, 네덜란드, 파키스탄, 필리핀, 태국, 터키 등 7개국 대표로 구성되었다. 이 기구는 전쟁 중에 한국에 대한 긴급구호활동과 재건활동을 펼쳤다.

한국통일부흥위원단은 한국의 전후복구를 위해 1953년에 7천만 달러를 원조했고, 1954년에 4,125만 달러를 원조했으며, 1955년도에 2,689만 달러를 원조했다. 이 기구가 한국에 제공한 원조는 총 1억 3,814만 달러였는데, 한국 돈으로 환산하면 약 1,720억원에 달하는 거액이었다. 또한 한국통일부흥위원단은 한국에 민주적인 정부를 수립하기 위한 활동도 전개했는데, 대표적으로 1952년에 실시된 지방선거를 직접 감독했다.

유엔 한국재건단(UNKRA)은 1950년 12월에 유엔총회 결의에 따라 설치된 국제원조기구였다. 유엔은 유엔군의 북진으로 한반도 통일이 목전에 다가오자,

곧 경제재건사업에 착수할 것으로 예상했다. 이 같은 판단에 따라 12월에 한국재건단을 설립했다. 한국재건단은 1953년부터 재건사업을 추진하기 시작했으며, 1954년 5월에 「한국경제원조계획에 관한 대한민국과 국제연합재건단과의 협약」을 체결함으로써 본격적으로 활동했다. 재건단의 재정은 회원국이 각출한 7천만 달러의 기금으로 출발했는데, 이 기구는 1960년까지 한국에 약 1억 2천만 달러를 원조했다. 한국재건단은 특히 구호물자의 조달과 함께 산업, 교통, 주택, 의료, 교육시설 등의 재건을 위해 노력했다. 또한 전쟁으로 인한 부상병과 민간환자의 치료, 의사와 의료요원의 훈련·양성을 위해 국립의료원 건립을 지원했다.

한국민간구호계획(CRIK)은 6·25전쟁 참전국과 세계보건기구(WHO), 유엔아동기금(UNICEF), 국제적십자사, 세계교회봉사단 등이 참여해서 전재민과 피난민을 긴급히 구호하기 위해 만든 기구였다. 이 단체는 1951년부터 전쟁 피해자에 대한 긴급구호를 위해 식료품, 의류, 의약품 등 다양한 구호물자를 제공했다. 한국민간구호계획은 1956년까지 약 4억6천만 달러에 달하는 물자를 한국에 지원했다.

한국의 복구사업에는 유엔의 각종 산하기구들이 참여했지만, 그 중 가장 두드러진 활동을 보인 것은 유엔아동기금(UNICEF)과 유엔교육과학문화기구(UNESCO)였다. 유엔아동기금은 6·25전쟁이 발발하자 곧바로 아동과 여성을 위한 긴급구호사업을 시작했다. 그러나 유니세프는 아동과 여성을 구호하는 것을 넘어서 피난민들에게 식량을 제공하는 한편, 감염병을 방지하기 위해 예방접종도 실시했다. 그리고 민간단체들과 협력해서 부산 등 주요 피난지역에 분유, 담요, 의류 등을 제공하는 활동을 펼쳤다.

유엔교육과학문화기구도 전쟁이 발발하자 즉시 한국을 지원했다. 유네스코의 주요 지원사업은 교육재건사업이었다. 이 기구는 가장 먼저 1951년 6월에 유엔 한국재건단과 공동으로 교과서 인쇄공장을 설립했다. 또한 1952년 9월에는 공동교육사절단을 한국에 파견해서 교육재건의 전체적인 방향을 수립했다. 유니세프는 정전협정이 체결되자 본격적으로 전후복구사업을 시작해서 각종 학교를 설립했다. 먼저 외국어 교육을 위해 서울대학교에 한국외국어학원을 설치했으며, 1954년에는 농촌지도자를 양성하기 위해 '신생활교육원'을 설립했다. 이와 함께 서울·부산·광주·대전 등 주요 도시에 직업고등학교를 설립해서 기술교육에 이바지했다. 이처럼 유엔의 각종 원조기구는 전쟁기간과 전후시기에 다양한 원조를 제공함으로써 한국이 정상적인 국가로 복구될 수 있도록 기반을 마련했다.

2) 경제재건사업

한국은 유엔이 제공한 전쟁피해 복구 원조를 통해 산업, 교통, 주택, 의료, 교육시설 등 기반시설을 재건할 수 있었다. 그러나 여전히 남아있는 문제는 한국경제가 전쟁 전의 상태를 회복하고 있지 못하다는 사실이었다. 1953년 휴전 이후부터 1960년대까지 한국경제가 당면한 양대 과제는 생산수준의 신속한 복구와, 악성인플레이션의 수습을 통한 물가의 안정이었다. 한국 정부는 휴전 이후부터 1956년까지 주로 재건정책에 중점을 두었고, 1957년부터 1960년까지 경제안정시책에 중점을 두었다.

경제분야의 재건은 주로 미국의 원조를 통해 이루어졌다. 미국의 대한경제원조는 1954년부터 1960년까지 미국의 공적기구, 한국민간구호계획, 유엔한국통일부흥위원단에 의한 원조로 구분될 수 있다. 이 기간 동안 미국에서 도입된 원조액은 총 18억 8,900만 달러였는데, 우리 돈으로 환산하면 약 2조 3,527억에 달했다. 따라서 전후복구시기 한국 경제는 미국의 무상원조에 크게 의존하고 있었다. 특히 1955년부터 미국의 잉여농산물이 도입되기 시작했는데, 이 농산물을 판매한 대금은 한국 정부의 수입으로 전환되어 한국의 국방비를 조달하는 주요재원으로 활용되었다.

UNKRA의 대한경제원조

1953년에 열린 UNKRA의 대한원조 조인식에서 원조문서에 서명하는 콜터 UNKRA 단장과 백두진 국무총리(왼쪽). 1959년에 UNKRA에서 제공한 구호물자를 주민들에게 전달하는 모습. ⓒ 국가기록원

전후복구를 위한 경제재건사업은 1953년 12월 14일에 한·미간에 체결된 '경제재건과 재정안정계획에 관한 협약'에 따라 본격화되었다. 특히 한국 정부는 미국 사절단이 작성한 3개년 대한원조계획을 계기로 인플레이션의 억제정책과 산업시설의 복구계획을 구체화하기 시작했다. 한국 정부는 1953년부터 미국 사절단의 보고서를 기초로 경제부흥 3개년계획을 수립하고 본격적으로 경제재건에 나섰다. 구체적으로 살펴보면, 공업부문 종합계획을 수립했을 뿐만

아니라 경인지역의 산업부흥계획과 중소기업 부흥계획 등을 수립해 추진했다. 오늘날 경인지역의 공업지대는 바로 1953년부터 추진된 미국의 대한원조계획을 바탕으로 만들어진 것이다.

미국의 대한경제원조와 한국 정부의 경제부흥 3개년계획에 따라 철도, 주택, 공공건설부문은 1954년도 말에 전쟁 이전의 수준으로 복구되었다. 1955년도에는 더 많은 주택이 건설되고 철도가 완전 개통되었으며, 1956년도에는 각 지역의 발전소가 복구됨으로써 산업발전의 기틀이 마련되었다. 유엔의 다양한 재건활동과 경제원조는 정전협정 체결 이후 1950년대 말까지 지속되어 한국의 전후복구에 크게 이바지했다. 전후복구시기 한국에 대한 원조는 한국과 미국 사이의 양자 간 원조가 중심이었다. 그러나 국제적십자사를 비롯한 비정부기구(NGO)도 인도적·경제적 지원을 통해 한국의 전후복구와 재건에 기여했다.

2. 경기도의 불균등발전

1) 전후 지역개발의 방향

6·25전쟁이 끝난 이후, 1950년대 한국의 지역개발은 주로 전쟁으로 파괴된 것을 복구하는 차원에서 진행되었다. 이와 달리 1960년대 지역개발은 1950년대 전후복구의 성과를 바탕으로 경제성장의 출발점으로써 '개발'에 초점이 맞추어졌다. 이 시기 지역개발은 국가의 경제성장을 보조하기 위한 것으로 '국토개발'이라는 관점에서 추진되었다. 국토개발은 무엇보다 제조업의 성장을 목표로 산업의 근거지를 개발하는 것이었다. 제조업을 중심으로 한 1960년대의 제1차·제2차 경제개발 5개년계획은 산업시설의 배치를 고려해서 추진되었고, 지역개

발에는 이 같은 국가정책이 그대로 반영되었다.

전후 지역개발의 기본방향은 지역 사이의 균형을 추구하기보다, 경제적 효율성이 높은 지역을 우선적으로 개발하는 것이었다. 그 핵심은 바로 '불균등 발전'이었다. 이 같은 지역개발정책에 따라 공업지역은 각종 간접자본시설이 비교적 갖추어진 서울을 비롯한 경인지역과, 부산을 중심으로 한 동남해안지역에 집중되었다. 그러나 대도시 주변을 중심으로 하는 공업지역은 국토공간의 양극화현상을 초래하기 시작했다. 특히 서울과 경기도의 수도권으로 인구와 산업이 집중되면서 도시문제, 국토의 불균형 성장, 지방도시와 농촌의 침체가 발생했다.

6·25전쟁 이후 경기도에서 진행된 변화와 발전의 요인은 1960년대 이후에 정부가 추진한 경제개발계획이었다. 그리고 같은 시기에 경기도의 공업발전사는 바로 경인공업지역의 형성과 확대과정이었다. 1960~1970년대 경기도의 사회경제적 상황은 고도 산업화, 인구증가에 따른 도시화, 농촌의 근대화로 요약할 수 있다. 분배보다 성장을 우선시하는 정부의 정책은 경기도에서도 동일하게 추진되었으며, 그 결과 빈부격차와 환경오염 등 다양한 사회문제가 발생했다. 경기도는 경인공업지역이 있는 공업발달지역이자 수도권지역이었으며, 이와 함께 농촌지역을 포함하고 있었다. 이에 따라 경기도에서는 고도성장의 명암이 다양하게 나타났다.

한국은 1960~1970년대에 걸쳐 수출제일주의를 지향하면서 고도성장을 달성했다. 그러나 그 과정에서 무분별한 개발로 인해 많은 문제점이 대두되었다. 정부는 이를 개선하기 위해 개발을 촉진하면서도 다른 한편으로 개발을 제한하는 조치를 취했다. 이런 조치는 경기도에 전형적으로 적용되었다. 대표적으로 정부는 1971년에 '도시계획법'의 제정해 주요 도시를 개발하면서도, 1972년에 '군사시설보호법'을 제정해 경기도 북부지역의 개발을 제한했다. 그 결과 1970년대 지역개발은 개발과 개발제한을 병행하는 양면정책으로 추진되었다.

2) 경기도의 불균등발전

지역개발의 본래 목적은 개발을 통해 지역경제의 발전과 주민생활의 질적 향상을 균형있게 추구하는 것이다. 경기도는 위치상 수도 서울을 둘러싸고 있는 지역이다. 따라서 경기도의 지역개발에는 지역개발의 본래 목적 이외에도 서울의 중추관리기능을 분담하고, 서울에서 나오는 인구를 수용하며, 서울시민에게 농산물과 여가공간을 제공한다는 목적이 추가되었다. 이와 함께 환경 보존도 경기도 지역개발의 중요한 목적 중 하나였다. 이 같은 지역개발의 목적에 따라 경기도가 개발된 결과를 보면, 경기도의 서부와 남부지역은 주로 행정중심지와 공업지역으로 개발되었고, 북부와 동부지역은 군사안보와 환경보존을 목적으로 개발되었다.

　　지역개발계획이 본궤도에 오른 1980년대에 들어서자, 정부는 이처럼 다양한 목적을 구체화하기 위해 경기도 전체 지역을 '자연보존권역, 이전촉진권역, 개발유보권역, 제한정비권역, 개발유도권역' 등 5개 권역으로 구분했다. 첫째, '자연보존권역'은 환경보존에 중점을 두는 지역이었다. 그 목적은 수도원지역 상수원의 수질오염을 방지하는 것인데, 경기도 가평·여주지구가 여기에 속했다. 둘째, '이전촉진권역'은 인구가 집중된 지역에서 정책적으로 인구를 분산시키는 것이 목적이었다. 이 지역에서는 인구집중유발시설을 신축하거나 증축하는 것이 규제되었고, 이 시설들을 지역 밖으로 이전시켰다. 의정부와 원당지역이 대표적이다. 셋째, '개발유보권역'은 군사안보문제 때문에 개발이 유보된 지역이었다. 경기도에서는 문산·연천·파주 등 휴전선에 접해있는 북부지역이 개발유보권역에 포함되었다. 이 지역에서는 군사안보 차원에서 많은 제한조치가 내려졌다. 이를 대신해 개발유보권역에서는 원예농업·유축농업, 농촌형 공업중심으로 지역개발이 이루어졌다.

넷째, '제한정비권역'은 이전촉진구역에서 넘어오는 인구집중유발시설을 유치하는 대신, 기존 시설에 대해서는 증설을 제한하는 지역이었다. 대표적인 지역은 인천·부천·수원·성남·광주 등이었다. 다섯째, '개발유도권역'은 이전촉진권역에서 넘어오는 인구집중유발시설을 유치함과 동시에, 이전되는 시설과 공장을 특정지역에 집단화하는 곳이다. 이 같은 정책에 따라 개발유도권역에는 일반적으로 산업단지와 연구단지가 조성되었다. 예를 들어, 안중·발안지구는 아산만종합개발계획을 통해 중화학공업단지로 육성되었고, 용인·이천지구는 교육연구기관과 레저산업을 중심으로 개발되었다.

경기도의 불균등발전

1969년 당시 수원에 건설 중인 삼성전자 단지(왼쪽). 1966년 당시 의정부 미군기지 캠프카일 인근의 마을 모습(오른쪽).
ⓒ 삼성전자·국사편찬위원회

경기도의 지역개발 결과를 종합해 보면, 대체로 서부와 남부지역은 행정 중심지와 공업지역으로 적극 개발되었고, 북부와 동부지역은 군사안보와 환경 보존이라는 목적에 따라 개발이 제한되었다. 가령, 수원·성남·광주·용인지역은 제한정비권역과 개발유도권역으로 선정되어 급속히 발전했다. 반면에 가평·여주·문산·연천지역은 자연보존권역과 개발유보권역으로 선정되어 지역 발전이 지체되었다. 이처럼 개발의 편차가 생긴 이유는 경기도에서 자체적으로 수립한 개발정책 때문이 아니라 중앙정부에서 국토개발이라는 목표에 따라 수립한 개발정책 때문이었다. 이 개발정책은 정부의 장기적인 경제개발계획에 뿌리를 두고 있었다.

한국 정부는 1962년 1월에 '제1차 경제개발 5개년계획'을 수립했으며, 5개년계획은 1997년에 폐지될 때까지 총 7회에 걸쳐 지속적으로 추진되었다. 이 경제개발계획의 목적은 미국의 대한경제원조를 바탕으로 수출제일주의정책과 중화학공업정책을 통해 한국을 공업국가로 만드는 것이었다. 정부는 각 지역에 산업거점을 건설하는 방식으로 경제개발계획을 달성하기 위해 1972년에 제1차 국토종합개발계획을 수립했다. 이 국토종합개발계획은 10년을 기간으로 설정되었다. 제1차 국토종합개발계획은 1972~1981년까지 추진되었고, 제2차 국토종합개발계획은 1982~1991년까지 추진되었다. 그러므로 경기도는 정부의 장기적인 개발계획에 따라 서울의 기능·인원을 분담하는 수도권의 기능과 군사안보를 담보하는 접경지역의 역할을 동시에 수행해온 것이다.

이 중에서도 경기도의 북부지역은 휴전선을 사이에 두고 북한과 직접 대치하고 있는 지역이었기 때문에 항상 긴장상태에 놓여 있었다. 특히 1960년대 말과 1970년대 초에는 군사적 문제가 여러 차례 발생함에 따라 남북 간의 긴장이 한층 고조되었다. 대표적으로 1970~1971년에는 연천·파주·김포·인천 등지에서 무장간첩사건이 발생했고, 1974년 11월에는 고랑포 동북쪽지역에서 제1땅굴이 발견되었다. 4년 후인 1978년 10월에는 판문점과 가까운 군사분계선 남쪽지역에서 제3땅굴이 발견되었다.

이처럼 안보문제가 빈번하게 발생함에 따라, 경기도 북부지역은 지역개발사업이 위축될 수밖에 없었다. 이 지역은 '민간인통제구역'으로 설정되어 출입이 통제되었으며, 1972년 12월에 「군사시설보호법」이 제정됨으로써 경제활동이 제약되었다. 경기도의 민간인통제구역은 김포·강화·파주·연천 등 북부지역 전반에 걸쳐 있었다. 이 지역은 경기도의 다른 지역보다 통행금지 해제가 늦게 이루어졌을 뿐만 아니라 북한과 무장충돌이나 군부대의 훈련과정에서 주민들이 피해를 입는 사례가 발생했다.

물론 북부지역의 민간인통제선 안에도 마을이 형성되어 주민들이 거주하고 있었다. 북부지역에는 1959년부터 99개의 자립안정촌自立安靜村이 건설되었다. 또한 1968~1973년에는 국가재건사업에 따라 재건촌再建村이 조성되었으며, 1973년에는 2개의 통일촌統一村이 조성되었다. 그러나 이 지역의 주민들은 「군사시설보호법」에 따라 거주와 이전, 직업의 선택, 주거의 자유, 사유재산의 보장 등 헌법에 보장되어 있는 기본권을 제한받았다. 이 뿐만 아니라 지역 전체가 군의 통제 아래 있었기 때문에 경제성장과정에서 사실상 개발의 사각지대로 방치되었다. 이와 함께 경기도 동부지역도 상수원 보호라는 환경보호원칙에 따라 개발이 제한되었다.

경기도 북부지역과 달리 서남부지역은 1970년대 이후부터 본격적으로 개발되었다. 이 지역에는 주거·산업·행정으로 특화된 기능을 수행하도록 계획된 위성도시가 들어섰다. 경기도의 대표적인 위성도시는 부천시·안양시·성남시 등이다. 이 세 지역은 1970년대 초반까지 농촌의 작은 읍에 불과했지만, 1970~1980년대를 거치면서 수십만명의 주민이 거주하는 대도시로 발전했다.

따라서 1970~1980년대 경기도의 발전은 사실상 인천과 수원을 직선으로 잇는 서남부지역을 중심으로 이루어졌다고 볼 수 있다. 즉 현대사회에 필요한 정치·경제·사회·문화 등 각종 기능과 시설이 이 지역에 편중되었다. 이처럼 경기도 서남부지역에 관공서와 각종 기관이 집중된 반면, 경기도 동북부지역은 상대적으로 낙후되었다. 따라서 1970~1980년대 지역개발 과정에서 경기도에 나타난 문제점은 남부지역과 북부지역이 균형있게 발전하지 못했다는 사실이다. 경기도는 이른바 '불균등발전'을 통해 성장한 것이다.

3) 남부지역의 공업화

1970~1980년대 경기도의 불균등발전은 앞에서 살펴본 것처럼 정부가 주도한 경제개발계획과 국토종합개발계획의 결과였다. 그 중에서도 지역개발의 방향을 좌우한 것은 경제개발계획이었다. 정부는 1972년부터 진행된 제3차 경제개발계획에서 '산업구조의 고도화'를 핵심목표로 제시했다. 산업구조 고도화정책에 따라 정부의 주도 아래 중화학공업이 급속히 성장했다. 따라서 경기도의 공업발달과정은 1970년대 이후 공업화정책에 따른 한국경제의 발전과 맞물려 있었다.

경기도의 공업발전은 오랜 역사성을 가지고 있다. 일제시기 조선총독부는 한반도를 효율적으로 통치하기 위해 서울과 인천을 집중적으로 개발했다. 특히 인천을 중심으로 한 경기도지역에는 공업용수·동력공급에 관련된 기반시설과 도로·철도 등 사회간접자본이 조성되었다. 또한 서울이라는 대규모 소비지역이 인접해 있는 것도 경기도의 이점이었다. 서울과 인천을 잇는 이른바 '경인지구'에는 일제시기에 주로 소비재를 생산하는 경공업이 발달했다. 그러나 1970년대부터 정부가 중화학공업정책을 추진하면서 경인지역에 중화학공업이 본격적으로 육성되었다. 경기도의 공업발달사는 바로 경인공업지역의 형성과 확대과정이었다. 1960년대부터 성장하기 시작한 경인공업지역은 1981년에 이르러 전국 공장수의 45.3%, 종업원수의 44.9%, 부가가치의 41.8%를 차지하게 되었다. 즉 이 지역은 명실공히 한국 최대의 공업지역으로 자리잡았다.

남부지역의 공업화

1962년 7월 경기도 부평에 설립된 새나라자동차공장 준공식에 참석한 박정희 의장. ⓒ 정부기록사진집

그러나 경인지역 중심의 경제개발계획은 서울에 공업시설이 과도하게 집중되는 결과를 낳았다. 그러자 정부는 1970년대 말부터 공업의 분산을 유도해서 서울에 공장 설치를 제한하고 대기·수질오염에 대한 규제를 강화했다. 그리고 공업입지조건이 유리한 지역을 새로 선정해서 중화학공업과 관련된 산업기지를 조성했다. 이른바 '공업분산화정책'을 추진한 것이다. 그 결과 공업시설의 대도시 집중현상이 현저히 둔화되었다. 경기도 남부지역은 이 같은 정부의 공업분산화정책에 큰 영향을 받았다.

1970~1980년대 경기지역의 공업화양상은 시기별로 편차를 보였다. 1970년대에는 시흥·인천·수원·광주·의정부 등이 집중적으로 공업화되었다. 그

러나 정부의 공업분산화정책이 시행된 이후인 1980년대부터는 다른 지역이 발달했다. 1981년에는 수출공업단지가 있는 부천과 안양이 최대 공업밀집지역으로 새롭게 등장했다. 그리고 김포·양주·고양지역도 공업화가 급속히 진행되었다. 한편 중화학공업화정책이 추진된 1970년대 이후에는 경기도에서 식품·섬유 등 경공업이 감소되었으며, 그 대신 금속·기계·장비공업이 급속히 증가했다. 특히 성남·부천·안양에는 화학공업이 집중적으로 발달했다. 이처럼 경기도는 1970~1980년대를 거치면서 남부지역을 중심으로 공업화되었다.

03
경기도의 분단문제

1. 민통선과 비무장지대(DMZ)

1) 경기도의 접경지역

경기도에는 정전체제의 영향으로 인해 여러 개의 휴전선 접경지역이 새로 생겼다. 경기도의 휴전선 접경지역은 이른바 특수지역으로 명명할 수 있는데, 그 종류는 민간인출입통제선(민통선), 군사시설보호구역, 개발제한구역으로 구분할 수 있다. 경기도에서 민통선 북방지역은 전체 면적의 3.9%이고, 군사시설보호구역은 18.9%이며, 개발제한구역은 12.9%에 달한다. 따라서 경기도 면적의 35.7%가 정전체제에 의해 민간인 출입이 금지되거나 개발이 제한되는 땅으로 남게 된 것이다.

이와 함께 경기도에는 1953년에 체결된 정전협정에 따라 설정된 '비무장지대(Demilitarized Zone, DMZ)'가 존재한다. 유엔군과 공산군은 정전협정 체결 당시에 임진강에서 동해안까지 총 1,292개의 말뚝을 박고, 이 말뚝을 이은 248km에 이르는 가상의 선을 '군사분계선(Military Demarcation Line, MDL)'으로 설정했다. 비무장지대는 군사분계선에서부터 남북으로 각각 2km 범위에 군사충돌을 방지하기 위해 설정된 완충지대였다.

한반도에는 군사분계선과 함께 정전협정에 의해 2개의 경계선이 새로 생겼다. 군사분계선에서 북쪽으로 2km 떨어진 비무장지대의 끝에 '북방한계선(Northern Limit Line, NLL)'이 생겼으며, 군사분계선에서 남쪽으로 2km 떨어진 비무장지대의 끝에 '남방한계선(Southern Limit Line, SLL)'이 생겼다. 경기도 북부지역에서 위로 올라간다고 생각하면, 맨 처음 군사시설보호구역을 만나게 되고, 그 위에 민통선이 그어져 있다. 민통선 위에는 남방한계선이 있고, 2km 위에 군사분계선이 그어져 있으며, 군사분계선에서 2km 위에 북방한계선이 있다.

민통선과 비무장지대는 모두 민간인이 출입할 수 없다는 점에서 동일하지만, 민통선은 정전협정에 규정된 선이 아니다. 민통선은 군사분계선 인근의 군사작전, 군사시설 보호, 보안유지를 위해 미군이 설정한 선이다. 대체로 남방한계선 남쪽으로 5~10km에 걸쳐 있다. 이에 비해 비무장지대는 정전협정에 의해 설정되었으며, 민간인

비무장지대의 설정

휴전회담에서 타결된 비무장지대 설정 합의문에 서명하는 공산군 대표. ⓒ 국사편찬위원회

의 출입뿐만 아니라 군대의 주둔, 무기의 배치, 군사시설의 설치가 금지되어 있는 지역이다.

민통선이 그어져 있는 곳의 북쪽지역이 바로 민간인통제구역이다. 민간인통제구역은 서해안에서 동해안까지 비무장지대를 따라 띠 형태를 이루고 있으며 바다에는 설정되어 있지 않다. 설정 당시 총면적은 1,528㎢였는데, 이중에서 경기도의 민간인통제구역은 480㎢로 전체의 31.4%를 차지하고 있다. 시·군별

로 보면, 경기도 연천군 · 파주시 · 김포시와 인천광역시 강화군에 민간인통제구역이 포함되어 있다. 이 지역 안에서는 군사작전과 보안유지에 지장이 없는 범위에서 민간인이 농사짓는 것이 허용되었다. 그러나 구역 안으로 출입하는 것과, 토지소유권의 행사 등이 제한됨에 따라 개인의 자유와 국민의 기본권이 통제되었다.

2) 민통선의 마을과 주민들

민통선은 6·25전쟁이 끝난 다음 해인 1954년 2월에 미군 제8군사령관의 직권으로 설정되었다. 정전협정 이후 미군은 남방한계선 인근으로 민간인이 귀농歸農하는 것을 규제하기 위해 귀농선歸農線을 설정하고, 그 북쪽으로 민간인이 출입하는 것을 금지했다. 귀농선은 그 후에 미군을 대신해 한국군이 휴전선을 방어하는 임무를 담당하게 되면서 변화했다. 귀농선 안으로 민간인이 출입하게 된 시점은 지역별로 차이가 있다.

    1954년 당시 수복지구의 군정을 담당한 국군의 기본 원칙은 귀농선 이북 지역의 민간입주는 절대 불가능하며, 앞으로도 계속 무인지대로 남을 것이라는 방침이었다. 그런데 국군 제5군단은 1954년 3월 10일에 미군 제8군사령관의 지시에 따라 제5군단 관할지역의 전체 귀농선을 철폐하고, 38선 이북지역에 살던 농민이 고향으로 복귀해 농사짓는 것을 허용했다. 다만 이 지역에서는 군정이 실시되었다.

    제5군단은 3월 11일부터 복귀희망 농민들의 등록을 접수했다. 그리고 농민들이 복귀를 완료한 후 군사작전에 지장이 없는 한 사용가능한 모든 농지를 입주민에게 분할해서 반환해 경작하도록 허가했다. 토지의 분배 순위는 과거

소유권자 1순위, 군에 의해 몰수당한 자 2순위, 6·25전쟁 전에 거주사실이 있는 자와 경작을 희망하는 월남피난민 3순위였다. 나아가 국군은 1958년 6월에 군사작전과 보안상 지장이 없는 범위 내에서 민간인이 귀농선 안쪽으로 들어가 농사짓는 것과 귀농선 안쪽에서 거주하는 것을 허가했다. 이때부터 귀농선의 명칭이 민통선으로 바뀌게 된 것이다.

민통선 통제권이 한국군에게 이양된 후에 정부는 국토 이용을 확대하고 북한이 휴전선 북쪽에 계획적으로 만든 선전촌宣傳村에 대응하기 위해 민통선 안쪽에 새로운 마을을 만들었다. 가장 먼저 민통선에 건설된 마을은 자립안정촌自立安定村이었다. 자립안정촌은 1959년부터 총 99개가 만들어졌다. 계속해서 정부는 1968~1973년 사이에 민통선 안쪽에 12개의 재건촌再建村을 건설했다. 내무부는 1967년 3월에 접경지역을 개발하는 사업 중 하나로 경기도와 강원도에 재건촌을 건설하기로 결정했다. 정부는 이 지역을 "반공에서 승공으로 가는 길목의 일터"라고 명명했다.

경기도의 재건촌

경기도 연천군의 재건촌 입주식. ⓒ 경기도청

또한 내무부는 1968년에 「재건촌설립 5개년계획」을 수립해 민통선 북쪽 지역의 황무지 15,000정보를 개발해 40여 개의 재건촌을 세우기로 결정했다. 이 계획에 따르면, 1971년까지 8,000가구 40,000여 명의 주민을 입주시켜 가구당 2정보씩 농지를 대여해서 안정농가를 육성할 예정이었다. 이 지역에 건설된 재건촌은 군방어작전의 통제선과 일치하지 않도록 불규칙하게 건설되었다. 재건촌은 철조망 울타리로 둘러쳐졌으며, 재건촌의 주민들은 군사훈련을 받고 대간첩작전 임무까지 부여받았다. 재건촌 입주는 1967년부터 1971년까지 3단계에 걸쳐 진행되었다. 특히 국방부는 제대한 장병들에게 재건촌에 입주할 수 있는 우선권을 줌으로써 재향군인들을 집중적으로 입주시켰다.

이와 함께 정부는 1972년에 「특수지역 종합개발계획안」을 수립해서 2개 지역에 200가구가 거주할 수 있는 재건촌을 신축하고, 여기에 교육 · 전화 · 체신시설을 확충하기로 결정했다. 그리고 특수지역을 개발하기 위해 1972년도에만 13억원을 투입했다. 정부는 특수지역의 개발계획을 5개년계획으로 추진했다. 이 재건촌은 1972년도에 경기도 파주군 동파지구와 강원도 철원군 양지지구 등 2개 지역에 건립되었다.

특수지역 개발계획에 따라 한국군은 민통선 북쪽지역을 1972년부터 민간인들에게 개방하기 시작했다. 민통선 일대를 관할하던 야전군은 1972년 4월부터 민통선 북쪽에 있는 미개발 유휴지를 민간인들에게 개방하고 출입영농出入營農형식으로 콩을 재배할 수 있도록 조치했다. 먼저 야전군은 경기도와 강원도 당국과 협조해 콩재배가 가능한 지역을 현장답사했다. 그리고 1972년 2월 말에 경기도지역에서 48만평, 강원도지역에서 153만평을 출입영농대상지역으로 확정했다. 이에 따라 경기도와 강원도의 각 군과 읍에서는 3월과 4월 사이에 연고권이 있거나 경운기 등 동력장비가 있는 영농대상자를 선정하고, 이를 야전군에 통보해서 민통선출입증을 발급했다. 야전군의 전방부대는 출입영농을 하는 민간인들이 농사를 지을 수 있도록 우거진 잡목과 수풀을 불사르고 폭발물을 제거했다.

한편 한국 정부는 1973년에 재건촌과 비슷한 방식으로 민통선 북쪽지역에 통일촌統一村을 건설했다. 통일촌은 경기도와 강원도에 1개씩 만들어졌는데, 경기도에는 파주군 운내면 공덕리에 만들어졌다. 통일촌은 민통선 북쪽지역의 유휴지를 개발해서 시범농촌으로 건설한 것이다. 경기도는 1973년 3월 1일에 통일촌 공사를 착공했으며, 주민들은 8월 21일에 입주했다. 이와 같은 마을은 1985년 당시 경기도의 경우 연천·파주·김포·강화 등 4개 시·군에 81개가 만들어졌고, 강원도의 경우 고성·인제·화천·양구·철원 등 5개 군에 31개가 만들어졌다.

경기도의 통일촌

1973년 8월에 완공된 경기도 파주군 운내면 공덕리 통일촌의 모습(왼쪽). 근대적 주택이 인상적이다. 1974년 5월 17일에 조병규 경기도지사가 파주군 통일촌을 시찰하는 모습(오른쪽). ⓒ 경기도청

　민통선의 마을은 군사안보문제 때문에 1960년대 말까지 주거환경이나 문화·복지시설이 상대적으로 열악했다. 이에 따라 정부는 1973년부터 민통선 마을에 거주하는 주민들의 생활을 안정시키고 정착 의욕을 고취시키기 위해 개발사업을 추진했다. 이 사업은 내무부와 경기도가 주관했다. 개발사업은 주택을 개량하거나 농지를 조성하는 사업과, 마을회관과 공동우물을 새로 건설하는 사업으로 구성되었다. 대상지역은 파주군 12개 마을, 연천군 25개 마을, 김포군

7개 마을, 강화군 22개 마을 등 총 66개 마을이었다. 1972년부터 1973년 3월까지 이 지역에는 주택 100동이 건설되었고, 농지 60ha가 조성되었으며, 마을회관 1동과 공동우물 10개가 새로 만들어졌다. 또한 1973년에 통일촌에도 주택 개량, 농지 조성, 마을회관과 공동이용시설을 개발하는 사업이 추진되었다. 이처럼 민통선의 주민들은 1970년대에 들어서 비로소 기본적인 생활조건을 갖출 수 있게 되었다.

경기도의 민통선 북쪽지역에 건설된 마을 중에 가장 유명한 곳은 대성동大城洞마을, 일명 "자유의 마을"이다. 대성동마을은 경기도 파주군 군내면 조산리에 속하며, 남방한계선을 지나서 1km 북쪽에 위치해 있다. 6·25전쟁 이전에는 50세대 200여 명의 주민들이 사는 평범한 마을이었으나, 정전협정이 체결되면서 군사분계선 남쪽의 비무장지대 안에 포함되었다. 대성동마을의 사례를 통해 민통선 북쪽지역 주민들이 실제로 어떻게 생활했는지 알아보자.

유엔군측과 공산군측은 정전협정을 조인하면서 비무장지대 안에 민간인 거주지를 각각 하나씩 두기로 합의했다. 이는 '휴전의 상징'으로 비무장지대에 민간인거주지를 인정하자는 의도였다. 이 합의에 따라 한국은 1953년 8월 3일에 경기도 파주군 군내면 조선리에 대성동마을을 건설했고, 북한은 개성시 평화리에 기정동마을, 일명 '평화촌'을 건설했다. 이 지역의 출입은 군사정전위원회로부터 엄격히 통제받았다. 당시 원주민은 한국측이 30세대 160명, 북한측이 1,700여 명이었다. 이때 쌍방은 당시에 살던 원주민의 명단을 교환하고, 후방지역 주민들의 유입을 금지하기로 약속했다.

1972년 말 당시 내무부 통계에 따르면, 대성동에 거주하는 사람은 31세대였고, 농가는 각 집마다 50,000여 평의 땅을 경작하는 것으로 나타났다. 일반 농가에 비해서는 엄청난 규모였다. 그러나 대성동 주민들은 군사정전위원회가 설정해준 마을 주변의 영농구역을 벗어날 수 없었으며, 전에 자기가 소유했던 농지라도 경작권만 인정될 뿐 소유권은 없었다. 따라서 땅은 매매가 안되고 경작권만 양도할 수 있었다. 또 다른 문제는 노동력이 부족하다는 점이었다. 1973년 당시 마을이 생긴지 20년이 지났음에도 인구는 1세대 34명이 늘어났을 뿐이었다. 그 이유는 후방지역 주민들의 입주가 금지되었고, 학교를 다닌 청년들이 후방에서 직장을 갖고 돌아오지 않았기 때문이었다. 그래서 대성동 주민들은 농번기가 시작되는 4월부터 다음해 1월까지 당국의 허가를 받아서 집마다 1~2명의 고용인을 후방에서 데려왔다.

　당시 대성동마을은 31세대 중에 20여 세대가 강릉 김씨 집안이었다. 따라서 결혼할 여성과 남성들은 배우자를 후방지역에서 구해야 했는데, 민통선 안에 있는 마을이라 이마저 쉽지 않았다. 후방의 여성이 대성동으로 시집오는 것은 쉬웠으나, 후방의 남성이 대성동으로 장가드는 것은 쉽지 않았다. 그 이유는 남성의 경우 당국의 신원조사를 거쳐 출입허가를 받아야 했기 때문이다. 또한 1970년대에는 아직 데릴사위 풍습이 있었는데, 데릴사위의 경우 신원조사를 통과하지 못하면 파혼할 수밖에 없었다. 그래서 1973년 당시 후방에서 대성동마을에 데릴사위로 온 사람은 두 명 뿐이었다.

　이 뿐만 아니라 교통수단도 불편했다. 1972년까지 대성동 주민들은 군부대의 민정반에서 마련해준 군용트럭으로 일주일에 한두 번씩 문산과 파주로 나가서 생필품을 구입하고 곡식을 반출했다. 그러다가 1973년에 들어서 내무부가 25인승 소형버스를 기증함에 따라 이 버스를 마을에서 공동으로 운영해 일주일에 3회씩 다른 지역으로 운행할 수 있었다.

대성동마을 뿐만 아니라 경기도의 다른 민통선 마을도 일상생활에 큰 어려움을 겪었다. 무엇보다 군사지역 인근에 거주했기 때문에 군 관련 안전사고가 빈번하게 발생했다. 1980년 1월 28일에는 민통선 북쪽인 경기도 연천군 왕증면 강내리 임진강 강변에서 폭발사고가 발생했다. 당시 중학교 1학년생 2명과 초등학교 5학년생 1명이 강변에서 썰매를 탔는데, 날씨가 추워지자 모닥불을 피워놓고 불을 쬐다가 땅에 묻혀있던 폭발물이 터져 모두 사망했다.

대성동마을

1960년대 대성동마을의 모습(왼쪽)과 1970년대 대성동마을의 모습(오른쪽). 초가집이 기와집으로 바뀐 것을 비롯해 주민들의 생활환경이 조금씩 개선되었다. ⓒ 경기도청

그런데 민통선 안에 건설된 마을은 1980년대에 들어서 큰 변화를 맞게 되었다. 무엇보다 1980년대 중반부터 북한의 선전촌에 대응하기 위해 설정했던 자립안정촌·재건촌·통일촌 등과 같은 개념이 없어졌으며, 주민들의 출입 절차도 간소화되었다. 이와 함께 주민들이 시설 규제 완화를 요구함에 따라 정부에서도 민통선의 경계를 좀 더 북쪽으로 설정하기 시작했다. 그 결과 민통선 안에 있던 마을이 민통선 밖으로 나오게 됨으로써 남쪽의 행정구역에 편입되었고, 이에 따라 민통선 북쪽지역의 면적도 줄어들었다.

그렇다면 민통선 안에는 어떤 사람들이 거주했을까? 민통선 북쪽지역에는 6·25전쟁 이전부터 거주했던 원주민이 많지 않다. 1987년에 조사된 보고서에 따르면, 민통선 북쪽지역의 원주민 비율은 평균 10% 미만이었다. 예를 들어, 연천군 중면 회산리는 41세대 중에 2세대(4.8%)가 원주민이었고, 삼곶리는 30세대 중에 3세대(10%)가 원주민이었다. 강화군의 경우는 조금 다른데, 강화군 교동면의 경우 전체 주민의 80%가 원주민으로 구성되었다. 이 지역의 원주민 비율이 높은 것은 지역적으로 고립된 섬이라서 6·25전쟁을 거치면서도 주민들의 변화가 적었기 때문이었다.

민통선 북쪽지역에 원주민이 별로 없는 이유는 수복지구의 행정권이 한국 정부로 이양된 다음에 민통선 마을들이 전국 각지에서 모여든 외지인外地人에 의해 건설되었기 때문이다. 정부는 1953년 이후부터 난민정착사업을 시행해 피난민들의 생계수단과 생활터전을 마련해 주었는데, 피난민들이 새로 정착한 지역 중 하나가 바로 민통선 북쪽지역이었다. 예를 들어, 강원도 고성군 명파리의 경우 1957년 5월 11일에 난민정착사업으로 50세대가 처음으로 정착했다. 이에 비해 당시 명파리의 원주민은 9세대에 불과했다. 또한 재건촌의 입주자를 선정할 때도 제대한 군인들에게 우선권을 주었기 때문에 외지인들이 많이 거주하게 되었다.

2. 비무장지대의 무장화

1) 비무장지대의 형성

경기도에는 민통선뿐만 아니라 정전협정으로 생겨난 군사분계선과 비무장지대가 존재한다. 분단의 경계는 하나의 경계선이 아니라 중첩된 경계선과, 그 사이에 설정된 완충지대로 이루어져 있다. 남방한계선과 북방한계선은 군사분계선에서 남쪽·북쪽으로 각각 2km씩 떨어진 곳에 설정되었는데, 그 사이의 공간이 바로 비무장지대. 이 지역은 서해안부터 동해안에 이르는 육지에 설정되어 있다. 유엔군측과 공산군측이 정전협정을 체결하면서 비무장지대를 설정한 이유는 남북의 군대가 총 4km의 거리를 두고 떨어져 있게 함으로써 적대행위가 다시 발생하는 것을 방지하려는 목적이었다.

양측이 정전협정에서 합의한 것은 이 4km의 공간에서 군대·무기·장비를 철수시켜 비무장상태로 만드는 것이었다. 사실 비무장지대로 설정된 곳은 1951년 여름부터 1953년 정전협정이 체결될 때까지 2년간 양측의 화력이 집중적으로 배치된 지역이었다. 따라서 유엔군측과 공산군측은 정전협정의 효력이 발생한 후 72시간 안에 비무장지대에서 모든 군대, 초소, 진지, 무기, 장비를 철수시키기로 합의했던 것이다. 또한 양측은 1953년 7월 27일부터 45일 안에 군사정전위원회의 감독 아래 비무장지대에서 모든 폭발물, 지뢰, 철조망, 기타 위험물을 제거하기로 합의했다. 이 규정에 따라 유엔군측과 공산군측은 1953년 7월 29일 밤 10시까지 부대, 무기, 탄약, 장비 등을 모두 철수시켰다. 그리고 군사정전위원회의 감독 아래 48일 안에 비무장지대에 설치된 각종 진지가 비워졌다.

정전협정에는 비무장지대 안과 비무장지대를 향해 어떤 적대행위도 할 수 없다고 규정되어 있다. 양측은 이를 위해 비무장지대를 관할하는 책임자와 비무장지대 안에서 활동할 수 있는 인원과 그들의 무기를 특별히 규정해 놓았다. 비무장지대 중 군사분계선 남쪽지역은 유엔군사령관이 책임지며, 북쪽지역은 조선인민군 최고사령관과 중국인민지원군 사령관이 공동으로 책임졌다. 비무장지대에는 민사행정업무나 구제사업을 해야 할 경우에만 관할 사령관의 허가 아래 군인과 민간인이 들어갈 수 있었다. 이처럼 관할 사령관으로부터 출입을 허가받은 사람이 '민사행정경찰民事行政警察'이다. 민사행정경찰의 인원수와 그들의 휴대무기는 군사정전위원회에서 정했으며, 어느 한쪽이 허가한 출입인원은 항상 1,000명을 초과하지 못하도록 규정되었다.

이처럼 정전협정에 규정된 내용은 양측의 대표로 구성된 군사정전위원회를 통해서 관리되었다. 그리고 비무장지대에 관해 추가로 협의할 사항도 여기서 논의되었다. 유엔군측과 공산군측은 협정 체결 이후에 비무장지대에서 활동하는 민사행정경찰을 어떤 사람들로 선정할지 협의했다. 양측은 군사정전위원회 회의에서 민사행정경찰로 '군사경찰軍事警察'을 사용하기로 합의했다. 즉 비무장지대 안에서 활동하는 사람은 이름만 경찰일 뿐 사실 군인이었다. 이 합의에 따라 군인들이 민정경찰民政警察이라는 제복이나 휘장만 착용한 채 비무장지대 안에서 활동할 수 있게 되었다. 군사정전위원회는 비무장지대에 사실상 군인이 들어갈 수 있도록 했지만, 비무장지대에서 활동하는 민정경찰이 휴대할 수 있는 무기의 종류를 제한했다. 민정경찰은 단발식 소총과 권총만 휴대할 수 있었으며, 여러 발을 동시에 발사하는 자동식무기를 가지고 들어갈 수 없었다.

유엔군측과 공산군측이 비

비무장지대의 휴대무기

소총을 들고 비무장지대를 경비중인 국군. ⓒ 국사편찬위원회

무장지대를 설정한 원래 목적은 4km 거리를 두고 양측의 군대를 떨어트림으로써 무력충돌을 방지하는 것이었지만, 비무장지대에서 활동하는 민정경찰을 양측의 군인들이 담당하게 되고 이들에게 무기 휴대가 허용되면서 비무장지대의 설치 목적은 퇴색되었다. 만약 양측의 군인들이 민사행정이나 구제활동을 목적으로 비무장지대에서 활동하다가 상대방을 향해 무기를 사용할 가능성이 생긴 것이다. 게다가 양측은 1954년 이후에 비무장지대의 민정경찰에게 자동식무기를 휴대하도록 허용했으며, 비무장지대에 중화기까지 반입했다.

이와 함께 비무장지대에는 또 다른 군사적 문제가 남아있었다. 그것은 지뢰였다. 비무장지대에는 전쟁 중에 뿌려진 지뢰가 제거되지 않은 채 여전히 남아 있었다. 민정경찰이 비무장지대를 순찰하다가 지뢰를 밟아 사망하기도 했으며, 비무장지대 안에서 화재가 발생했을 때 지뢰가 폭발하기도 했다. 또한 전쟁 중에 건설된 초소와 진지도 완전히 제거되지 않은 채 남아 있었다. 유엔군측과 공산군측은 정전협정이 체결된 직후부터 비무장지대의 군사시설을 다시 사용하기 시작했으며, 일부 초소와 진지를 이전보다 전진 배치했다. 결국 비무장지대는 전쟁이 끝난 직후에 비무장화된 것이 아니라 오히려 재무장화되었다.

2) 정전협정 감시소조의 축소

정전협정의 준수여부를 조사하고 감독하는 기관은 군사정전위원회와 중립국감시위원회였다. 군사정전위원회는 유엔군측과 공산군측의 대표로 구성되었고, 중립국감시위원회는 양측이 각각 지명한 스웨덴·스위스·폴란드·체코슬로바키아 대표로 구성되었다. 이 2개 기구는 정전체제를 관리하기 위해 그 산하에 각각 공동감시소조와 중립국감시소조를 설치했다. 군사정전위원회 아래

에 설치된 공동감시소조는 비무
장지대 위반사건을 조사하는 공
동기구였다. 공동감시소조의 가
장 큰 역할은 비무장지대와 한
강 하구에서 협정의 준수여부를
감독하는 것이었다. 정전협정에
따르면, 공동감시소조는 10개
소조가 설치되었고, 양측에서 선
발한 영관급 장교로 구성되었다.

공동감시소조의 활동

미공군 훈련기 잔해를 건네주는 공동감시소조의 공산군측 위원.
ⓒ 국사편찬위원회

중립국감시소조는 남북한에 각각 지정된 10개 출입항에 주재하면서 양측의 협
정 준수여부를 감독했으며, 4개 중립국에서 인원을 차출해 구성했다.

그러나 중립국감시소조의 활동은 정전협정이 체결된 직후부터 축소되었
다. 스웨덴 대표는 1955년 4월에 중립국감시위원회 본회의에서 각 출입항에 있
는 모든 중립국감시소조를 철수시키자고 제의했다. 그 이유는 남북한의 10개 출
입항에서 실제로 중립국감시소조가 활동할 수 있는 조건이 마련되지 않았기 때
문이었다. 이에 대해 체코슬로바키아와 폴란드 대표는 모든 출입항의 중립국시
찰소조를 4개국 대신 2개국으로 구성함으로써 필요한 인원을 50% 축소하자고
수정 제의했다. 중립국시찰소조의 구성은 1955년 5월에 열린 중립국감시위원회
본회의에서 공산군측의 제안이 만장일치로 합의되면서 2개국으로 축소되었다.

이와 함께 공동감시소조의 규모와 기능도 정전협정 직후부터 점차 축소되
었다. 유엔군측과 공산군측은 1953년 12월에 10개의 소조를 축소하는 방안을
논의했다. 그리고 유엔군은 1954년 1월에 10개 소조를 7개로 줄이는 방안을 제

안했는데, 이에 대해 공산군측이 다시 6개로 줄이는 방안을 제의했다. 양측은 1954년 3월에 소조를 축소하는 방안을 다시 논의했으며, 최종적으로 1955년 7월에 5개 소조를 축소하는데 합의했다. 이로써 공동감시소조는 정전협정 당시보다 절반으로 줄어들었다. 공동감시소조는 비무장지대 위반사건이 발생했을 때 비무장지대를 자유롭게 이동하면서 조사할 권한을 가진 유일한 공동기구였지만, 전쟁 직후부터 양측의 군사적 목적에 따라 지속적으로 축소되었다.

이 뿐만 아니라 정전 직후부터 비무장지대에서는 양측의 군사적 충돌이 지속적으로 발생했다. 유엔군측과 공산군측은 군사정전위원회에서 만날 때마다 상대방이 비무장지대에서 불법적으로 군사행동을 했다고 비판했다. 실제로 상대방의 차량이나 이동인원, 초소에 총격을 가하는 사건이 비일비재하게 발생했다. 게다가 양측은 1960년대부터 비무장지대에 자동화기와 중화기를 대량으로 반입했으며, 정전협정 이후에 철거했던 초소와 진지를 다시 견고하게 구축했다.

정전협정 위반사건은 주로 육지에서 발생했는데, 주요 위반행위는 총격사건, 군사분계선 월경·침투사건, 비무장지대 안의 중화기 반입과 진지 구축, 지뢰 매설 등이었다. 해상에서는 쌍방의 해역을 침범하거나 선박에 포격을 가하는 사건이 발생했고, 공중에서는 쌍방의 영공을 침범하거나 항공기를 납치하는 사건이 발생했다. 1953년부터 1999년까지 공산군측의 정전협정 위반 건수는 총 430,917건이었고, 유엔군측의 정전협정 위반 건수는 835,563건이었다. 물론 이 통계는 양측의 주장이었지만, 1961년부터 매년 1,000건이 넘는 정전협정 위반사건이 발생한 것은 분명한 사실이다. 특히 1970년대에 들어서는 매년 10,000건이 넘는 위반사건이 발생함으로써 비무장지대가 오히려 군사적 충돌의 중심지로 전환되었다.

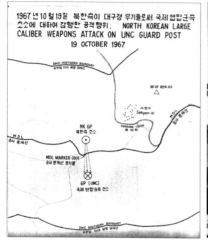

1967년 10월 19일 북한측이 유엔군 초소를 공격한 사건에 대한 유엔군측 조사보고서(왼쪽). 비무장지대에서 공산군측으로부터 총격을 받은 유엔군 차량의 모습(오른쪽). ⓒ 국사편찬위원회

　　한편으로 남측 비무장지대에서도 감시초소(Guard Posts : GP)의 요새화가 진행되었다. 감시초소는 처음 설치될 때 방어를 목적으로 만들어진 경계초소가 아니라 관측을 위해 만들어진 전방의 초소(outposts)였다. 그런데 시간이 지나면서 일부 전방 초소는 군사분계선에 더 가깝게 전진 배치되었고, 초소에 주둔한 군인들이 상주하면서 근무하는 경계초소로 변화했다. 이 과정에서 전방 초소의 요새화가 진행되었다.

　　이처럼 비무장지대에서 정전협정 위반사건이 발생할 때마다, 양측은 정전협정에 규정된 조항에 따라 공동감시소조를 통해서 사건을 조사했다. 유엔군측이 공산군측에 주로 제기한 문제는 비무장지대 안에 군사진지를 구축한 것이었으며, 공산군측이 유엔군측에 주로 제기한 문제는 정전협정에 불법으로 규정된 중화기 등 신형무기를 도입한 것이었다. 이처럼 양측은 상대방이 정전협정을 준수하지 않는다고 비판하면서 오히려 정전협정을 무력화시켜 나갔다.

양측은 공동감시소조 활동을 통해 비무장지대 안에 새로 구축된 진지, 월경사건, 침투사건, 총격사건 등을 공동으로 조사했지만, 조사결과에 대해서는 동의하지 않았다. 또한 양측의 합의가 이루어지지 않으면서 공동감시소조의 공동보고서도 군사정전위원회에 제출되지 않았다. 그 결과 공동감시소조의 조사활동은 사실상 불가능해졌다. 그리고 1967년 4월 이후부터 북한측이 공동감시소조에 관련된 본회의에 불참하면서 공동감시소조의 기능은 중단되었다.

3) 철책선의 구축

정전협정 체결 이후 비무장지대의 가장 큰 변화를 한마디로 요약하면 '비무장지대의 무장화'였다. 이 변화를 상징적으로 보여준 것은 1960년대에 들어서 비무장지대에 새로 만들어진 철책선이었다. 물론 1960년대 이전에도 남방한계선과 북방한계선에는 철조망이나 목책이 설치되어 있었다. 유엔군사령부는 기존의 철조망과 목책이 군사적 충돌을 방지하기에 부족하다고 판단하고, 1960년대 중반부터 이를 대대적으로 교체하기 시작했다.

철책선 구축은 1967년 8월부터 유엔군사령부가 관할하는 남방한계선 전체지역에서 진행되었다. 철책 건설공사는 경기도가 접해 있는 중부전선에서 가장먼저 진행되었다. 중부전선의 철책 공사는 1968년 1월 말에 거의 완료되었다. 동부전선의 철책 공사는 지세가 험난했기 때문에 조금 더 지연되었다. 특히 김성은金聖恩 국방부장관은 1968년 9월 14일에 북한이 계속 전방초소를 기습하는 등 정전협정을 위반한다고 비판하면서 비무장지대에 대한 경계태세를 강화하는 조치를 단행했다. 국군은 9월에 전군지휘관회의를 개최해서 감시초소를 증설하고 155마일의 남방한계선 전체에 새로운 전기철책을 설치하기로 결정했다.

철책 건설공사는 민간의 건설업체가 아니라 전방에 주둔한 국군 병사들에 의해 진행되었다. 병사들은 쌀 세 가마니 무게의 철근을 메고 고지까지 올라갔으며, 무게가 120kg에 달하는 철책기둥을 평지부터 고지까지 옮기면서 공사를 진행했다. 특히 철책선 구축은 1968년 1월에 북한의 특수부대가 청와대를 습격하려 했던 1·21사태 이후에 급속도로 진척되었다. 그 결과 1968년 6월에는 철책 건설공사가 거의 완료되었다. 남방한계선에 철책선이 구축되면서 휴전선에 대한 방어작전의 개념도 전환되었다. 국군의 방어작전은 원래 휴전선에 있는 주요거점을 중심으로 방어하는 거점방어였으나, 휴전선 전역에 철책이 건설되면서 철책선을 중심으로 방어하는 선線방어로 바뀌었다.

비무장지대의 철책선

1968년에 철책선이 완공된 직후 남방한계선의 모습(왼쪽). 1970년대에 철책선에 경계용 조명이 설치된 모습(오른쪽).
ⓒ 국사편찬위원회

한편 1970년대에 들어서 휴전선에 대한 방위주체가 변경되었다. 그 계기가 된 것은 1969년에 미국에서 발표된 닉슨독트린이었다. 리처드 닉슨(Richard Milhous Nixon) 대통령은 1969년에 '아시아 우방국들이 스스로 안보를 책임져야 한다'라는 '닉슨독트린'을 발표했는데, 이 정책에 입각해서 1971년 6월까지 주한미군 병력 2만명을 한반도에서 철수시켰다. 정전협정 당시 전체 200km에 달하는 휴전선 가운데 주한미군이 순찰을 맡아온 구역은 정전협정 이후부터 점차 줄어들었다. 주한미군은 닉슨독트린이 발표된 직후인 1970년 9월 당시에 휴전선에서 약 28.8km의 구역을 담당하고 있었다.

주한미군 감축안에 따라 한국군과 주한미군의 전투력 재배치계획이 수립되었다. 한국 육군은 이 계획에 따라 1971년 초부터 미군 제2사단이 담당해온 서부전선 비무장지대 안의 전초(GP), 남방한계선 이남의 일반전초(GOP), 주저항선에 대한 병력 재배치를 완료했다. 이와 함께 작전지역 안의 대간첩작전 지휘권 등을 정식으로 이양받았다. 한국군은 1971년 3월에 서부전선의 미군 제2사단지역으로 이동을 완료했고, 작전지역에 대한 모든 책임을 넘겨받았다. 이로써 한국군은 휴전 이후 18년 만인 1971년부터 판문점을 제외한 휴전선 전체지역에 대한 방위임무를 담당하게 되었다.

방위주체가 변경됨에 따라 주한미군의 휴전선에 대한 방위책임은 완전히 종료되었다. 그리고 6·25전쟁 이후 휴전선에 대한 한미공동방위체제가 처음으로 한국군 단독방위체제로 전환되었다. 휴전선에 부대 재배치를 완료한 한국 육군은 비무장지대 안에 전초를 비롯한 각종 지역진지를 종전보다 보강하는 한편, 한국군의 전술개념에 따라 철책선을 경비하는 방법도 지역을 이동하면서 방위하는 '기동機動방위'에서 초소와 진지를 지키면서 방위하는 '고수固守방위'

로 전환했다.

한편 유엔군측뿐만 아니라 북한군도 1970년대부터 휴전선에 철책을 건설하기 시작했다. 북한군은 1971년 3월부터 경기도 파주군 진서면의 판문점에서 시작해 동쪽으로 금성에 이르는 약 80km 거리에 철책선을 설치하기 시작했다. 1972년 1월 26일에 개최된 군사정전위원회 제327차 본회의에 따르면, 북한은 1972년 1월부터 군사분계선과 평행으로 높이 3m의 철조망과 30개의 견고한 요새를 건설했다. 비무장지대에 설치된 3m의 철책 뒤에 바로 경비초소가 구축되었다. 1972년부터 설치된 철책은 먼저 경기도지역에 4km에 걸쳐 건설되었으며, 철근콘크리트 기둥에 12줄의 철조망을 설치해서 만들어졌다.

가장 큰 특징은 이 철책이 군사분계선에서 북쪽으로 불과 100~250m 떨어진 거리에 설치되었다는 점이다. 북한이 군사분계선 바로 위쪽에 철책을 새로 건설함에 따라 정전협정 당시에 4km로 설정된 양측의 완충지역은 사실상 2km로 줄어들었다. 그 결과 비무장지대에서 군사적 충돌과 적대행위의 가능성은 더욱 높아졌다. 1972년 3월에 국방부가 조사한 결과에 따르면, 북한은 비무장지대 안에 전초(GP)를 대폭 증설했으며, 225개의 전초를 완전히 콘크리트로 갱도화해서 요새를 구축했다. 또한 각종 중화기, 공용화기, 기관총 등을 반입했고, 사단규모의 병력을 투입해서 비무장지대를 전투진지로 전환시켰다.

경기도 북부지역의 비무장지대는 1953년 7월 당시 양측의 군사적 충돌과 적대행위를 방지하기 위해 설정되었으나, 정전협정이 체결된 지 불과 몇 년도 지나지 않아 유명무실해졌다. 먼저 1955년부터 정전협정의 준수여부를 감독할 공동감시소조와 중립국감시소조가 대폭 축소되면서 양측의 협정 위반사건을 조사하고 중재할 주체가 줄어들었다. 다음으로 1960년대부터 중화기와 자동화기가 반입되고 양측의 감시초소가 요새화되면서 비무장지대의 무장화가 촉진되었다. 마지막으로 1970년대 초부터 양측이 비무장지대에 철책선을 설치하면서 완충지대가 2km로 축소되었다. 이 같은 비무장지대의 변화는 남과 북의 군사적 긴장상태를 일상적으로 고조시켰다. 그 결과 경기도는 휴전선에서 발생하는 군사적 충돌로부터 더욱 큰 영향을 받게 되었다.

04
경기도와 평화체제

1. 평화체제 구축의 역사

1) 1950~1960년대 평화체제 논의

1953년 7월에 정전협정이 체결되었을 때, 많은 사람들은 휴전상태가 그리 오래 가지 않고 곧 종전될 것이라고 생각했다. 무엇보다 휴전회담을 진행한 양측의 대표단조차 협정 체결 이후 3개월 안에 정치회담을 개최해서 미해결된 문제들을 끝내려고 계획했다. 그런데 정전협정은 종전을 약속한 것이 아니라 말 그대로 전쟁을 잠시 멈추기로 합의한 것이었다. 전쟁을 완전히 끝내기 위한 첫 번째 단계는 정전협정 체결국 사이의 종전선언이었고, 두 번째 단계는 평화협정의 체결이었다. 양측이 정전협정을 대신해서 평화협정을 체결한다면, 한반도의 군사적 갈등과 충돌은 새로 만들어진 평화체제에 의해 관리되고 통제될 수 있었다.

여기서 평화란 전쟁이나 갈등이 없이 세상이 평온한 상태를 뜻한다. 소극적 평화는 전쟁이나 다른 폭력적 상태가 없는 것을 의미하며, 적극적 평화는 전쟁이나 다른 폭력적 상태를 일으키는 갈등요인이 완전히 해소되어 상생과 협력이 가능해진 상태를 뜻한다. 한반도의 경우 전쟁은 1953년 7월에 중지되었으나, 남북 사이에 언제라도 또 다른 전쟁이나 군사적 충돌이 발생할 가능성이 높았다. 따라서 한반도는 정전협정 체결 이후 전쟁과 평화의 중간상태에 놓여 있었다. 한반도의 평화체제 구축은 먼저 상호 대화와 합의를 통해 현재의 대치상태를 소극적 평화상태로 전환시키는 것에서 출발한다. 다음으로 상생과 협력이 가능한 적극적 평화를 구축해서 최종적으로 한반도의 평화체제를 구축하는 것이다.

한반도에 평화체제를 구축하기 위한 양측의 대화와 협력은 1953년에 정전협정이 체결된 이후부터 지속적으로 진행되어 왔다. 한국과 북한은 6·25전쟁 직후에 모두 전후 복구에 전력을 기울이고 있었기 때문에 평화체제 논의에 소극적인 입장이었다. 그러나 전후에 평화문제나 평화체제와 관련된 논의가 전혀 없었던 것은 아니다. 정전협정 이후에 한반도의 평화문제를 논의하자고 먼저 제안한 것은 북한이었다.

유엔군측과 공산군측은 1954년 4월부터 6·25전쟁을 공식적으로 종료시키고 한반도의 재통일을 위한 평화협정을 체결하기 위해 제네바회담을 시작했다. 북한은 1954년 6월 15일에 열린 제네바 정치회담 최종회의에서 남북 사이의 연계 회복을 위해 전조선위원회를 구성하자고 제안했으며, 이를 통해 한반도에서 평화를 공고화시키자고 주장했다. 그러나 제네바 정치회담에서는 평화협정이나 한반도의 평화구축에 대해 어떠한 선언이나 제안도 채택되지 않았다. 북한은 뒤이어 1954년 10월에는 '남북정치협상안'을 제안했으며, 1955년 3월에도 '남북 상호감군과 불가침 협정체결안'을 제안했다.

북한은 정전협정 이후에 남과 북이 동등하게 참여한다는 원칙에 입각해 남북 사이의 실질적인 관계 회복을 주장했다. 이와 달리 한국은 이 시기에 평화문제를 제안하기보다 유엔 감시 아래 남북한 자유선거에 따라 한반도를 통일하자고 주장했다. 한국 정부의 입장에서 1950년대 당시 한반도에 평화를 가져올 수 있는 유일한 방법은 통일이었고, 그 구체적인 방법은 북진통일론北進統一論이었다. 또한 1960년 4·19혁명 이후에 들어선 장면 정부도 통일론에 대해 유엔 감시 하의 남북한 자유선거로 통일을 이루겠다는 입장을 공식적으로 표명했다.

이승만정부의 북진통일론

이승만 대통령이 1953년 6월 25일에 중앙청 광장에서 열린 6·25전쟁 발발 3주년 기념식에서 연설하는 모습(왼쪽). 대통령 뒤에 "북진이다 삼천만 통일이다"라는 플래카드가 걸려 있다. 서울에서 개최된 북진통일궐기대회 참가자의 모습(오른쪽). 옷에 "북진통일"이라고 써 있다. ⓒ 정부기록사진집

이와 같이 한국과 북한이 정전협정 이후에 평화문제에서 입장 차이를 보인 것은 각각 다른 국내외적 상황에 놓여 있었기 때문이었다. 1950년대 당시 한국은 군사력과 경제력에서 북한에 비해 상대적으로 열세였다. 그러나 1948년에 유엔 감시 하의 총선거를 통해 수립된 국가였기 때문에 국제사회로부터 국가승인을 받고 있었다. 반면에 북한은 유엔 감시 하의 총선거를 거부했기 때문에 국제사회로부터 국가승인을 얻지 못했다. 따라서 북한은 남과 북이 동등하게 참여하는 평화논의를 제안함으로써 국제사회로부터 국가로 승인받으려고 구상했다.

한국은 평화체제 논의와 관련해 1950~1960년대에 북한의 평화공세에 대

응하는 한편, 국정 안정과 경제 건설을 통해 안보를 확보하는데 주력했다. 즉 북한에 대한 군사적·경제적 열세를 극복하고 북한의 대남정책으로부터 안보를 확보하기 위해 내부 역량을 강화하는 '선先건설 후後통일' 전략을 추구했다. 이에 따라 평화체제에 관한 논의는 경제 건설보다 후순위로 밀려났으며, 북한의 공세적인 평화문제 제안보다 상대적으로 수세적인 입장이었다.

한편 북한은 4·19혁명과 5·16군사정변을 계기로 1960년대 초부터 '남북평화협정'의 체결을 주장했다. 김일성은 1962년 10월에 개최된 최고인민회의에서 주한미군 철수를 조건으로 남과 북이 상대방을 공격하지 않는 것을 약속하는 '남북평화협정' 체결을 제의했다. 이와 동시에 한국과 북한의 군대를 각각 10만 명 또는 그 이하로 감축하자고 제안했다. 북한이 1962년에 남북평화협정 체결을 제안한 이유는 한국에 새로 들어선 군사정부가 한반도에 대한 정세인식이나 통일에 대한 입장에서 기존의 민간정부와 다를 수 있다고 판단했기 때문이다.

북한은 1962년을 시작으로 1970년대 초까지 지속적으로 '남북평화협정'의 체결을 주장했다. 이 주장은 사실 정전체제를 부정하고 왜곡하려는 제의였다. 정전협정에 서명한 국가는 미국, 중국, 북한이었으므로 북한이 평화협정 체결을 논의하기 위해서는 먼저 미국과 협의할 필요가 있었다. 그러나 북한은 휴전회담에 대표를 파견했던 한국을 정전협정의 당사자가 아니라고 부정하면서도, 오히려 한국에 평화협정 체결을 논의하자고 제안하고 있었다. 이것은 평화협정 체결문제를 한반도의 문제로 제한함으로써 자신들의 국제적 국가 위상을 높이고, 미국의 주도권을 약화시키려는 의도였다.

그러나 북한은 1968년에 미국이 닉슨독트린을 천명하면서 주한미군의 철수 가능성을 제기하자 평화협정 논의에 대한 전략을 바꾸기 시작했다. 그리고

1971년에 실제로 주한미군에서 2만명이 감축되자 평화협정 논의에서 한국보다 미국을 협상의 대상자로 거론했다. 이 같은 입장 변화는 주한미군을 철수시킨 미국을 한반도의 정전체제를 변화시킬 수 있는 실질적 주체로 판단했기 때문이었다. 북한은 이처럼 새로운 정세인식을 바탕으로 1970년대 중반부터 미국에 직접 협상을 제의하기 시작했다.

2) 1970~1980년대 평화체제 논의

한편 한국은 1970년대부터 평화체제 논의에서 기존의 수세적인 입장을 버리고 공세적인 입장을 취하기 시작했다. 그 계기가 된 것은 1960년대 말부터 자본주의권과 사회주의권 사이에 긴장관계가 완화된 데탕트(Détente)였다. 국제적으로 데탕트 분위기가 형성되자, 한국 정부는 북한에 대화와 협력을 통한 평화공존을 제안하기 시작했다. 그 시작은 박정희朴正熙 대통령이 1970년 8월 15일에 발언한 광복절 경축사였다. 한국 정부는 북한이 유엔의 권위를 인정한다면 유엔에서 이루어지는 한반도문제의 토의에 북한이 참석하는 것을 반대하지 않는다는 입장을 밝혔다. 또한 한국과 북한이 선의의 체제경쟁을 통해 평화통일을 이룩하자는 '평화통일구상선언'을 발표했다.

북한의 입장에서 한국 정부의 제안은 북·미관계의 정체로 중단되어 있는 평화체제 논의를 새롭게 전환시킬 수 있는 계기였다. 북한은 1971년부터 한국 정부와 비밀리에 만나 한반도의 평화체제 구축방식을 직접 협의했다. 그 결과 한국과 북한은 1972년 7월 4일에 각각 서울과 평양에서 자주·평화·민족대단결을 3대 원칙으로 하는 '7·4 남북공동성명'을 발표했다. 양측은 7·4 남북공동성명을 통해 상호 비방의 중단, 군사적 충돌의 방지, 제반 교류협력의 추진, 남북적십자회담의 추진, 남북조절위원회의 구성 등에 합의했다.

7·4 남북공동성명은 1953년 7월에 정전협정이 체결된 이후 남과 북이 처음으로 한반도의 평화체제 구축과 통일문제를 합의했다는 점에서 역사적 의미가 컸다. 양측은 정전협정에 규정되지 않은 방식으로 군사적 충돌을 방지하고 평화무드를 형성할 수 있는 새로운 길을 찾은 것이다. 한국 정부는 북한이 다시 평화협정 체결을 제의하자, 1974년 1월에 평화협정의 전前단계로 군사적 충돌과 전쟁을 예방할 수 있는 '남북상호불가침협정' 체결을 제의했다. 그러나 7·4 남북공동성명으로 시작된 남과 북의 대화는 이후 진행과정에서 양측의 견해 차이로 인해 뚜렷한 성과를 내지 못하고 중단되었다. 이로써 정전협정 이후 최초로 성사된 남과 북의 평화체제 논의는 더 이상 진척되지 못했다.

1972년 7·4남북공동성명

1972년 7월 4일 서울에서 7·4남북공동성명이 합의된 사실을 발표하는 이후락 중앙정보부장(왼쪽). 1972년에 시민들이 개최한 '7·4남북공동성명 지지와 남북적십자회담 촉진 국민궐기대회'의 모습(오른쪽). ⓒ 정부기록사진집

1970년대 중반에 들어서자 북한은 기존의 남북평화협정 체결 주장을 철회하고, 공식적으로 북미평화협정 체결을 주장하기 시작했다. 북한은 1974년 3월에 개최한 최고인민회의에서 '미합중국 국회에 보내는 편지'를 채택했는데, 이

편지에서 처음으로 북미 평화협정을 체결하자고 제의했다. 또한 1975년 9월에는 6·25전쟁과 정전협정의 실질적 당사자가 북한과 미국이라고 강변하면서, 정전체제를 종식시키기 위해 북미 평화협정이 체결되어야 한다고 주장했다.

북한의 이 같은 제의와 주장에 대해 한국 정부와 미국 정부는 1979년 7월에 한미정상회담에서 한국·북한·미국이 모두 당사자로 참여하는 '3자회담'을 개최해서 한반도의 평화와 통일문제를 논의하자고 제의했다. 그러나 북한은 이 제의에 대해 한국은 정전협정 서명국이 아니라면서 당사자 자격을 인정하지 않았다. 다만 북미회담을 개최해 주한미군 철수와 평화협정 체결문제를 논의하고, 이 회담에 한국을 옵서버로 참여시키는 방안을 제시했다. 북한은 1979년 이후에도 한국이 정전협정과 평화협정의 당사자가 아니라는 입장을 견지했으며, 북미 평화협정 체결을 지속적으로 요구했다.

남과 북의 평화체제 논의는 1980년대에 전두환정부가 새로 들어서면서 더욱 약화되었다. 한국 정부는 1982년 1월에 새로운 통일방안으로 '민족화합 민주통일방안'을 천명했다. 이 통일방안은 기본적으로 정전협정을 유지하는 가운데 한반도에 평화분위기를 조성하기 위해 남북의 군비경쟁을 지양하고 군사적 대치상태를 해소하자는 것이었다. 그리고 최종적으로 통일을 이룰 때까지 평화와 통일을 위한 과도적 조치로 '남북한 기본관계에 관한 잠정협정'을 체결하자는 구상이었다. 그러나 이 같은 한국 정부의 평화체제 구축 제안은 1983년에 버마 아웅산묘소 폭탄테러사건과 1987년 11월에 대한항공 858기(KAL기) 폭파사건이 발생하면서 완전히 철회되었다.

한국 정부는 1970~1980년대에 평화체제 논의와 관련해 한국이 정전협정과 평화협정의 당사자라는 입장을 지속적으로 표명했다. 그리고 자주·평화·

민족대단결을 원칙으로 하는 '7·4 남북공동성명'의 취지를 바탕으로, 남북상호 불가침협정 등 남과 북이 서로 신뢰할 수 있는 정치적·군사적 토대를 마련하자고 제안했다. 또한 정전협정을 대체할 수 있고 한반도의 평화를 보장하는 마지막 단계는 바로 평화협정이라는 점을 명확히 제시했다. 특히 한국 정부는 정전체제를 종식하고 평화체제로 넘어가기 위해서 한국과 정전협정 서명국이 모두 참여하는 국제적 협의체계를 구성하자고 지속적으로 제안했다.

이와 달리 북한은 1970~1980년대에 한국이 정전협정과 평화협정의 당사자가 아니라고 주장했다. 그리고 초기에는 남북 간의 대화와 협의를 시도했지만, 1970년대 중반부터는 북미 평화협정이 우선적으로 체결되어야 한다고 주장했다. 또한 한반도에 평화체제를 구축하기 위해서 무엇보다 주한미군의 철수가 전제되어야 한다고 판단했다. 특히 북한은 평화체제 구축논의의 핵심적인 대상을 미국으로 설정하고, 미국과 북한의 직접 협상을 통해 정전체제를 종식시키고 체제를 보장받기 위해 총력을 기울였다.

3) 1990~2000년대 평화체제 논의

한반도 평화체제 논의는 1980년대 말부터 새로운 전환점을 맞게 되었다. 무엇보다 1980년대 말에 동유럽 사회주의권이 무너지고 1991년에 소련이 해체되면서 제2차 세계대전 이후 형성된 냉전체제가 붕괴되기 시작했다. 세기적 전환기에 직면한 한국은 1980년대에 달성한 경제성장을 바탕으로 1980년대 말부터 평화체제 논의를 주도해 나갔다. 특히 노태우정부는 사회주의국가를 향해 북방정책을 추진함으로써 중국과 국교를 수립하고 소련과 정상회담을 진행했다. 이와 함께 1988년에는 '7·7선언'을 발표해 이산가족의 교류 등 남북 간 교류 확대, 경쟁·대결외교의 종식, 상호 우방국과 관계개선 등을 제안했다.

　반면에 북한은 냉전체제가 종식되면서 1970~1980년대에 추진해온 적극적인 평화공세의 동력을 잃어버렸다. 북한의 동력은 국제적 사회주의협력체제를 바탕으로 한 경제적 성장과 군사적 우위였는데, 사회주의권이 붕괴되면서 경제 침체와 안보 위기에 직면하게 되었다. 특히 북한은 1990년대 중반부터 대외무역의 단절과 반복된 자연재해로 인해 대규모 식량난을 겪으면서 체제위기에 봉착했다. 특히 1994년 7월에 김일성 주석이 사망한 것은 정전협정 이후 구축해온 유일지배체제의 근본적인 위기였다.

　이와 같은 대내외적 위기 속에서 북한의 지도부는 기존의 평화공세에서 벗어나 국제사회에 정상적인 국가로 편입하는데 주력하기 시작했다. 즉 북한은 1991년 9월에 한국과 북한이 유엔에 동시 가입한 것을 계기로 유엔과 북한의 비정상적인 관계를 청산해야 한다고 주장했다. 그리고 기존에 주장해온 정전체제의 평화체제 전환, 주한미군의 철수, 북미평화협정의 체결과 함께 유엔군사령부의 해체를 주장하기 시작했다.

　이와 함께 북한은 1991년부터 한국 정부와 직접적인 대화를 통해 불가침 약속과 교류·협력을 본격적으로 추진했다. 북한은 1991년에 한국 정부와 함께 '남북 화해와 불가침 및 교류 협력에 관한 합의서(남북기본합의서)'를 채택했다. 양측은 상호체제 인정과 내정 불간섭, 파괴·전복행위·무력사용·무력침략 금지, 군사협정의 준수, 경제 교류와 협력의 실시 등을 공동으로 천명했다. 또한 한국과 북한은 1992년 1월에 '한반도의 비핵화에 관한 공동선언'을 채택함으로써 핵문제를 둘러싼 한반도의 군사적 위기를 공동으로 해결할 수 있는 기본원칙에 합의했다.

1991년 12월 13일 남북고위급회담에서 남북의 대표자들이 '남북기본합의서'에 서명하고 합의서를 교환하는 모습(왼쪽). 1992년 1월 29일에 남북기본합의서를 이행하기 위해 개최된 남북고위급회담 모습(오른쪽). 임동원 통일원 차관(왼쪽에서 두 번째)과 김영철 인민무력부 부국장(왼쪽에서 세 번째). ⓒ 정부기록사진집

그러나 한반도의 평화체제는 북한이 1993년 3월에 핵확산금지조약(NPT)의 탈퇴를 선언함으로써 다시 한번 위기를 맞게 되었다. 북한은 NPT 탈퇴로 조성된 북핵위기를 해결하는 과정을 정전체제를 평화체제로 전환시키는 기회로 활용했다. 북한 지도부는 북미협상 과정에서 미국에 정전협정을 평화협정으로 바꾸고, 현재의 정전협정 관리기구를 대신해서 새로운 평화보장체계를 수립하자고 제의했다.

1994년 10월에 제1차 북핵위기가 일단락되자 한국은 다시 북한에 적극적으로 평화체제 논의를 제안하기 시작했다. 한국 정부는 1995년 8월 15일에 '한반도 평화 정착을 위한 기본 3원칙'을 북한에 제시했으며, 1996년 4월에 한국·북한·미국·중국이 참여하는 '4자회담'을 공식적으로 제의했다. 한국의 제안으로 진행된 4자회담은 한반도 평화체제의 실질적 당사자 사이에 직접적인 협의체를 만들었다는 점에서 큰 의미를 남겼다.

한반도 평화체제는 2000년대에 들어서면서 새로운 전기를 맞이했다. 무엇보다 2000년에 성사된 '6·15 남북정상회담'은 한반도의 긴장완화와 평화정착에 실질적으로 기여했다. 한국과 북한은 '6·15 공동선언'을 통해 한반도문제를 남북이 자주적으로 해결해 나가겠다는 의지를 대내외에 천명했다. 양측은 남북 경제협력 등 각종 분야에서 교류와 협력을 확대하고 상호체제 인정을 통한 평화공존에 합의했다. 2000년대 이후에 진행된 한반도 평화체제 논의는 과거와 달리 남북 간의 직접적인 대화가 급증했고, 북핵문제를 계기로 한반도 비핵화문제와 결합되었다. 그 결과 한반도의 평화체제는 남북대화와 북미협상을 통해 동시에 성숙될 수 있는 국내외적 조건을 갖추게 되었다.

2. 평화체제의 1번지 경기도

경기도는 한반도의 평화체제 논의에서 빠질 수 없는 지역으로 기능해왔다. 무엇보다 1953년부터 정전체제를 관리·감독해온 기구들이 경기도 파주시 판문점에 위치해 있으며, 한반도의 휴전선이 경기도 북부지역 전체에 걸쳐 있다. 이에 따라 경기도는 정전체제의 역사 속에서 분단의 최전선이자 평화체제의 전진기지로 자리매김되었다. 1990년대까지 경기도는 분단을 상징하는 도였지만, 2000년대에 들어서면서 평화와 통일을 상징하는 도로 거듭났다. 대표적으로 노무현 대통령은 2007년 10월 2일에 남북정상회담에

걸어 넘은 군사분계선

파주시 통일대교의 군사분계선을 넘는 노무현 대통령.
ⓒ 정부기록사진집

참석하기 위해 경기도 파주시에 있는 통일대교를 넘어서 평양으로 향했다. 당시 한국의 대통령이 통일대교에 그어져 있는 군사분계선을 걸어서 넘는 장면은 전 세계에 한반도의 평화체제가 무르익고 있다는 사실을 상징적으로 보여주었다.

이처럼 경기도가 평화와 통일의 중심지로 거듭나는 모습은 앞으로 더욱 많아질 것이다. 또한 향후에 남북협력과 평화공존의 분위기가 무르익는다면 현재 휴전선에 접해 있는 경기도의 북부지역은 남북교류의 중심지가 될 것이다. 이 같은 과정을 통해 경기도 북부지역이 개발과 발전의 길을 걷게 된다면, 기존에 경제·문화의 중심지로 육성되어온 서남부지역과 지역적 격차도 줄어들 수 있다. 즉 정전체제에 의해 경기도에 조성된 남부와 북부의 불균등발전이 평화체제에 의해 해소될 수 있는 것이다.

그러나 평화체제 구축에 따른 경기도 북부지역의 개발은 장기적인 균형발전계획을 통한 개발이 아니라 통일특수를 염두에 둔 지역개발로 국한될 수도 있다. 통일특수를 염두에 둔 지역개발은 통일이라는 특수조건을 이용해 해당지역을 산업화해서 발전시키는 것이다. 또한 여기에는 통일 이후에 북한으로부터 유입될 노동력을 활용해 해당지역을 발전시키려는 의도도 들어있다. 그러나 이 같은 구상은 한반도의 분단문제와 경기도의 불균등발전문제를 구조적으로 파악하지 못하는 것이다. 북한의 노동력을 활용한다는 발상의 저변에는 한국의 체제로 북한을 흡수통일하겠다는 전제가 내포되어 있다. 그러나 이 같은 관점은 북한의 반발을 불러올 수 있으며, 이로 인해 평화체제 논의 자체를 원점으로 되돌릴 수도 있다.

평화체제 구축에 따른 북부지역 개발의 또 다른 입장은 '균형과 복원'의 관점이다. 이것은 평화체제 구축을 계기로 경기도 전체지역을 고르게 개발함으로써 경기도의 원래 모습을 복원하려는 입장이다. 앞에서 살펴본 것처럼 경기도 북부지역은 남부지역에 비해 산업화과정에서 소외되었다. 이 지역이 소외된 이유는 정전체제로 인해 대부분 민간인통제구역과 군사시설보호구역으로 지정되었기 때문이다. 해당지역에서는 거주와 이전의 자유, 지방선거권의 부여, 주택의 신축과 증축 등이 제한되었다. 경기도 북부지역 중에서 파주시·김포시·양주시·연천군 등은 군사시설보호구역이 총면적의 50%를 넘고 있다. 특히 수복지구인 파주시와 연천군은 전체 면적의 90% 이상이 군사시설보호구역이기 때문에 사실상 개발계획에서 제외되었다.

경기도 접경지역의 행정구역 대비 군사시설보호구역 지정비율(%)

구분	동두천	고양	파주	김포	양주	연천	포천
지정비율	24.0	43.3	91.4	75.5	53.2	94.4	31.0

출처 : 조응래 외, 「DMZ접경지역의 비전과 발전전략」, 「이슈&진단」60, 경기연구원, 2012, 2쪽.

경기도 북부지역의 개발을 제한하고 있는 법률은 「수도권정비계획법」과 「군사보호시설법」이다. 이 법률은 정전체제로 인해 경기도 북부지역이 분단의 최전선이 되면서 군사적 목적과 수도 서울의 발전을 위해 만들어진 것이다. 따라서 향후에 평화체제 구축논의가 진척되거나 실행에 옮겨진다면, 이 법률은 개정되거나 폐지될 수 있다. 그리고 이 같은 조치는 경기도의 구조적 문제인 불균등발전을 해소하고 경기도를 평화와 통일의 중심지로 전환시키는데 이바지할 수 있을 것이다.

평화체제 구축과 직결되어 있는 남북관계는 경기도 북부지역의 발전에 결정적인 영향을 끼쳐왔다. 남북관계의 부침은 북부지역의 성장과 정체를 좌우했다. 한반도의 군사적 긴장이 완화되고 남북 간에 교류와 협력이 진척될 때에는 북부지역에 대한 투자 유입과 지역 성장이 이루어졌다. 반대로 한반도의 군사적 긴장이 격화되고 남북 간에 대립과 충돌이 심화될 때에는 북부지역의 개발과 성장도 정체되었다. 대표적으로 1994년 3월 19일에 판문점에서 열린 남북실무회담에서 북한 대표가 '전쟁이 일어나면 서울은 불바다가 된다'라고 발언하자, 경기도 북부지역의 투자와 건설 움직임이 급격히 경색된 바 있다.

이와 달리 평화체제가 구축되면서 남북관계의 개선된다면 경기도 북부지역은 발전과 복원의 기회를 맞이하게 된다. 남북관계가 호전될 경우, 북부지역은 남북협력의 길목이자 전진기지로서 부상될 것이며, 한반도의 중심지로 복원될 것이다. 그 이유는 경기도 북부지역에 남북의 교류와 협력을 추진할 소재와 분야가 풍부하기 때문이다.

먼저 남과 북은 경기도 북부지역을 활용해서 세계문화유산 등재 등을 통해 비무장지대(DMZ)의 보존과 평화적 이용이 가능하고, 남북을 이어주는 임진강과 한강 하구를 공동으로 관리하고 개발할 수 있다. 또한 경의선을 활성화하고 경원선을 연결할 수 있으며, 개성공단을 확장하거나 교류·협력에 필요한 물류기지를 설치할 수도 있다. 이 뿐만 아니라 휴전선 접경지역에 대한 공동 방역·방재·조림, 연천평야의 공동 활용 등 경기도에는 북한과 교류·협력을 추진할 소재와 분야가 상당히 많다.

한반도의 평화체제는 이미 2000년대 초부터 형성되어왔다. 김대중 대통령과 김정일 국방위원장은 2000년 6월에 분단 이후 최초로 남북정상회담을 개최함으로써 평화체제의 물꼬를 틀었다. 2007년 10월에는 노무현 대통령과 김정일 국방위원장이 다시 한번 남북정상회담을 개최함으로써 한반도의 평화와 남북의 화해·협력 분위기가 더욱 공고해졌다. 2000년대에 무르익기 시작한 한반도의 평화체제는 2018년에 두 차례에 걸쳐 진행된 남북정상회담을 통해 새로운 단계로 접어들었다. 문재인 대통령과 김정은 국무위원장은 2918년 4월과 5월에 연속해서 남북정상회담을 개최했다.

한국과 북한은 2018년 4월 남북정상회담에서 '한반도의 평화와 번영, 통일을 위한 판문점선언'을 합의했다. 이 판문점선언에 담긴 남과 북의 핵심적인 합의사항은 남북관계의 개선, 한반도의 군사적 긴장 완화, 한반도의 항구적 평화체제 구축이다. 그리고 양측은 2018년 5월 남북정상회담에서 한반도의 완전한 비핵화를 재확인했으며, 판문점선언의 조속한 이행을 합의했다. 이처럼 2000년대에 무르익은 한반도의 평화체제는 1953년 정전협정 이후에 70여 년간 지속된 정전체제를 근본적으로 바꿀 수 있는 시대적 전환점이다.

제1·2차 남북정상회담(2000·2007년)

ⓒ 정부기록사진집

한편 2000년대에 이루어진 네 번의 남북정상회담은 대립과 갈등으로 점철되어온 북미관계를 전환시킬 수 있는 토대를 제공했다. 미국과 북한은 2018년 6월 12일에 싱가포르에서 역사상 처음으로 북미정상회담을 개최했다. 북미정상회담은 1950년 6·25전쟁 발발 이후부터 적대적인 관계를 형성해온 미국과 북한의 정상이 만난 역사적인 사건이었다. 양측은 이 회담에서 새로운 북미관계를 수립하기로 합의하고, 한반도에 평화체제를 구축하기 위한 문제를 논의했다. 또한 미국과 북한은 2019년 2월 27일에 베트남에서 제2차 북미정상회담을 개최했다. 양측은 두 번에 걸친 정상회담을 통해 북미관계를 새롭게 정립하고, 지속적이고 안정적인 평화체제를 구축하며, 한반도의 완전한 비핵화를 위해 노력하기로 합의했다.

2000년대에 이루어진 남북정상회담과 북미정상회담의 주요 논의사항은 한반도의 비핵화, 6·25전쟁의 종전선언, 정전협정의 종식과 평화협정의 체결, 남북교류협력 등이었다. 만약 한국·북한·미국이 앞으로 이와 같은 사항에 전향적인 합의를 이룬다면, 한반도는 대결과 갈등의 시대를 종식하고 평화와 협력의 시대로 전환될 것이다. 그럴 경우에 남북의 교류협력사업은 선택사항이 아니라 시대적 과제로 부상할 수 있다. 남북의 교류협력이 진척되고 한반도의 군사적 긴장이 완화되는 것은 경기도에 도약과 발전의 기회를 제공한다. 반대로 남북관계가 경색되고 한반도의 군사적 긴장이 강화되는 것은 경기도의 발전을 정체시킨다.

경기도는 남북정상회담이 개최된 2000년대 초부터 이미 남북교류협력사업을 선도적으로 추진해 왔다. 예를 들어, 경기도는 2001년에 「경기도 남북교류협력 조례」를 제정했고, '경기도 남북교류협력기금'을 조성해 교류협력사업의 재정적 기반을 마련했다. 나아가 경기도는 2003년에 금강산에서 북한의 민족화해협의회와 교류·협력을 추진하는 의향서를 체결했다. 양측은 교류협력 사업의 주체를 경기도와 민족화해협의회로 결정하고, 평양·황해남도·황해북도를 중점 교류대상지역으로 선정했다. 그리고 우선 농업·보건의료 분야와 식품가공사업을 추진하기로 합의했다.

경기도는 2003년에 이어 2004년에 평양에서 '합의서'를 채택하고, 2003년 의향서에서 결정된 사항을 본격적으로 추진하기로 합의했다. 양측은 합의서에서 황해북도에 영농기계화사업과 치과의료 장비 지원사업을 추진하고, 평양시 식품공장(당면제조공장)에 필요한 설비를 제공하며, 경제·사회·문화 등 각 분야의 교류협력사업을 계속 협의하기로 결정했다. 경기도가 북한과 체결한 2003년의 '의향서'와 2004년의 '합의서'는 향후에 남북교류협력사업을 보다 안정적으로 추진할 수 있는 바탕이 될 수 있다.

남북정상회담에서 합의된 것처럼 앞으로 남북협력이 본격적으로 이루어진다면, 경기도는 남북협력의 전진기지로서 재정립될 것이다. 특히 2018년 4월의 남북정상회담에서 채택된 판문점선언은 경기도 북부지역의 군사적 긴장을 완화하고 발전시킬 수 있는 계기가 될 수 있다. 판문점선언에는 모든 적대행위의 전면 중지, 단계적 군축의 실현, 서해북방한계선(NLL)의 평화수역 조성 등 접경지역의 군사적 긴장을 완화하는 조치가 들어있다. 또한 남북공동연락사무소의 설치, 남북교류협력의 활성화, 경의선의 연결과 현대화 등 경기도 북부지역의 남북교류협력을 활성화하는 조치도 포함되어 있다.

경기도는 6·25전쟁과 정전협정을 통해 70여 년 동안 남북 간 대립과 갈등의 현장이었다. 경기만과 육지에서는 지속적으로 군사적 충돌이 발생했으며,

경기도의 발전은 남북관계의 방향에 따라 좌우되었다. 그 결과 경기도의 남부와 북부는 불균등하게 발전할 수밖에 없었고, 경기도 북부지역은 산업화와 근대화의 과정에서 소외되었다. 2000년대에 무르익기 시작한 평화체제는 경기도의 미래를 제약해왔던 전쟁과 분단의 유산을 종식시킬 수 있는 중요한 계기다. 따라서 경기도는 앞으로 정전체제의 종식과 평화체제의 구축을 통해 새로운 미래를 향해 도약할 수 있을 것이다.

색인

| 색 인 |

경기그레이트북스 ㉔

경기도의 6·25

초판 1쇄 발행 2020년 06월 10일

발 행 처 경기문화재단
　　　　　(16614) 경기도 수원시 권선구 서둔로 166 생생1990

기　　획 경기문화재단 경기학연구센터

집　　필 김선호, 박동찬, 양영조

편　　집 디자인구름 (전화 031-949-6009)

인　　쇄 디자인구름

ISBN 979-11-965669-2-0